叢書
ソーシャル・キャピタル
5

ソーシャル・キャピタル と 市民社会・政治

幸福・信頼を高めるガバナンスの構築は可能か

辻中 豊/山内直人

[編著]

ミネルヴァ書房

「叢書ソーシャル・キャピタル」刊行にあたって

　ソーシャル・キャピタル（以下，社会関係資本）は素敵な概念です。過去の歴史・文化を踏まえ現在の人間関係を解き明かすこともできますし，学問や組織の枠組みを越えて共通の課題に取り組む際の共通の認識基盤も提供してくれます。ときには現在の縦割り行政や組織の矛盾までも明らかにしてくれます。英語では versatile という形容詞がありますが，社会関係資本はまさに versatile な概念です。その意味は，「（人・性格・才能など）何にでも向く，多才の，多芸な，多方面な(1)」とあり，基本的にはよい意味なのですが，「浮薄な」という意味も一部にはあるようです。

　versatile の語源はラテン語の vertere（「回る」「変える」「向く」）と versatilis（「回転軸の先端でものが回る様子を表す言葉であった」）とのことですから，確かに場合によっては「浮薄な」という悪い意味にも転用可能かと思います(2)。しかし，基本的には「汎用性が高い」概念ということで，毎日さまざまな困難に直面し，対応を迫られている実務家には共感を得られるのですが，言葉の意味をとことん突き詰める学者には警戒の念をもたれている概念でもあります。

　本叢書は，この場合によっては異論もある概念を多方面から検討するもので，全7巻からなります。第1巻では，社会関係資本の概念と測定方法を検討します。以下，第2巻「教育」，第3巻「経済」，第4巻「経営」，第5巻「市民社会・政治」，第6巻「健康・福祉」，第7巻「社会」と続きます。本叢書を通読していただければ，社会関係資本という versatile な概念が決して「浮薄な」ものではないことが明らかになるはずです。実務家には問題解決のための指針を提供し，学者には自らの専門をより豊穣にしてくれる培地を提供する概念であることを明示します。

　今さらいうまでもありませんが，日本最大の課題は，少子高齢化への対応です。最近の日本のベストセラーの多くは，この少子高齢化の影響を扱ったものです。生産年齢人口が2000年の8,622万人から2050年には5,275万人へ3,347万人も減る(3)のですから，小泉・竹中改革が生産性の向上を目指した市場経済化・効率化路線を採ったのは当然のことです。しかし，市場経済化・効率化路線は

i

基本的に生産性向上策ですから，生産年齢人口の減少を伴う少子化対策であり，高齢者対策としては不十分です。結局のところは，65歳以上の高齢者人口が2000年の2,201万人から2050年に約3,841万人へ1,640万人も増える(4)のですから，こちらもきちんと対策を講じてもらわなければ困ります。この問題は，市場だけでは到底解決できない分野が拡大することを意味しています。医療，福祉，防災，どれをとっても市場経済だけでは解決不可能です。社会関係資本は，この市場で対応しきれない分野，つまり市場の失敗を住民同士の協調で補う対処法を提供するものでもあります。

2018年7月

編集委員会を代表して
稲葉陽二

注
(1) Koine, Y. et al. (eds.) (1980)『KENKYUSYA'S NEW ENGLISH-JAPANESE DICTIONARY FIFTH EDITION』研究社。
(2) 梅田修（1990）『英語の語源辞典――英語の語彙の歴史と文化』大修館書店，213頁。
(3) 国立社会保障・人口問題研究所（2017）「日本の将来推計人口（平成29年推計）」中位推計。
(4) 同前。

まえがき

　本書の焦点は，市民がつくる社会（人々の集い）のうち，広い意味で政治とソーシャル・キャピタルの相互関係である。

　政治に関しては，ここでは，特定の集団とりわけ国家や地方自治体と呼ばれる単位において，人々＝市民の「よきありかた」（well-being〔幸福〕）を目指して，集団単位としての決定を行うことによって，集団と環境を制御していく営みであると考えておきたい。政治は人々の安全を求めて敵対関係や紛争を処理するだけでなく，また人々の豊かさや福祉のために利益や財を徴収，分配，再配分するだけでなく，極めて多様な決定や制御を行う。本書では，人々が市民社会を通じてこうした決定に影響を与えること，また政治の決定が市民社会を通じて人々に浸透し定着すること，その両面が人々の「よきありかた」にとって極めて大切であり，その際，ソーシャル・キャピタルが重要な役割を果たすことを示そうとする。

　21世紀の政治においては，政府の統治＝ガバメント（government）だけではなく，ガバナンス（governance）が重要となっている。ガバナンスとは，政府が行う統治だけでなく，市民社会を中心とした社会の多様な関係者（stake-holders）を交えた総合的な相互（規律）作用を意味する。つまりそこでは市民社会が，政治システムにおける入力・出力，公共政策，フィードバックなどすべての局面において重要な役割を果たす。市民社会との相互作用や応答性を踏まえた仕組み，つまりガバナンスによる政治でなければ，人々＝市民の協力を引き出すことができず，決定の実効性も担保されない。こうした現代政治におけるガバナンスと市民社会の関係は，ソーシャル・キャピタルという概念を介在させることで，理論的に明快に解明される。ソーシャル・キャピタルを「心の外部性を伴った信頼，互酬性の規範，ネットワーク」（稲葉陽二）と把握すれば，人々の「間」や組織の「間」のソーシャル・キャピタルが，政治の

環境，入力，出力，公共政策，そして社会での受容とフィードバックにおいて果たす媒介的な役割は極めて大きい。

　ガバナンスが重要となった前提として，現代では市民社会との協働なしに，つまり市民社会におけるソーシャル・キャピタルの援用なしに，政治課題＝社会課題が解決できないことが挙げられる。少子高齢化，不平等や格差の深刻化，貧困，人の移動などの問題が，新自由主義の進展の下で，多くの国で共通課題となっている。気候変動や地震・津波など自然災害の対する防災・減災・復興の問題も同様に共通である。こうした政治体制を超えた課題の重篤化に対して，グローバル化の下で財政制約も共通の前提条件となっている。それゆえ，ソーシャル・キャピタルの活性化を通じた課題解決の模索は，政治体制を超えて，先進・途上の経済レベルを超えて，重要なテーマとなったのである。

　本書の前半は，辻中豊が稲葉陽二氏の協力を得つつ編集を進め，後半は山内直人を中心に編集した。政治学を背景とする辻中と経済学を背景とする山内は，ディシプリンは異なるとはいえ，共に市民社会に対して強い関心をもって，ここ20年あまり，公共政策やNPOなど市民社会組織の研究を行い，その過程でソーシャル・キャピタル概念と出会い，その研究を行ってきた。また概念論議に終始するのでなく，自ら実態調査を行い，エビデンスを示し，比較論証することに力を注いできたという特徴も共有している。

　最後になるが，「叢書ソーシャル・キャピタル」の編集代表者の稲葉陽二氏とミネルヴァ書房編集部の音田潔氏の粘り強くかつ丁寧なサポートがなければ，本書は現在のような形で実現し公刊されなかった。心から感謝の意を表したい。

2018年12月

編　者

ソーシャル・キャピタルと市民社会・政治
――幸福・信頼を高めるガバナンスの構築は可能か――

目　次

「叢書ソーシャル・キャピタル」刊行にあたって
まえがき

序　章　市民社会・ガバナンス・ソーシャル・キャピタル
　　　　の相互関係……………………………………… 辻中　豊　1
　　1　マクロな外部性と集合的な効用 …………………………… 1
　　2　なぜ「小さくタフな政府」は可能か ……………………… 3
　　　　──日本のパフォーマンスの謎をとく
　　3　正の外部性の発揮要因の探究と多様なデータ収集 ……… 6
　　4　政治文化アプローチとの関連 ……………………………… 10
　　5　マクロな業績を担保する概念 ……………………………… 13
　　　　──市民社会・ガバナンス・ソーシャル・キャピタルの共通点
　　6　世界と日本の市民社会の変容 ……………………………… 15
　　7　市民社会・ガバナンスを規定するソーシャル・キャピタル … 17

第1章　公共政策への市民の納得
　　　　──市民社会組織リーダーの政策満足から見る日本の都市ガバナンス
　　　　…………………………………………… 辻中　豊・阿部弘臣　25
　　1　公共政策と市民社会 ………………………………………… 25
　　2　市民社会組織からみる社会ガバナンス …………………… 26
　　3　ガバナンス時代における政府の意義 ……………………… 27
　　4　政策満足度に関するいくつかの説明要因とJIGSデータセット … 28
　　5　参加・ネットワーク・信頼と政策満足の想定される関係 … 35
　　6　参加・ネットワーク・信頼の規定力 ……………………… 37
　　7　社会団体と住民自治組織の差異と類似を考える ………… 41
　　8　公共政策への市民の納得のために ………………………… 43

目　次

第2章　コミュニティ特性の構造要因を探る
　　　　――東京の都心・下町・山の手の比較から ………… 戸川和成　51

1　コミュニティ特性の類型化――都市型・地域村落型の比較から……… 51
2　都市化度とコミュニティ要因特性………………………………………… 53
　　――ソーシャル・キャピタルの説明要因
3　都心・下町・山の手のコミュニティ特性………………………………… 56
4　東京のソーシャル・キャピタル較差説の検証…………………………… 66
5　どのような環境がソーシャル・キャピタルを育むのか………………… 73

第3章　「政治」は「弱さ」と向き合うことができるのか
　　　　――ソーシャル・キャピタル論の批判的考察 ………杉本竜也　79

1　「強く，有能な市民」という呪縛…………………………………………… 79
2　パットナムが求めていることは何か……………………………………… 80
3　市民社会論の思想的源流としてのトクヴィル…………………………… 84
4　市民社会論の課題と「ケア」の可能性…………………………………… 89
5　「依存」と「ケア」は「強く，有能な市民」の呪縛を解くことが
　　できるか……………………………………………………………………… 93

第4章　不平等の罠と「中流」の消滅
　　　　――ソーシャル・キャピタルのダークサイドと市民社会
　　　　 ………………………………………………………… 稲葉陽二　97

1　ソーシャル・キャピタルのダークサイド論……………………………… 97
2　ダークサイドはなぜ生じるのか……………………………………………113
　　――「2013年社会関係資本全国調査」からの実証
3　不平等の罠と「中流」の消滅――究極のダークサイド…………………126

第5章　社会開発の持続可能性を高めるものは何か
　　　　──ネパールの女性グループの活動事例から………青木千賀子　141
1　ソーシャル・キャピタルの醸成がもたらす効果………………………141
2　相互扶助システムとコミュニティ活動…………………………………144
3　SOCATによる分類・類型化と概念整理………………………………145
4　ネパールの女性グループによるマイクロファイナンス活動
　　に対する記述的事例分析──フィールドワークから……………148
5　マイクロファイナンス活動の実績は何か………………………………155
　　──貧困削減・差別構造解消への貢献
6　協調行動の働きかけと持続可能な開発…………………………………159

第6章　地域課題とNPO・市民活動………………………立福家徳　165
1　ソーシャル・キャピタルとNPO・市民活動…………………………165
2　日本における市民活動──NPO法をふまえて………………………167
3　市民活動参加者の特徴
　　──「暮らしの安心・信頼・社会参加に関するアンケート調査」から……172
4　新たなNPO・市民活動に向けて………………………………………176

第7章　地域コミュニティとソーシャル・キャピタル
　　………………………………………………石田　祐・金谷信子　183
1　地域コミュニティへの関心と実態………………………………………183
2　日本における地域コミュニティの発展と3つの危機…………………185
3　日本の地域コミュニティにおけるソーシャル・キャピタルの影響…189
4　地域コミュニティにおけるソーシャル・キャピタルの存在…………192
5　危機を乗り越えて…………………………………………………………201
　　──ソーシャル・キャピタルを考慮した政策展開の可能性

目　次

第8章　防災・災害復興で求められる地域コミュニティの機能
　　　　　……………………………………………………川脇康生　207
　1　地域コミュニティの内抱する力への着目…………………………207
　2　防災・災害復興における地域の対応力……………………………208
　　　――コミュニティ・レジリエンス
　3　事例・実証研究にみるレジリエンスの実例と政策への応用………212
　4　東日本大震災からの生活復興………………………………………216
　　　――近所付き合いの変化・共助の実態に着目して

第9章　「信頼」を捉えることは可能か………西出優子・玉川　努　233
　1　高信頼社会と低信頼社会の違い……………………………………233
　2　信頼とは何か…………………………………………………………234
　3　信頼の測定を通じてわかること……………………………………239
　4　今後の信頼研究に求められるもの…………………………………246

第10章　幸　福　度――経済要因だけでは規定されないもの
　　　　　………………………………………松島みどり・伊角　彩　255
　1　幸福度研究への関心の高まり………………………………………255
　2　幸福のパラドックス…………………………………………………256
　3　幸福度の先行研究概観………………………………………………257
　4　定量的把握による日本人の幸福度とソーシャル・キャピタル……263
　5　幸福度研究からの示唆………………………………………………279
　　　――ソーシャル・キャピタルの果たす役割

終　章　実証に基づく政策研究の視座……………………山内直人　287
　1　市民社会・政治をめぐる研究課題――本書の内容から……………287

2　ソーシャル・キャピタル研究のフロンティア……………………291
　　　──新しいデータと高度な手法
　3　ソーシャル・キャピタル形成に有効な政策を考える………………295

索　引

序　章　市民社会・ガバナンス・
　　　　ソーシャル・キャピタルの相互関係

1　マクロな外部性と集合的な効用

　本叢書全体の企画者であり日本のソーシャル・キャピタル（以下，社会関係資本）研究の第一人者，稲葉陽二は，社会関係資本を「心の外部性を伴った信頼，互酬性の規範，ネットワーク」（稲葉・吉野 2016：63）と定義している。また社会関係資本は，私的財，公共財，クラブ財の3つの財に分類でき，社会関係資本の5つの特徴として，「1．外部性は，社会的文脈の中で成立する。2．外部性は，社会的文脈の中での相対的位置に影響される。3．外部性の本質は，人々が認識して初めて意味をもつ。4．心の外部性は，内部化しないことに価値がある。5．波及効果が高い」（稲葉・吉野 2016：64）を挙げている。心の外部性，すなわち，外部への意図せざる機能・効用として，社会関係資本は定義されている。

　定義や概念化，理論化に関する議論は社会関係資本という概念の登場以来，延々と続いているが，この概念が1990年代に広く可視化して以降，膨大な学術書，論文が社会と人間に関連するほぼすべての分野で輩出したことをみれば，この社会関係資本概念の学術的な発見性・創発性は明白である。社会関係資本は21世紀の学際研究の成長産業である[1]。研究分野が急発展するのは，その背後にしっかりとした知的な市場での需要が存在するのはいうまでもない。

　社会関係資本研究には，その前史としていくつかの文脈での研究が指摘されている[2]。異なる視角から P. ブルデュー（Bourdieu 1986），J. S. コールマン（Coleman 1990）は早期に社会関係資本を概念化していたし，R. S. バート（Burt 1992）らネットワークの研究者や集合行為問題・共有地の問題と関連づけた E. オストロム（Ostrom 1990）も重要な理論基盤を提供した。中でも政治学者のR. パットナム（Putnam 1993）や F. フクヤマ（Fukuyama 1995）の研究は多くの

市民に研究の意義を納得させ，概念の大衆化に寄与した。学術需要という点では，研究者の動きに並行して世界銀行（以下，世銀）や経済協力開発機構（以下，OECD）といった国際機関が実践的意義を付与したことも大きい。それによってそれぞれの学界内での知的現象から，現実の社会問題解決手段としてすべての社会に関わる現象となり，数多くの応用的研究がなされることとなった。

最初に確認しておきたいのは，このような社会関係資本概念のもつ外部性，言い換えると，そのインパクト，つまり社会的関連性（relevancy）であり，それは集合的な，マクロな機能や効用にあるという点である。パットナムは民主主義の機能や統治業績，フクヤマは経済発展，世銀やOECDは途上国の経済社会発展の理論的で実践的なミッシングリンク（欠けている輪をつなぐもの，変数）として，社会関係資本を位置づけた。つまり社会関係資本の外部性が社会関係資本と直接関連する人々を越えて，社会や地域，国家の機能に影響を与えると考えられたがゆえに，多くの人々に注目されたのである。

マクロな機能や効用，マクロな外部性こそが，この概念を発展的なものにした契機であり，それを必要とする需要があったことに留意したい。2003年に出版された大著（Ostrom & Ahn〔eds.〕）でオストロムらは，概念と理論の部分に続く第3部，第4部で「社会関係資本と発展」「社会関係資本と民主主義」を挙げ，2008年オックスフォード大学出版局から出版された『社会関係資本ハンドブック』（Castiglione, van Deth & Wolleb〔eds.〕2008）は，第1部の「概念問題」に続いて，「第2部　民主的政治」「第3部　経済発展」「第4部　コミュニティと社会」という構成をとっている。これらは社会関係資本が，マクロに政治，経済，社会に寄与することを示している。

このマクロな集合的な性格は，単位のレベルとしては小集団から一つのコミュニティ，地域社会，一つの国や国境を越えたエリアまで，相当な広がりをもって考えることができる。心の外部性である社会関係資本は，個人と切り離しては存在しえないが，ミクロな社会関係資本，私的な財としての社会関係資本それ自体確かに意義はあるものの，(3)この概念の広範な受容とは直接関連しない。こうした点からいえば，社会関係資本と市民社会，政治を検討する本書は，社会関係資本概念の発展と密接な関係がある。

本章では導入として，社会関係資本が，市民社会と政治，より具体的にはガ

バナンス（コミュニティから国まで）と密接な関係にあることを示唆したい。マクロな機能，効用，マクロな外部性に関して，「市民社会」や「ガバナンス」といった概念が，社会関係資本とほぼ重なるように社会科学の世界に登場（もしくは市民社会の場合は再登場）している（Anheier & Toepler〔eds.〕2010；Bevir〔ed.〕2007）。市民社会は，ポスト社会主義，ポスト福祉国家の文脈で，やはり同様の機能を果たす構造として注目され始めた。ガバナンスも文脈的にはもう少し複雑であるが，世銀で用いられ始めた理由は，社会関係資本と似て，政治体制やイデオロギーを超えた概念であることである（依田 2003：120；猪口 2012）。いずれにせよ，1991年以降の世界は，新しい社会科学概念を必要としはじめ，まさにそれに応じて，新しい諸概念が登場したのである。

　本章では，最も大きな問題の一つとして日本の謎と社会関係資本について触れ，次いで，OECDと世銀における社会関係資本の定義と測定指標，政治学の既存アプローチとしての政治文化との差異，さらに日本の市民社会の特徴とその変化について触れたい。

　本書では，本章と第3章の政治理論的検討を除き，すべて市民社会と政治の観点からの手堅い実証的な分析である。そこに本書の特長がある。日本の学界の負の伝統として，概念の理論的整理をもって研究理解が済んだものとする傾向があるが，本書はそれに与するものではない。本章では，政治学的な観点から，大きな文脈を整理し，社会関係資本の射程について議論したい。

2　なぜ「小さくタフな政府」は可能か──日本のパフォーマンスの謎をとく

　まず，OECDが作成した，3つのグラフを眺めてみよう（図序-1～3）。日本を，OECD先進国の中だけで比較するのは必ずしも適当ではないが，図序-1「全雇用者に占める公務員の割合」は日本だけが飛びぬけて割合が少ないことを示している。それに対して，図序-2・3は，それぞれGDPに占める政府の歳入と歳出割合であるが，共に日本は，OECDの平均値よりやや少ないもののほぼ平均的であることを示している。注意深くみれば，歳入の割合（％）より歳出割合が高く，政府財政が赤字構造であることも明瞭である。日本での政治的議論でたびたびその「多さ」が指摘された公務員数は，比較的にみれば，

図序-1 政府（広義）における雇用：全雇用者に占める公務員の割合

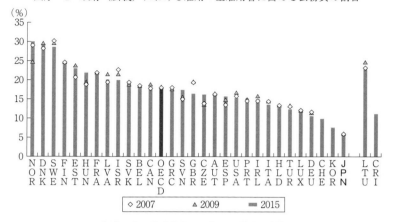

図序-2 政府歳入の GDP に占める割合

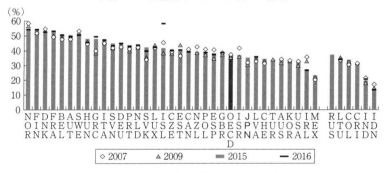

図序-3 政府歳出の GDP にしめる割合

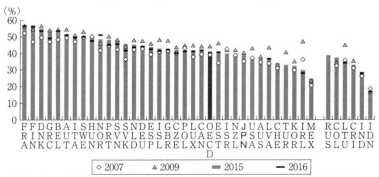

出所：3つの図ともに，OECD Government at a Glance 2017（http://dx.doi.org/10.1787/gov_glance-2017-en，2018年8月31日アクセス）。同書所収グラフ：3.1, 2.29, 2.30を参照。

このように全く逆であり，その「少なさ」に驚かざるを得ない(5)。このように日本に関していえば，政府財政の赤字構造と公務員数規模は無関係である(6)。

公務員数の少なさは比較政治的にみて厳然たる事実であるが，比較的最近（前田 2014）まで村松，稲継ら一部の研究者を除いて学術的なテーマになってこなかった(7)。この場合の公務員は広義のそれであり，考え得る準公共セクターの雇用者がすべて含まれている。公務員数が少ないことの直接的な理由は，国家公務員については，「行政機関の職員の定員に関する法律」（1969年，自衛官，会計検査院事務総局，人事院の定員を含まない）による制限が設けられたことが重要であり，その規制に従って政府は数次にわたる定員削減計画を策定実施している。地方公務員や準公共セクターの雇用者はこの規則には直接は規制されないが，準拠するよう行政指導され微減を続けている(8)。このような他の諸国に先立つ「公務員削減という行政改革」の原因を問う（前田 2014）ことも重要であるが，社会関係資本の機能との関連では，なぜこうした先進国最低水準の公務員規模で「行政の業績維持が可能なのか」が，より重要である。

日本の政府行政の業績の水準自体も，日本の行政への評価が絡んでくる大きな争点であろう。「中負担中（低）福祉」と呼ばれる福祉水準など様々な限界や問題点を，日本の行政がはらんでいる可能性は存在する。

他方で，社会関係資本の議論でたびたび指摘されるのは，自然災害（震災）に対する市民社会と政府（特に地方政府）の頑強さである。災害対応における驚くべき秩序と人々の協力は，市民社会のはたらきであると同時に政府（公共セクター）の機能であり，日本がこの極端に少ない公務員数，この意味で極端に小さい政府の下で，いかにしてこうした業績を誇っているのか，維持しているのかも，大きな驚きである（辻中編 2016；アルドリッジ 2015；Tsujinaka & Inatsugu〔eds.〕2018；稲継 1996参照）。

日本の工業化，とりわけ1960-1970年代の産業政策においても，日本の政府・行政が，政治と社会をネットワーク化し，発展志向の「良き業績」を示したとの多くの研究がある（著名なチャルマーズ・ジョンソン，エズラ・ヴォーゲルらの業績，村松・伊藤・辻中 2002：2-8）。産業政策から自然災害に対する危機管理・復興政策まで，日本の政府・行政が「小さくタフな政府」である可能性を示すものかもしれない。

ところがさらに，また別の側面もある。いうまでもなく戦後の政治を担ってきたのは，特定の保守政党である。日本の政治において，なぜこの保守政党（自由民主党）による一党優位政党制が半世紀以上にわたり基本的に継続しているか，という点こそ大きな謎であり，この点も「小さくタフな政府」現象と関連する。なぜこの政党は1955年以降，ほぼ連続して合計60年余も政権を頑強に担っているのだろうか。その強さの底辺には地方の草の根市民社会や各種利益団体の固定的支持がある。また同時にこの政府が，1965年以降，国債による財政補填を始めたこと，それが21世紀には，世界の先進国で最大の国債残高になったことも周知の事実である。

政権の強さも，財政の赤字累積も，実は「小さくタフな政府」の裏の面である。それらを貫く「小さくタフな政府」の実質を支えるのは日本の市民社会の社会関係資本である，というのが筆者の見立て，大きな仮説である。

それ以外にも，日本の社会には，比較政治的に見れば驚くべき，他と区別できる特質がいくつもあり，それはまさに国家と市民社会関係，社会関係資本の問題と密接に関連する可能性が高い。本書で，これらマクロ問題自体に解を与えることはできないが，市民社会の社会関係資本が解を与える導き手になることを示唆しておきたいと思う。

3 正の外部性の発揮要因の探究と多様なデータ収集

社会関係資本に関する研究が成長産業でありながら批判がやまない理由（稲葉・吉野 2016：8-9, 74-82）の一つが，社会関係資本研究のもつ曖昧さであり，結果としての曖昧さへの寛容さである。社会関係資本は多面性をもった概念でありながら，その一側面を安易に代理変数化（定義の操作化）する傾向が多々見られる。たとえば，特定の集団（NGO，NPOや自治会・町内会など）への参加やその絶対数をネットワークの代理変数としたり，一部組織への制度信頼や一般信頼などのサーベイや世論調査での結果を安易に信頼の代理変数として，社会関係資本自体を分析し論じるというような研究である。そうした研究は，社会関係資本概念のもつ多面性・複合性への理解を基に，自らの「研究戦略の部分性」を強く意識する必要がある。すべての社会科学研究は，部分性（限界）

の認識の下になされないと，誤った一般化を導く可能性が高い。

　個々の論者の定義の議論や問題はすでに稲葉・吉野（2016）によって整理・分析されているので，深入りせず，世銀とOECDの定義と測定枠組みを見てみよう。個々の研究者の議論でなく，国際的で実践的な政策目的をもって集約されているので有用である。

　まず，最も早く実践的に社会関係資本に注目した世銀の定義をみておこう。[12]

　世銀は1990年代に入り，途上国の開発における国家諸制度や知識の役割，教育など人的資本といった非市場的な，非経済的な要素の役割を強調し，各年度の「世界銀行開発報告」に特集を組んできた。こうした傾向の中で，1990年代のかなり早い時期から社会関係資本への注目は始まり，1996年に社会関係資本イニシアティブという作業部会が誕生し，この概念の指標化による開発事業への活用を目指しはじめた（辻中 2003：275）。1998年には社会関係資本専用ホームページが開設され，関連文献，研究，事例など多くの情報を提供しはじめた。2019年1月時点で，社会関係資本を世銀サイト内で検索すれば約195万項目がヒットする。

　世銀ホームページ（social capital）は，「社会関係資本は集合行為を可能にする規範とネットワークである。社会関係資本には制度，関係，慣行が含まれ，社会における社会的な相互作用の質と量を規制する。様々な証拠が，ある社会が経済的に繁栄し，発展が持続するために社会関係資本が極めて重要な役割を果たすことを示している。積極的な方向に社会関係資本が高められると，事業の効果と持続可能性は改善する。社会関係資本は，人々を参加させ，団結をたかめ，風通しをよくして，お互いがわかり合え，共通の必要性にむかって協働するコミュニティの力を高めるからである」（下線筆者）。ここには，5つの鍵（①集団とネットワーク，②信頼と連帯，③集合行為と協力，④社会的な団結と包摂，⑤情報と交信）となる次元があると指摘される。

　以上のように定義する世銀は，社会関係資本こそが，社会において経済活動遂行上で必要な天然資本，物的資本，人的資本が相互に結びつけられるミッシングリンクであると考え，これをこれまでの開発の議論に欠けた輪（変数）であったとして非常に広い範囲の対象をそこに組み入れている（佐藤編 2001：17）。世銀は，広い範囲の社会関係資本のうちからいくつかの指標を取り出し，それ

を説明変数として，発展途上国の経済・社会厚生データを被説明変数とする膨大な相関研究を生み出していく。社会関係資本は，中進国・移行国・途上国すべてにおいて，援助による開発や社会転換のために有効なマクロ，ミクロな政策のための政策対象であり且つよりよい発展のための手段であり，ともかく有意味なものはすべてこの概念でまず把握しようとする意欲が伺われる（辻中 2003：275）。

OECDも1990年代から作業を開始し，先進国での現実の標準化した測定を目指して，21世紀はじめには，以下のような概念と測定対象の整理を行っている[13]。

まずOECDの定義である。*The Well-being of Nations*では「集団の内部もしくは集団間で，協力を促進するような共有された規範，価値，理解を伴ったネットワーク」（OECD 2001：41）（下線筆者）と定義した。この定義は2019年1月時点のホームページでも維持されている。このホームページのサイト内検索では社会関係資本によって約4.5万項目がヒットした。この定義では，個人的な人間関係，社会的ネットワークによるサポート，ボランティア活動，政治参加，団体加入，多彩なコミュニティ活動などの市民的関与，信頼と協調的な規範が重視されている。OECDが2002年に提示した社会関係資本の測定枠組みは，以下の通りであった（辻中 2003：277）[14]。

(1) 組織集団を通じてのコミュニティへの参加
  ① 組織集団への参加
  ② 集団を通じてのボランティアワーク
  ③ ①②について集団類型ごと，集団数ごと，各集団への時間および関与頻度ごとに測定
(2) インフォーマルなネットワーク
  ① 直接の世帯以外の，友人，親戚，隣人などへの報酬を伴わない助力提供
  ② 世帯以外の人からの助力の受容
  ③ その他の友人，親戚，知人，職場の同僚への積極的な社会的関与
  ④ 上記を，活動の類型，活動数，関与の時間と頻度ごとに測定

(3) 信　　頼
　　① 一般的に他の人々を信頼する気持ち
　　② 特定の集団の人々，特定の制度を信頼する気持ち

　世銀と OECD の提示した定義や測定の枠組みは，21世紀初頭にはすでに確定しており，現在までほぼ変更はない。筆者も参加した測定のためのロンドン会議（2002年）では，パットナムは定義に関する批判に応え，定義には，2つのネットワーク（(1), (2)）に加えて，①互酬性の規範，②信頼，③同規範＋信頼，④同規範＋信頼＋制度，⑤同規範＋信頼＋制度＋アルファ，といった何種類かの定義に整理できるが，彼自身は，社会関係資本のエッセンスはネットワーク＋①互酬性の規範であると考えていること，また社会関係資本には，予め何ら社会的にプラスの価値を含ませていないこと，社会関係資本は NGO そのものではないこと，また社会関係資本は集計データでなく一般人対象のサーベイ行動データで測定することを言明し，彼自身の立場を，測定のための作業定義に向けて軌道修正した（辻中 2003：277）。このように OECD とパットナムの言明は，その後の社会関係資本研究を方向づけることになったが，サーベイ行動データ中心の行動分析は逆に社会関係資本研究の射程を制限した可能性がある。
　2010年に出版された『社会関係資本ハンドブック』において，同書の編者の一人（van Deth 2008）がこうした測定問題を検討して，次のように整理している。
　世銀や OECD まで含めた多くの社会関係資本論者の経験的研究を精査して，
　　Ⅰ　構造的側面
　　Ⅱ　文化的側面
の区別および
　　A　個人的性質
　　B　集合的性質
の区別の重要性に注目している。
　ⅠとⅡの区別は，ネットワークに関わる構造的側面と互酬性の規範と信頼という認知的側面を指している。AとBの区別は，稲葉陽二のいうミクロとメ

ソ・マクロの区別に相応する。またⅠとⅡの問題は，社会関係資本の存在・存立構造とその機能の問題とも言い換えることができる。

本書は，このすべてに関心を払った章を有しているが，筆者の立場は，ⅠとBの意義が社会関係資本をして社会的な関連性ある (relevant) 研究にしているというものである。

すでに触れたように社会関係資本は「心の外部性を伴った信頼，互酬性の規範，ネットワーク」「集団の内部もしくは集団間で，協力を促進するような共有された規範，価値，理解を伴ったネットワーク」等と定義される。こうした社会関係資本の実態は，現実の世界に存在する。ただ注意すべきは，ネットワークの外部性（機能）には必ず正負両面がありうることである。それゆえ研究戦略として，心の外部性が「協力を促進する」ことを前提とするのではなく，信頼，互酬性の規範，ネットワークが相互にいかなる関連を持ち，いかなる時に，「協力を促進する」正の外部性を発揮するかが，分析されるべき研究の焦点なのである。

データに関しても，Jan W. van Deth (2008) は，社会関係資本の測定において，パットナムの2002年の言明ようにサーベイ行動データだけに限定するのではなく，世論調査，統計的な指標，コミュニティ調査研究，プロジェクト・実験まで幅広く，データ収集を行うことを提起している (van Deth 2008:161)。いうまでもないが，これはパットナム自身が最初の書 (Putnam 1993) で用いた研究方法である。

4 政治文化アプローチとの関連

本章は，マクロな集合的な機能としての有用性ゆえに，社会関係資本に意義があると主張している。社会関係資本は，市民社会の一つの性質であり，ガバナンスに影響を与え，集団から政治体までマクロなシステムの業績に影響を与えるということである。そしてこのメカニズムを検証できれば，意味のある公共政策が可能となる（少なくとも示唆を与える）という理由から，現実との関連性があり有意義なのである。つまり，矢印（⇒）を因果的な関連性とすれば，

社会関係資本（の状態，機能）⇒市民社会（の性質，機能）⇒ガバナンス（の状態，その機能，その良し悪し）⇒個々の公共政策の帰結⇒システムの業績

という連関を想定できる。

　これまで，政治学では，市民社会と政治システムや政治体制との関係を，政治文化という概念枠組みで記述し分析してきた。

　政治文化研究は，その創始者というべきアーモンドの枠組み（図序 - 4）では，政治システムレベルの文化，政治過程レベルの文化，政治政策レベルの文化の3つに区分される。一国の政治文化とは，ある時代に国民（市民）の間に広く見られる政治についての態度・信念・感情の志向（orientation）のことである。政治システムレベルの文化は，政治システム総体をどうみるか，個々システムを形成する価値や組織をどうみるか，である。国家へのプライド，国や民族へのアイデンティティ，政府の正統性（いわば，社会関係資本研究の制度信頼に対応）などが入るものとされる。政治過程レベルの文化は，政治の過程（の諸アクター）をどうみるか，過程に何を期待するかであり，市民の政治過程での役割，政治参加役割，政治的な権利意識が入るとされ，政治過程レベルの文化は，国や地方によって，市民参加型，臣民型，未分化型に分かれる。政治政策レベルの文化としては，政府のする政策役割，政策の優先順位，政策目標が関連する。政治文化は市民の共通の志向を指すものだが，政策や問題解決策，政府の正統性に関しては市民の間で多様性がみられ，その程度によって合意志向型と対立志向型にも分かれる。

　政治文化とは，このように政治システムから，過程，政策までに関わる政治的な認知パターン，対政府・対政治感情，政党党派心パターン，利益集団への感情，認知，政治参加への義務感，市民の政治への有力（効果）感，政治参加，政治的忠誠等を記述分析するものである。

　具体的には，各国各地域で，これらの背後にある社会関係と政治文化の関係，社会関係と市民の協働，団体加入と市民的有力感，政治的社会化（教育機能）と市民的有力感などが分析された。もっぱら認知や価値意識に関するサーベイ調査や政党の党員数や投票率など集計データを基に，各政治システムの構造と機能を「媒介する」もの，ミクロな認知パターンとマクロなシステム・過程機

図序 - 4　政治システム

注：国名は任意である。
出所：Almond et al. (eds.)（2008：34）

能を「媒介する」ものとして，類型化し比較的に特徴づけたのである。

このような政治文化は，政治システムの比較研究において，重要な媒介者としての位置を占めるようにみえる。政治文化は，政治システム論の，主要概念，つまり構造と機能，システム諸機能，過程諸機能，公共政策諸能力，政治諸財の前に説明される（アーモンド・パーウェル〔1986〕，Almond et al〔eds.〕〔2008〕それぞれの第2章にあたる）。またアーモンドやヴァーバ（1974）の出発点である書名（*Civic Culture*〔市民文化〕原著1963年）でもあった。

しかしながら，政治文化は，政治システム概念の体系性，包括性と精緻さによって，1960年代から現在まで，比較研究の分析枠組みとして広範に使用されたとはいえ，政治過程文化の型における市民参加型，臣民型，未分化型や合意志向型と対立志向型にみられるような，英米型に歪んだ形式的な類型化を生み出すにとどまった。

英米型の統治能力・統治可能性への疑問や石油ショックなどへの危機対応が表面化した1970-1980年代には，システム論の抽象性と類型論の魅力は衰え，

個別の「国家」毎の歴史的な個性と対応様式を重視した政治体制の類型比較分析(多元主義・コーポラティズム論争など)へと移行していった(Katzenstein ed. 1978；辻中 2012)。危機と大転換の時代に入り，政治体制の型と統治能力の高さとの因果分析が求められていた。

　政治システム論的な政治文化研究は，政治学の段階として，文化内容の記述的調査研究が必要な段階での探索的体系化の方法とみることもできる。政治文化の名の下に分析されたのは，実は政治行動データ全体であって，詳細な政治システム論の概念枠組みの網の目によって掬われた様々な行動データを各国に当てはめ，各国の特徴をパターン化するための，いわば「色を付けるための道具立て」であって，政治文化それ自体は理論的実証的な創造性を有していないように見える。現在からみれば，政治文化研究は，いわば，社会関係資本研究のもつ，因果関係の検証をする前段階としての予備的な記述研究段階であった。

　といっても，政治学，市民社会における社会関係資本研究は，政治行動や政治的認知に関するサーベイ調査結果など，半世紀に及ぶ政治文化研究の遺産を有効活用できることはいうまでもない。ネットワークや集団・団体への関与，活動，さらに制度信頼や政治的な信頼，互酬性といった焦点を絞って点や市民社会とガバナンスといったシステムの下位枠組みを有効利用することで，半世紀の蓄積をもつ政治文化研究は，政治学的な社会関係資本研究の先駆とみなすことができる。

5　マクロな業績を担保する概念
—— 市民社会・ガバナンス・ソーシャル・キャピタルの共通点

　先に，社会関係資本(の状態，機能)⇒市民社会(の性質，機能)⇒ガバナンス(の状態，その機能，その良し悪し)⇒個々の公共政策の帰結⇒システムの業績，という連関を想定できると述べた。市民社会の性質，資源の「一つ」としての社会関係資本がある。概念として市民社会がより広く包括的である。市民社会の一つの性質として，社会関係資本の構造的側面(ネットワーク，同活動)の出力，その帰結として社会関係資本の認知的側面(信頼，互酬性)が生じると仮定できる。そして社会関係資本の総体の帰結(機能)として市民社会(の信頼，互酬性，協力・協調)がより良いガバナンスをもたらす可能性が想定され

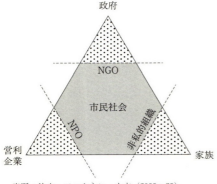

図序-5 市民社会の位置

出所：辻中・ペッカネン・山本（2009：20）。

ている。

全体社会を分ける分野（セクター）としては、政府からなる国家圏、企業と消費者からなる市場圏、家族や個々人の私的関係としての親密圏、という3大分野に対して、それらをつなぎ、跨るものとして市民社会（圏）がある（図序-5）。この市民社会の機能もしくは、様々な分野に存在する関係者（ステークホルダー）の相互関係の機能（働き、帰結）として、社会の実績がある。そしてこうした実績を導くものとして、ガバナンス、さらに社会関係資本という概念が登場してきた。

市民社会をふくめた総体を、政治システムや政治体制、もう少し細かくは制度や規範、政治文化という用語でこれまで政治学が分析してきたものを、現在では、人間の関係性に注目して社会関係資本、組織の関係性に注目してガバナンスと概念化され、新しい因果関係の分析がなされている。政治文化研究は、すでにみたように政治過程の入力サイドに力点があり、自由民主主義的な市民参加の側面を強調した。この参加の意義は失われていないが、何が参加を促し、システムの機能を担保するか（Putnam〔1993〕の題名（*Making Democracy Work*）を直訳すれば『民主主義政治を機能させる』）という問題が、社会主義対資本主義、自由民主主義・社会民主主義対社会主義（的民主主義）といった体制対立の終焉後に本格的に登場したのである。

市民社会、ガバナンス、社会関係資本という3つの社会科学の成長産業概念は、社会主義以降の世界、ならびに福祉国家・大きな政府の行き詰まり以降の世界において、マクロな業績として市民社会と国家、政治が問題化し、そこでの業績を担保するものとしての登場してきた。あくまで集団、集合財レベル、マクロな業績、公共政策との関連で登場してきたことを忘れるべきではない。

6　世界と日本の市民社会の変容

　社会関係資本研究の興隆の背景には，世界における市民社会の重要化がある。市民社会概念の再発見は，ポスト社会主義における体制移行問題，その過程のスムーズさの差異があったことが大きい。同様に，先進国ではポスト福祉国家問題が浮上していた。

　サラモンとアンハイヤー（1994）は，それに対応して「非営利セクター」の噴出，アソシエーションの革命的な噴出（associational revolution）を指摘した。それを，調査に基づきある程度実証的に図示したのが，辻中らによる，JIGS調査（国際市民社会・利益集団比較のための団体基礎構造調査）である。

　ここでは本書の背景をなす日本の市民社会について，要点を述べておこう。JIGS調査は，市民社会組織の全貌を各国で捉えるべく，できるだけ包括的な母集団リスト（職業別電話帳や各国政府の団体登録名簿等。日本では職業別電話帳〔社会団体〕，内閣府のNPO認証団体名簿〔NPO〕，各自治体の保有する自治会町内会リスト〔自治会〕の3種類）を基にサーベイを行っている。

　図序-6のグラフで示されるように，世界各国では「団体革命」的な市民社会組織の設立ラッシュが1990年前後から生じている可能性が示されている。またこの現象は，体制の違いを超えて生じているように見える。

　他方で，日本のグラフは，詳細を示したグラフ図序-7からも理解されるが，社会団体や自治会・町内会ではそうした世界の動向に並行した設立ラッシュは生じていない。ここで社会団体と言及しているのは電話帳に所収された「組合・団体」項目の組織であり，包括的な内容を含むので，一般的に日本の市民社会では設立ラッシュは見られないといってよい。例外は1998年末のNPO法に基づくNPOの設立ラッシュが観察されることである。このことは，図序-8にみられるように，日常用語でも同様（NPOなどの使用頻度増大）である。

　こうした制度変更による団体設立は他の国々でも観察されており，軽視すべきではない。日本では，その後，公益法人改革によって，一般社団，一般財団など新しい分類が生まれ，そこにも数万単位での設立（新しい団体や団体の衣替え）が生じている（後・坂本 2017，山本 2017）。1990年代以降，世界の各国にお

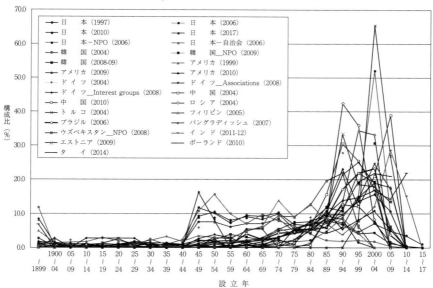

図序-6 JIGS調査による各国の団体設立年

注:(1)「～1899」は、1899年までの設立数の合計である。調査年が調査ごとに異なるので、最新年も異なる（少なく表示される）ことに注意が必要。
(2) 15か国に実施した調査のうち、1. 東京都（日本）、2. ソウル（韓国）、3. ワシントンDC（アメリカ）、4. ベルリン（ドイツ）、5. 北京（中国）、6. モスクワ（ロシア）、7. アンカラ（トルコ）、8. NCR（フィリピン）、9. ブラジリア（ブラジル）、10. ダッカ（バングラディッシュ）、11. タシュケント（ウズベキスタン）、12. デリー（インド）、13. ハリュ県（エストニア）、14. マゾフシェ県（ポーランド）に関しては首都（首都圏）を、15. タイだけは首都（圏）ではなくチェンマイの結果を示す。

いて、市民社会は再編成の時期に入っており、それが先のグラフに反映している。日本の動向もそれに対応したものである。

日本の動向に関していえば、1990年代を転機として、それまでの団体のかなりの種類が縮小期に入り、それに代わっていくつかの新しい団体が生まれている。朝日新聞での用語数の変化は、その一端を示すものである。

縮小する団体分野が存在することを、市民の参加の観点から観察するために、選挙ごとに行われる「明るい選挙推進協会」（明推協）の調査データ（図序-9）を見ておきたい。1990年代中頃に大きな亀裂が生じている。比較政治的に日本の市民社会の最も大きな特徴の一つである自治会・町内会への高い参加率が、60％の大台から急減し、2010年代はじめには20％台まで落ち込んでいる。そし

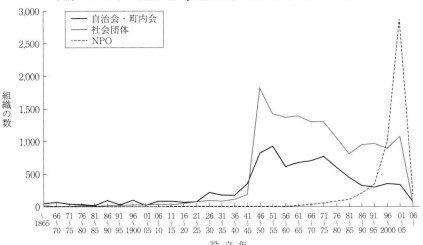

図序-7 日本の市民社会（JIGS 調査）：社会団体，自治会，NPO

注：「〜1865」には，1865年以前設立のすべての組織が含まれる。

て，どんな種類の市民社会組織にも参加しない市民が，2割台から4割台に増大したのである。

世界と日本の市民社会の変容は，社会関係資本ならびにガバナンスの問題にも大きな影響を与えるであろうと推察できる。

7　市民社会・ガバナンスを規定するソーシャル・キャピタル

本章では，本書全体の背景をなすいくつかの論点を提示した。まず，社会関係資本の学術的な意義について，現実との関連性がマクロな外部性，集合的な効用にあることを述べた。次いで，社会関係資本が各国の大きな謎（パズル）を解く鍵となり視座となる可能性について，日本の謎を例にとって示唆した。社会関係資本の定義に関しては，マクロな効用から測定枠組みを提示した世銀と OECD の枠組みも紹介した。研究戦略と測定問題では，単に社会関係資本の認知的側面のサーベイだけでなく，集計データも重要である。続いて，政治学的な社会関係資本研究の先駆的な研究概念である政治文化について，有名なアーモンドの，半世紀前に提示された枠組みを示した。政治文化研究の蓄積は

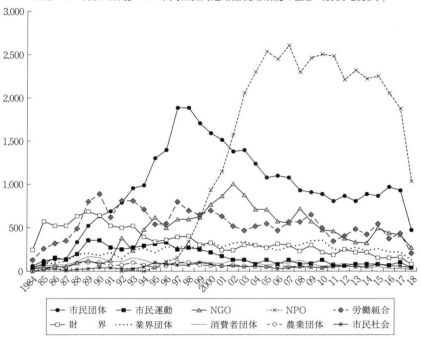

図序-8 『朝日新聞』での市民社会関連用語使用頻度の推移（1984-2018年）

政治学分野での社会関係資本研究の豊富化に寄与すると思われる。1980-1990年代における市民社会，ガバナンス概念の（再）登場は，社会関係資本と軌を一にするものであり，それはポスト社会主義，ポスト冷戦，そしてポスト福祉国家という大きな文脈の現実での変容に，社会科学が対応しようとしたものであることを示唆した。

社会関係資本の状態と機能が，市民社会の性質と機能を規定し，ガバナンスの状態と機能，その良し悪しにつながるという因果関係が想定できるのであり，個々の公共政策の帰結としてシステムの業績の良し悪しとして現象する可能性である。こうしたマクロな外部性，効用こそが，社会関係資本概念を注目させたのである。

最後に，世界と日本の市民社会の変容，1990年代からの世界的なシステムの変容は，市民社会組織の変容として現象しており，それが本書が分析する日本

序　章　市民社会・ガバナンス・ソーシャル・キャピタルの相互関係

図序-9　団体加入率の推移（1972-2017）

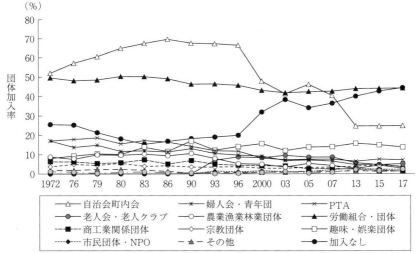

注：全国の男女有権者を対象とした郵送法調査（母集団・抽出法・選挙人名簿・層化２段階無作為抽出法）
出所：公益財団法人明るい選挙推進協会調べ（全国意識調査）各年のホームページから。

の社会関係資本分析の背景をなすことを，いくつかの実証的調査研究でのデータを基に概容を示した。

以下，こうした背景の下，展開される本書の構成を示そう。

第１章では，日本の61都市でのサーベイデータ（JIGS データ）を用いて，ガバナンスと社会関係資本の関係を，人々の公共政策への納得（政策満足）がどのようにして生まれるかに絞って，計量モデルを提示して実証的に検証し，市民社会のつながり（ネットワーク）と自治体への信頼の意義を確認する。第２章では，具体的に東京の特別区に焦点をあわせ社会関係資本の較差がどのように存在し，それがいかに説明されるかを地区データと社会関係資本のサーベイ（社会関係資本調査）を用いて計量的に検証する。

第３章では，政治理論的にソーシャル・キャピタル論の位置づけを再検討している。市民社会とソーシャル・キャピタルの議論がともすれば強い市民を前提にしやすいことを批判的に検討し代替策を提示する。続く第４章はソーシャル・キャピタルの負の側面（ダークサイド）がいかに生じるかについて，精緻

な理論的検討とともに実証的に検討する。ソーシャル・キャピタルが万能の特効薬ではなく正負の両面をもつことを浮き彫りにしつつ，負の側面が生じる腐敗や格差との関係について分析する。第5章では，コミュニティの社会開発という途上国の文脈でのソーシャル・キャピタルの機能について，ネパールをフィールドにマイクロファイナンスの事例を用いて検証する。

　第6章から第8章は，日本を舞台に，ソーシャル・キャピタルの実証的な検討が進められる。第6章では，市民活動，NPOとソーシャル・キャピタルの相互関係について検討し，ポジティブなフィードバック過程にあることを析出する。続く第7章では，地域コミュニティとソーシャル・キャピタルの関係について検討する。歴史的な地縁団体の危機と変化を押さえ，フェスティバルといった地域活性化活動とソーシャル・キャピタルの関係について実証的に検証する。第8章では，防災・災害復興の問題に焦点を絞り，コミュニティのレジリエンス（回復力）という観点からソーシャル・キャピタルの意義を検討し，東日本大震災後の復興過程を事例に検証する。

　第9章では，ソーシャル・キャピタル概念の中核的な要素である信頼に対して体系的な理論的検討を行い，世界価値観調査を用いて相関分析を行い，信頼研究の問題点を検討する。第10章では，ソーシャル・キャピタルと幸福度に関して，日本における両者の関係について，複数の実証的データを用いて検証する。

　終章では，各章での焦点と発見を要約した後，市民社会・政治とソーシャル・キャピタルの関係についてまとめの議論を行い，今後の研究展望を示したい。

注

(1) グーグル検索31億3,000万件（google 2019年1月26日），同様にBeing Japanでの検索3,380万件の検索ヒットを記録した。
(2) Ostrom & Ahn (eds.) (2003), 坪郷編 (2015)。特に河田 (2015), 稲葉・吉野 (2016), 辻中 (2003)。
(3) 主として社会学や経営学的なアプローチが多い。
(4) アジアやアフリカ諸国なども含めた世界での比較は，日本の位置について，また別の視角を提供する。これら地域では韓国，サウジアラビアなどを除いて，一般に

⑸　はからずも小泉改革がこの間の事情を明確に示すことになった。公務員数の少なさについての体系的研究は，前田（2014）が初めてであろう。前田の研究では，1969年の総定員法を取り上げ，春闘と人事院勧告の連動による公務員人件費増を嫌う財政上の理由から，政権が公務員増を避けようとした点を指摘する。筆者の観点からは，なぜ，総定員法の前提となった春闘と人事院勧告の連動（1964年），また同時期の第一次臨時行政調査会の答申（1964年）が出されたのか，が問われなければならない。大きな政治的な文脈として，社会党など野党勢力が公務員を中心とした官公労・総評をバックにしていたこと，しかもこの勢力が1960年代にはなお躍進基調であったことを考慮する必要がある。いくつかの「経路依存性」的な説明も必要であろう。前田の研究は高度成長期までは日本の公務員数は相対的に小さくないが，その後小さくなったと主張している。明治期やそれ以前江戸幕藩体制下の公務員数の規模（身分としての武士階級とは別に）を比較的に位置づける研究はまだない。「江戸の自治を引き継いだ明治の自治は基本的に住民自治を基盤とした分権的なもの」（松元 2011）とし，小さい政府の伝統を強調する研究も存在する。

⑹　公務員数が「多い」（人件費支出が多い）ことが原因で財政赤字に至るという関係はない。逆に公務員数が「少ない」ために，外注化（outsourcing）のために政府支出が増えて赤字化傾向をもつ可能性は存在する。

⑺　村松岐夫（1994：28-29）は「日本の行政の少ないリソース」を「最大動員システム」の前提とした。それを受けて稲継（1996：59-67）も「比較政治的特徴として」例外的に90年代から議論を提起してきた。

⑻　前田（2014：178）。自治省通達による。政府は補助金，地方交付税の増額を嫌った。

⑼　辻中・ペッカネン・山本（2009：178）によれば，自治会町内会の53％は地元推薦をしているかしたことがあり，この現象と自民党の後援会とは密接な関係があった。また辻中編（2010：70）によれば日本の市民社会は経済団体・業界団体・労働組合など「生産者団体」の占める割合（営利系）が他の9（他のデータを含めると14）カ国と比べて最多で4割近くとなり，市民系は13％で最低である。

⑽　こうした見立ての下，筆者は『現代市民社会叢書』（木鐸社）全5巻を編集した。

⑾　歴史的な最も大きな問として，なぜ非西洋諸国で，日本だけが，西洋的な近代化に自発的に移行したか，という問題などがそれである。資本主義・市民的国家のエートスという問題と社会関係資本の大きな疑問への鍵，手がかりがある。公的パフォーマンスと市民社会の関係である。

⑿　以下の3つの段落は，辻中（2003）を微修正して引用している。

⒀　2002年ロンドン会議でのTom HealyペーパーおよびOECD事務局によるまとめ

と今後の行動へのペーパー，辻中（2003）。辻中はこの会議で報告者として参加した。

⒁　辻中はこの枠組みで同会議で報告した Tsujinaka（2002）。

⒂　アーモンド・パーウェル（1986）（原著初版 1966，翻訳第二版 1978），Almond et al.（eds.）（2008）。

⒃　辻中編『現代市民社会叢書』（木鐸社）ならびに『現代世界の市民社会・利益団体叢書』（木鐸社）および Edward（ed.）（2011），Anheier & Toepler（eds.）（2010）。

⒄　サラモンが主導した Johns Hopkins Comparative Nonprofit Sector Project に関しては Salamon, Sokolowski & Associates（2004）を参照。サラモンは，最初の問題提起的な書物サラモン・アンハイヤー（1996，原著 1994）以降は，この associational revolution を強調していない。

参考文献

アーモンド，ガブリエル，ブリングハム・パーウェル／本田弘・浦野起央監訳（1986）『比較政治学――システム・過程・政策』時潮社。

アーモンド，ガブリエル，シドニー・ヴァーバ／石川一雄訳（1974）『現代市民の政治文化――五ヵ国における政治的態度と民主主義』勁草書房。

アルドリッジ，D. P.／石田祐・藤澤由和訳（2015）『災害復興におけるソーシャル・キャピタルの役割とは何か――地域再建とレジリエンスの構築』ミネルヴァ書房。

稲葉陽二・吉野諒三（2016）『ソーシャル・キャピタルの世界――学術的有効性・政策的含意と統計・解析手法の検証』（叢書ソーシャル・キャピタル①）ミネルヴァ書房。

稲継裕昭（1996）『日本の官僚人事システム』東洋経済新報社。

猪口孝（2012）『ガバナンス』東京大学出版会。

後房雄・坂本治也（2017）「日本におけるサードセクター組織の現状と課題――平成29年度第4回サードセクター調査による検討」RIETI ディスカッション・ペーパー：17-J-063。

河田潤一（2015）「ソーシャル・キャピタルの理論的系譜」坪郷實編『ソーシャル・キャピタル』（福祉＋α⑦）ミネルヴァ書房，20-30頁。

佐藤寛編（2001）『援助と社会関係資本――ソーシャル・キャピタル論の可能性』アジア経済研究所。

サラモン，L. M., ヘルムット・アンハイヤー／今田忠訳（1996，原著 1994）『台頭する非営利セクター――12カ国の規模・構成・制度・資金源の現状と展望』ダイヤモンド社。

辻中豊（2003）「政策過程とソーシャルキャピタル――新しい政策概念の登場と展開」

足立幸男・森脇俊雅編著『公共政策学』ミネルヴァ書房，271-283頁。
辻中豊（2012）『政治学入門——公的決定の構造・アクター・状況』放送大学教育振興会。
辻中豊・ロバート・ペッカネン・山本英弘（2009）『現代日本の自治会・町内会——第1回全国調査にみる自治力・ネットワーク・ガバナンス』（現代市民社会叢書①）木鐸社。
辻中豊編（2002）『現代日本の市民社会・利益団体』（現代世界の市民社会・利益団体研究叢書①）木鐸社。
辻中豊編（2010）『現代社会集団の政治機能——利益団体と市民社会』（現代市民社会叢書③）木鐸社。
辻中豊編（2016）『政治過程と政策』（大震災に学ぶ社会科学①）東洋経済新報社。
坪郷實編（2015）『ソーシャル・キャピタル』（福祉+α⑦）ミネルヴァ書房。
前田健太郎（2014）『市民を雇わない国家——日本が公務員の少ない国へと至った道』東京大学出版会。
松元崇（2011）『山縣有朋の挫折——誰がための地方自治改革』日本経済新聞社。
村松岐夫（1994）『日本の行政——活動型官僚制の変貌』中公新書。
村松岐夫・伊藤光利・辻中豊（2002）『日本の政治 第2版』有斐閣。
山本英弘（2017）「団体の設立からみるサードセクターの構成とその変容」RIETIディスカッション・ペーパー：17-J-065
依田博（2003）「民主主義的政策過程の可能性——ガヴァナンスと所得水準」足立幸男・森脇俊雅編著『公共政策学』ミネルヴァ書房，117-130頁。
Almond, G. A., G. B. J. Powell Jr., R. J. Dalton & K. Strøm (eds.) (2008, 1st 1978) *Comparative Politics Today: A World View* (9th Edition), Pearson Longman.
Anheier, H. K. & S. Toepler (eds.) (2010) *International Encyclopedia of Civil Society* (3 volumes), Springer.
Bevir, M. (ed.) (2007) *Encyclopedia of Governance* (Two volumes), Sage.
Bourdieu, P. (1986) "The Forms of Capital" in Richardson, J. G. (ed.) *Handbook of Theory and Research for the Sociology of Education*, Greenwood Press, pp. 241-258.
Burt, R. S. (1992) *Structural Holes: The Social Structure of Competition*, Harvard University Press.（=2006，安田雪訳『競争の社会的構造——構造的空隙の理論』新曜社。）
Castiglione, D., J. W. van Deth & G. Wolleb (eds.) (2008) *The Handbook of Social Capital*, Oxford University Press.
Coleman, J. S. (1990) *Foundations of Social Theory*, The Belknap Press of Harvard University Press.

Edward, M. (ed.) (2011) *The Oxford Handbook of Civil Society*, Oxford University Press.

Fukuyama, F. (1995) *Trust: The Social Virtues and the Creation of Prosperity*, Free Press.（＝1996，加藤寛訳『「信」無くば立たず』三笠書房。）

Katzenstein, P. (ed.) (1978) *Between Power and Plenty: Foreign Economic Policies in Advanced Industrial States*, Univ. of Wisconsin Press.

OECD Center for Educational Research and Innovation (2001) *The Well-being of Nations: The Role of Human and Social Capital*, OECD.

Ostrom, E. (1990) *Governing the Commons: the Evolution of Institutions for Collective Action*, Cambridge University Press.

Ostrom E. & T. K. Ahn (eds.) (2003) *Foundations of Social Capital*, Edward Elgar Pubishing.

Putnam, R. D. (1993) *Making Democracy Work: Civic Traditions in Modern Italy*, Princeton University Press.（＝2001，河田潤一訳『哲学する民主主義——伝統と改革の市民的構造』NTT出版。）

Putnam, R. D. (2000) *Bowling Alone: The Collapse and Revival of American Community*, Simon and Schuster.

Salamon, L. M., W. Sokolowski & Associates (2004) *Global Civil Society: Dimensions of the Nonprofit Sector*, Kumarian Press.

Social Analysis & Reporting Division, Office for National Statistics (2001) *Social Capital: A Review of the Literature*, Office of National Statistics.

Social Capital, ARCHIVED WEBSITE: Social Capital Data Archived: 08-Feb-2013 (http://www.worldbank.org/en/webarchives/archive?url=httpzzxxweb.worldbank.org/archive/website01360/WEB/0_MEN-2.HTM&mdk=23354653)

Tsujinaka, Y. (2002) "The Cultural Dimension in Measuring Social Capital: Perspective from Japan" Paper presented at a conference entitled "Social Capital: The Challenge of International Measurement" in OECD website www.oecd.org/innovation/research/2380346.pdf.

Tsujinaka, Y. & H. Inatsugu (eds.) (2018) *Aftermath: Fukushima and the 3.11 Earthquake*, Transpacific Press.

van Deth, J. W. (2008) "Measuring Social Capital" in Castiglione, D., J. W. van Deth & G. Wolleb (eds.) *The Handbook of Social Capital*, Oxford University Press, pp. 150-176.

（辻中　豊）

第1章 公共政策への市民の納得
―― 市民社会組織リーダーの政策満足から見る日本の都市ガバナンス

1　公共政策と市民社会

　序章で言及したように，20世紀後半以降，市民の参加なしでは解決できないような新たな社会問題が頻繁に観察されるようになり，市場の失敗だけでなく国家（政府）の失敗も，さらには住民団体，NGO，NPO などを意味する「市民社会の失敗」も指摘されるようになった。政治という公的決定の場においてガバナンス，とりわけ社会ガバナンスが考え方として登場したのはこうした文脈である。市民参加とガバナンスやネットワークは伝統的な統治（選挙を通じての代表制〔本人・代理人関係〕，その下での階統制型行政）方式に対する補完的要素と考えられている。グッド・ガバナンスを測定し理論化するには，客観的な統計的指標を用いて民主的なガバナンスを測定するのが有益であるとする見解がある（Norris 2011）。しかし，主観的な満足度測定を通じて市民が公共政策をどう捉えているかを分析することも，市民の納得の度合いや市民生活の質を把握することにつながり，グッド・ガバナンスの主観的要素として意義があり重要である。それゆえ，制度的，社会経済的，人口統計的な要素のみならず，社会（質問紙）調査を通して入手可能な主観的な評価情報もガバナンス研究に資する。行政学を中心とする市民満足の研究では，満足度と公共政策の関係を論ずる際に市民社会との相互作用を十分考慮に入れずに議論が行われてきたため，市民の社会的活動やソーシャル・キャピタル（以下，社会関係資本）の観点からの分析が十分になされてきたとはいえない。本章では，社会ガバナンスの質と関連する満足度や地域的特徴としての社会関係資本変数を取り上げることで，これらの因果関係をめぐる議論を深化させ，理論化への展望を得たい。

　本章の構成は次の通りである。第1に，いわゆる「国家の空洞化」に対して国家ないし政府の存在意義に関する議論を通じて，なぜ市民社会組織と地方自

治体（市区町村。以下，自治体）の関係を考察することがガバナンスにとって重要なのかを論ずる。第2に，ガバナンスの質を測定する1つの指標として地方公共政策に対する市民社会組織指導者の満足度を取り上げ，この満足度を説明するための要因をいくつか簡潔に検討する。その後，市民社会組織の参加，ネットワークおよび信頼といった社会関係資本要因に着目することで1つの因果関係モデルを提示する。第3に，社会調査に基づく経験データを用いて定量的な分析を行って当該モデルを検証した上で理論的な議論を展開する。最後は結論と展望をもって本章を締めくくる。

2 市民社会組織からみる社会ガバナンス

本章では，各種の広い意味で公共利益や集合的な利益を代表する団体，たとえば特殊法人等政府系団体，（新旧の各種）財団法人，（新旧の各種）社団法人，商工会議所等多様な経済・業界団体，労働組合，各種協同組合，NPO法人，および法人格を持たない任意団体等，様々な社会的組織を「社会団体」と呼び，自治会や町内会等の「住民自治組織」とともに，市民社会組織として定義する（辻中編 2002：20-23）。

市民は自己利益の改善のために政治に働きかけることがある。しかし，公共政策に関わる何らかの目標を達成する点から個人が単独でできることはほとんどないというべきであり，そのために市民は組織を形成し集団として行動する誘因を持つ。本章で注目するのはこれらの市民社会組織であり，特に市民社会組織間のネットワーク，そして市民社会組織と自治体との間に築かれるネットワークについて取り上げる。社会組織等を対象とした過去の全国社会調査データ（文部科学省特別推進研究による JIGS 全国調査 2006-2007年[2]）を利用することで，都市ガバナンスの比較検討を試みたい。

かつてパットナムは社会関係資本として，互酬性の規範や信頼の強さ，人々のネットワーク，および集団への参加に注目し，それが一定の地域での制度業績（パフォーマンス）の向上に寄与することを提示した（Putnam 1993, 2000）。しかし，そうであったとしても，高い社会関係資本の蓄積が市民の公共政策満足度とどのような関係にあるのかは必ずしも明らかではなく，制度変数やその他

の客観的指標で測定する政府の業績が現実に市民の政策満足に貢献しているかどうかも定かではない。特に社会関係資本の変数やその他一見して関係していると思われる変数を，同時に推定（構造方程式モデリングによる多変量解析）した時に，ある地域の社会関係資本蓄積とそこでの政策満足の関係がどのような姿であらわれるかは自明とはいえない。実証的検証が必要とされるのである。

3　ガバナンス時代における政府の意義

　間接民主制（代表民主制，代議制）は他の政治制度システムと同様に不完全なものである，ということは理論的にも経験的にも認識されてきた。選挙の過程や政党の活動が信頼性や正統性を失いつつあるともいわれている（Daemen 2012；Norris 1999；Phillips 1996）。近年の反政党（とりわけ既成の主要政党への反感）を標榜する大衆迎合（ポピュリスト）型政治集団の出現と，それらを基礎とした選挙への出馬も，そのことをよく体現しているといえよう。つまり，既存の政党制や代議制だけでは，救済を必要としている人々が彼ら自身の声を政治の場に届けるのは難しいという認識が広がっている（Beall 2001；García 2006；Gerometta et al. 2005）。

　この背景には「国家（政府）の空洞化」（Rhodes 1994）と呼ばれる先進福祉国家での趨勢がある。現代は「国家なき国家」の時代であると指摘する者さえある（Bevir & Rhodes 2011）。また，通説で述べられる国家の中心性を否認する見解も存在する（Lee et al. 2014）。しかしながら，本章ではガバナンス・ネットワーク（ガバナンスに資するアクター間のネットワーク）の観点から国家ないし中央・地方政府の機能的重要性を認め，国家・政府の空洞化が進行しているか否かにかかわらずネットワークとガバナンスの管理者としての政府の立場，その意義を強調しておきたい。

　たとえば Bell & Hindmoor（2009）や Pierre & Peters（2000）などから示唆されるように，ガバナンスの時代においても従来とは異なる意味で政府は重要となっている。つまり政府による政策ネットワーク自体の管理，すなわち「超（メタ）ガバナンス＝ガバナンス管理」が社会調整の一環として不可欠となっている。このことはもちろん中央政府のみならず，地方政府・自治体について

も同様に当てはまる。この視点によれば，地方分権の推進はガバナンスの過程において自治体により一層中心的かつ中立的な権威ある当局の役割を与えたといえる。実際，政治的交渉には，紛争の発生や信頼の欠如をいかに克服するかといった集合行為問題の解決が要求されることになる。ゆえに，超ガバナンスなくして効率的なネットワーク・ガバナンスは達成しがたい（Sørensen 2007：91）という経験則は理論的にも正当化できる。以上のことを踏まえると，公職者（政治家）ならびに行政職員は代議制民主主義や階統制的行政といった伝統的な統治手法と，「社会関係資本の製造機」（Kearns & Forrest 2000：1000）としての社会ネットワークとを結ぶメタガバナー（ガバナンス管理者）になることが期待されているといえる。

4　政策満足度に関するいくつかの説明要因と JIGS データセット

市民社会組織の社会関係資本的要因と自治体政策への満足について考察するにあたり，本章ではその他の関連要素を事前に検討し，また後続の節で取り上げる回帰モデルにも適宜含めることにする。まず，制度的な側面として政治制度の整備状況を取り上げる。この場合の制度には自治体の条例や規程のように議会または行政機関が設計する，ガバナンスに関連する公式ルールに加え，外部委託（アウトソーシング）や職員配置状況といった公共サービス政策の枠組みも考慮する。

ここで，既存の社会調査データを利用して簡単に検証してみたい。本章の以下で用いる主要データセットは，辻中豊を研究代表者とする文部科学省特別推進研究プロジェクトの中核をなす Japan Interest Group Study（JIGS）による質問紙調査データに依拠しており，2006-2007年に全国規模で実施した4種類の社会調査（市区町村の4部署，社会団体，NPO 法人，および自治会等の指導者）の結果を都市（市区）レベルで定量的に集計したものである。[3] 本章はその過程において下記の制度整備度に関する変数が欠損値となった3カ所を除く61都市の情報を用いて考察を行う。表1-1は抽出された61都市の一覧である。[4]

もし自治体の制度変数が，市民社会組織が当該自治体政策から得る満足度と正（ポジティブな）の意味で連関するのであれば，私たちは両変数間に正の相

表1-1　本章のデータ分析で扱う61都市

北海道札幌市	埼玉県熊谷市	石川県金沢市	大阪府吹田市
北海道釧路市	千葉県市川市	石川県加賀市	兵庫県神戸市
青森県十和田市	東京都文京区	石川県白山市	島根県松江市
岩手県盛岡市	東京都墨田区	長野県松本市	岡山県津山市
岩手県宮古市	東京都江東区	長野県上田市	広島県広島市
岩手県一関市	東京都世田谷区	長野県飯田市	山口県岩国市
山形県山形市	東京都杉並区	長野県伊那市	徳島県阿南市
山形県鶴岡市	東京都板橋区	岐阜県高山市	香川県高松市
福島県いわき市	東京都足立区	岐阜県関市	福岡県北九州市
福島県南相馬市	東京都町田市	静岡県沼津市	福岡県久留米市
茨城県水戸市	神奈川県横須賀市	静岡県掛川市	宮崎県都城市
茨城県土浦市	神奈川県厚木市	愛知県豊橋市	宮崎県延岡市
栃木県宇都宮市	新潟県長岡市	三重県伊勢市	沖縄県那覇市
栃木県日光市	新潟県三条市	三重県伊賀市	
群馬県桐生市	新潟県柏崎市	京都府京都市	
埼玉県さいたま市	新潟県新発田市	大阪府堺市	

関関係を見出すことができる。筆者は前述の社会調査を通して得られた次の項目について，各都市の自治体制度の整備状況を測定するために該当項目数の比率を基に制度変数を作成した。すなわち，本章でいう制度整備度とは，市民参加，情報公開，行政評価および事業委託に関すること，苦情処理，外部監査，バランスシート作成，まちづくり条例等に関する公式制度（該当数）に加え，治安・防犯，防災，教育，福祉，環境，産業振興に関する状況（補助金，職員増員，各種整備等の該当数）および外部委託の状況（市民生活に関わる20項目への該当数）をすべて足して総計で除した比率のことである。[5]

図1-1および図1-2は，それぞれ社会団体（広義，JIGS調査での社会団体＋NPO）と住民自治組織（自治会等）の政策満足度を縦軸，そして制度整備度を横軸に61都市データをプロットした散布図である。

これらの変数の相関係数については，まず図1-1の社会団体は無相関といえるレベルであり（$r=0.057$），同様なことは図1-2の住民自治組織においても当てはまる（$r=0.090$）。よって，制度整備度に対する市民社会組織の満足度は明確な関係があるとはいえない。

条例等の公式制度の整備は，市民社会組織の満足に直結しているわけではない。公共サービスは法令に基づいて実施されるものであるから，これらの項目

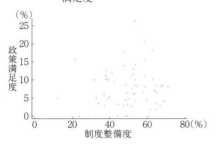

図1-1 制度の整備と社会団体の政策満足度

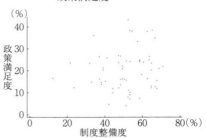

図1-2 制度の整備と住民自治組織の政策満足度

の該当数が多いほどその自治体における社会ガバナンス関連制度は充実しているとみなすことができる。上記結果は，少なくとも制度が形式的に制定・整備されているだけではガバナンス改善の効果は期待できないことを示唆している。私たちのデータに依拠するかぎり，制度指標はガバナンスの良さ（アウトプット）や市民組織（指導者）の満足に関して十分な意味を持たない可能性があることがわかる。

制度が社会的（組織間）調整に資する効果を持つかどうかという点は，今後より重要な視点となるであろう。条例等の公式制度は市民の満足に直結するわけではないが，しかし市民の活動環境を整えるためには依然として意味を持つものである。そのことを踏まえると，制度環境はそれだけでガバナンスの向上に貢献するのではなく，むしろ良きガバナンス的状況の前提，促進基盤（ファシリテーター）としての側面があると想定される。

（1）都市化・財政力

近年は技術進歩等により人々の流動性が高まり，都市／農村といった区別が意義を失いつつあるため，西洋では都市化への着目が弱まっているとも指摘される（Champion 2008）。たとえば連邦国家や地方分権化が進んでいる国では，公共サービスの質と量が国内地域によって異なってくる。その状態の差は都市化の度合いが関係しているかもしれない。一例として，日本では乳幼児の医療費に対する自治体の助成が地域によって金額や条件が異なっている。助成の程度と財政力指数を検証すると，一般に財政力の強い自治体において自己負担額

第1章　公共政策への市民の納得

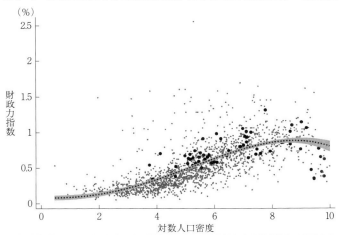

図1-3　日本の市区町村の財政力指数（全国および対象都市）の散布図

注：観察数1,750。データ上，人口密度が0もしくは極小となる福島県内の自治体は除外した。黒色のデータ・ポイントは本研究の対象都市を表わす。
出所：人口密度は2015年国勢調査データ，財政力指数は2014年「全市町村の主要財政指標」（共に総務省統計局ウェブサイトより）を基に筆者作成。

ゼロまたはその減少傾向が見られるという（西川 2010）。図1-3の通り，財政力指数は都市化と強く結びつく人口密度との間に正の相関関係が認められる（$r=0.731$）。つまり，一般に都市部の方が医療費助成体制はより充実しているものと推定される。同じことが他のサービスについてもあてはまるとすれば，都市ガバナンスの質と都市度には関連性がないとはいえない。

それでは，都市度を代理する人口密度（対数）と市民社会組織の満足度はどのような関係性が観察されるであろうか。図1-4は社会団体の満足度と都市度，そして図1-5は住民自治組織の政策満足度と都市度の散布図である。政策満足度の測定は，該当する設問において5段階の順序尺度（1．非常に不満，2．やや不満，3．ある程度〔どちらでもないに相当〕，4．満足，5．非常に満足）で得られた回答を基に，満足または非常に満足と回答した組織の割合を百分率で換算して求めた。

社会団体の結果（$r=0.067$）とは異なり，住民自治組織のケースでは帰無仮説が棄却され（$r=0.262$, $p=0.041<0.05$），都市化と政策満足の間に正の相関関係が推定される。しかし，その相関性は強いとはいえず，全変動のうち約93%

図1-4 都市度と社会団体の政策満足度

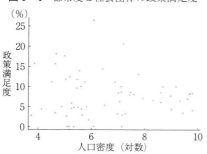

図1-5 都市度と住民自治組織の政策満足度

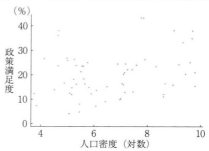

が未知である。よって，都市度だけでは地域住民の政策満足は十分に説明がつかず，特に社会団体の満足は都市度で説明することができそうにない。

（2）市民社会組織のソーシャル・キャピタル
　——参加・ネットワーク・信頼

　社会関係資本の蓄積は地方政府の業績（パフォーマンス）に対して正の（ポジティブな）相関性があるといわれている（Putnam 1993）。そして，社会的な信頼やネットワーク，市民参加といった社会関係資本の要素が良好な住民関係を形成することも指摘されてきた（Putnam 2000）。そういった意味で凝集性の高い社会では様々なことがその地域に順応し，人々の満足へとつながる可能性が高く，社会的目標と社会グループとの間にある葛藤も最小化されるという（Kearns & Forrest 2000）。また，社会的な資源（社会的地位に起因する）が豊富であるほど人々の社会団体への参加も増え，その結果個人ネットワークが拡充されていくという調査結果もある（Bekkers et al. 2008）。このようなことは市民社会組織にも同様に当てはまるだろう。たとえば組織の意思決定や討論への参加，メンバー間の交流や関係の強化，組織と自治体関係者との接点の開拓や維持など，ガバナンス・ネットワークの形成や組織的凝集性の強化といった意味において，市民社会組織の社会関係資本は個別の要素と密接に関わっているものと考えられる。

　ガバナンス・ネットワークのパフォーマンスや組織間の協力可能性を高める上で，信頼は条件となっているといえる（Klijn & Koppenjan 2016）。なぜ信頼は

ガバナンスの成功にとって重要なのか。経済学の観点からいえば，相互信頼は各アクター間の戦略に関する不確実性を低減させるという意味で重要である。不確実性を減らすということは，他のアクターの行動の予測可能性を高めるということであり，戦略的調整の成功を促すことを意味する。集合行為問題は，実の所，社会関係資本との関連がある相互協力を通して解決可能となりうる。

　これまで市民の満足が政府への信頼へとつながるということがいわれてきたが（Bouckaert & Van de Walle 2003；Van Ryzen 2007；Welch et al. 2004），その逆の因果関係については言及されてこなかった。Putnam（1993）が示唆したように，社会関係資本の蓄積は行政業績の改善に貢献する。そして，前述のように行政業績の向上は市民満足につながる。ゆえに，ローカルレベルにおける市民社会組織内の凝集性は地方政府とつながりのある組織的ネットワーク密度に対してポジティブな関係にあると考えられる。このネットワークの密度は信頼との関連性がある。そして，政府への信頼は政府と社会の協調性を高め，政策の成功を引き出し，最終的な政策満足へとつながっていくのではないか。社会関係資本に関する一連の命題や仮定が示唆しているのは，市民社会組織における参加や外部とのネットワーク形成，ならびに信頼構築といった社会関係資本の蓄積がガバナンスの向上に貢献するということである。

（3）市民社会組織

　本章では，前述の通り，様々な公共利益を代表する団体（財団法人，社団法人，等々），NPO法人，および法人格を持たない市民団体等，非営利の社会的組織を全体として社会団体と呼び，自治会や町内会等の住民自治組織とともに市民社会組織として定義している。まず，なぜ住民自治組織がガバナンスにおいて注目に値するのであろうか。辻中ら（2009）によれば，人々や組織のつながり，ネットワークの意味で重要である。つまり，自治会や町内会には社会関係資本の要素や団体間の提携が観察でき，また社会サービス活動や自治体との協力・連携，そして参加民主主義や社会的提言活動（アドボカシー）との関連もある。それゆえに，これらの組織も市民社会組織と呼ぶことができる（辻中ら 2009：29-31）。日本の住民自治組織は，全国をあまねく網羅する近隣住民のネットワークである。政治や行政のプロセスにおけるそれらの存在感は決して小さくな

い。他に市民社会組織を構成する非営利組織一般とは機能的および目的的には異なる側面を持ちつつも，ガバナンスの論議の際には社会的および政治的アクターとして考慮に入れるべきである。

　NPO法人の特徴については，次のようにまとめられる（辻中・坂本・山本編 2012：262）。すなわち，全般的に小規模な組織であり，単一争点的なことに従事する。そこでは多様な人々が参加しており，ある程度の専門性を有し，また個人のリーダーシップもよく観察される。NPOは行政とは協調的である一方，従属的ではなく，政府に一定の関与を認めつつも市民参加を求めるという姿勢を持っている。「一定の関与」とはガバナンス管理の役割を政府が担うことを要求しているものとして受け取ることができる。また同書によれば，NPOは財政補助の枠組みが少なく，他の非営利組織に比べて組織基盤が脆弱であり，情報量の多さは必ずしも組織的リソースを補ってはいないという。

　この点についても，ネットワークの意義を見出すことができる。つまり，一般に小規模な個別組織が単体で活動し，公共政策に影響を及ぼすには早い段階で限界を感じるため，彼らはその目標があるかぎりは必然的に他団体とのつながりを求めるようになる。NPOはネットワークを形成し，または利用しなければ社会的に意味のある活動はできない可能性が高い。NPOがしばしばマスコミや団体間のネットワークを活用して行動するのは，そのためである。NPOが持つ情報や専門知識は，市民の活動に関する情報の非対称性の問題により，政府から一定の需要があるということができる。しかし，前述のようにそれだけでは組織を盤石で安定したものとすることは難しい。それでも，「空洞化」した国家と自治体が単独で社会問題に取り組むことができない現在，政策領域に応じて様々な問題を顕在化させ，必要な価値を普及させる社会提言活動を展開するのはNPOをはじめとする非営利組織の重要な機能となっている。そこに大きな社会的意義を見出すことができる。

　辻中・坂本・山本編（2012）の議論に戻ると，国政レベルで政治や行政に関与しているNPOは少数であり，大部分は地域レベルで活動しているということが指摘できる。つまり，これらの団体は自治体との接触が日常的になっている場合が多い。辻中の指摘によれば，NPOの参入による既存の政治構造への突き崩しがあるとすれば，それは地方レベルからの秩序再編ということになる。

もしそうであるとすれば，近年の地域主義的趨勢（地方分権化の時代）の中で，NPO法人などの比較的新しい非営利組織が持つ社会的影響力は注目と評価に値するといえる。

　ガバナンス空間における政府は，強いリーダーシップや強制力をふるうことが要請されるわけではなく，むしろ市民間の協調のためまた社会的紛争やジレンマを解決する手助けを提供するために，調整的で補助的な役割を担うことが期待される。とはいえ，従来型の利益政治が消滅したわけではないため，依然として特殊利益を追求するロビー活動は行われるし，国政と地方の選挙の意義が大きく失われたわけでもないから，そうした団体の影響力は相変わらず強いままである。しかし，その中で小規模な市民社会組織は，費用便益の意味でより効率的な手段を求め，ガバナンス・ネットワークを追求することとなる。その際に自治体は，関係団体の意見を受けとめたり，彼らと相談しあったり，あるいは自らが協議の場を利害関係当事者（ステークホルダー）のために設けたりすることで，社会問題解決のための集合行為問題解決を促す役目を担う。つまり，市民社会組織が自律的かつ自由なエージェンシー（様々な市民の代理人）であるとはいえ，否，むしろそうであるからこそ，それらだけで政府の仲裁なしに公共レベルの問題がスムーズに片づけられることはあまりない，と考えなければならない。

5　参加・ネットワーク・信頼と政策満足の想定される関係

　こうした推定の下に本章が想定する因果関係とは，次のようなものである。もちろん，社会における市民の福祉や生活の良し悪しに関する客観的状況や主観的認識が何によって説明されるかは複合的であり，他の社会的要素と同様に必ずしも単純化できるものではない。しかし，その中からいくつかの重要な要素を取り上げ，論じることはできる。ガバナンス空間と市民社会における人々がその地域の政治・行政と公共政策の実施から得る便益は，何らかの社会的要因の結果として説明できるはずである。そして，社会科学的なアプローチに基づく分析と調査研究によって，それらの両方を推し量ることも可能となる。その点に鑑み，人々が地方公共政策から得る満足や不満は，その地域的特性によ

ってある程度の説明ができるものと思われる。社会や近隣における問題と紛争を解決しようとする自律的な人々，つまり市民社会を構成する住民組織および非営利組織に関する状況や彼らを取り巻く社会環境などが該当する。ただし，取り上げられる変数のほとんどは質問紙調査に基づくものであるから，本章の考察と分析は客観的データというよりも主観的認知で構成される情報に依拠しているという点に注意すべきである。

　データに関する説明は前節で述べたため，本節では次のような都市ガバナンスの構図を仮定する。すなわち，内生変数としてガバナンスの質に関するものとガバナンス・ネットワークに関連する変数を取り上げる。第1に，各地域において社会団体と住民自治組織が地方自治体の実施する政策から得る満足度が挙げられる。複数調査におけるこの項目自体はいわばガバナンスのアウトプットに関して問うたものであるが，地域社会におけるガバナンスの状態を知る上では概ね参考になる情報である。第2に，ガバナンス・ネットワーク関連でいえば，同時に社会関係資本とも関連がある，自治体を含む組織間の信頼や協調，資源としての人的ネットワークや人づきあい，組織的提携なども，ガバナンス要素として重要な位置を占める。よって，これらに関するデータも検証する。

　本章では前述のような枠組みを持ちつつも，やや探索的に回帰モデルを組み立ててみたい。すなわち，説明要因として取り上げる変数やモデルの選択は，データセットから社会団体と住民自治組織のネットワーク，参加，および信頼に関する変数を取り出し，これらに対数人口密度と制度変数を強制投入したバックワード・ステップワイズの過程を実施する[6]。ネットワークとは，組織間の交流や人づきあいを意味する。参加には団体が開催するイベントへの参加や住民自治組織の地域活動が含まれる。そして信頼は，それぞれ社会団体と住民自治組織が自治体に対して有する信頼度を指す。市民間の互いの信頼度合いは公共政策にとっては間接的なものであり，より重要なのは公共政策の行末を管理する地方自治体への信頼である。すべての関連変数から最も代表的といえる3つの説明変数を最終的に選択し，各組織のモデルを仮定する[7]。最終的に回帰分析（パス分析）を実施し，そのダイアグラムを描写する。

　今回の分析を通して，政策満足に対するネットワーク，参加および信頼の直接的な効果と間接的な効果の両方に着目する。地域的満足に対する間接効果と

して，たとえば組織のネットワークが彼らの自治体に対する信頼に寄与し，その信頼度合いが満足度を説明するというように，ここでは表1-2の通り3つの直接効果に加えて3つの間接効果も同時に検証する。その結果，満足度はネットワーク，参加，信頼，制度，および都市度を説明変数として用いることになる。信頼については，ネ

表1-2 政策満足に対する直接効果と間接効果

直　接	間　接
ネ→満	ネ→信→満
参→満	参→ネ→満
信→満	参→信→満

注：ネ：組織ネットワーク，参：組織的参加，信：自治体信頼，満：自治体政策に関する組織の満足。

ットワーク，参加，制度，都市度，そしてネットワークは参加，制度，都市度で説明可能かどうかを検討する。

6　参加・ネットワーク・信頼の規定力

　図1-6・7は，それぞれ社会団体と住民自治組織の自治体政策に関する満足度を都市レベルで予測する回帰モデルをダイアグラムで表わしたものである。両モデルでは統制変数としてすでに取り上げた制度整備度と都市度の2つを含めている。社会団体の政策満足については次の通りである。
　まず，参加を意味する変数として団体内の構成員がどの程度イベントに参加するかを問うた質問結果の集計を用いた。この測定により，都市の特徴としての社会団体内部における動員力や調和を考えることができる。つまり，この数値が大きい都市では，非営利組織等各種団体の地域全体の凝集性の高さを仮定することができる。
　一方，図1-7で用いられている地域活動参加とは，住民自治組織が関わる地域活動に地元住民がどの程度参加しているかを尋ねた設問を基に前述の通り都市別に集計した変数であり，これも社会団体の上記変数と同様に地域レベルの市民凝集性を（代理）表現するものである。社会団体および住民自治組織のネットワーク変数は，社会団体または自治会等がどの程度の範囲において他組織関係者と交流を行っているかについて尋ねた質問から，その該当数を項目全体に対する比率として求め，都市別に平均値を割り出したスコア（0-100）である。なお，ここで扱う量的情報は前述のとおり集計によるデータであるから個

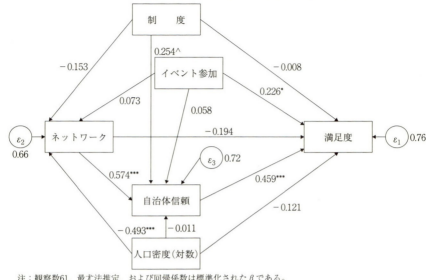

図1-6 社会団体の都市レベル満足度を説明する回帰モデル

注：観察数61，最尤法推定，および回帰係数は標準化された β である。
*p<0.05 **p<0.01 ***p<0.001

別組織レベルにおける行動の因果関係を示すものではない（生態的誤謬の問題）。むしろ，本章の統計モデルは日本の都市の地域的特徴が同地域におけるガバナンス状況とどのような関係にあるかを一定程度予測（説明）するモデルとして理解することになる。

　図1-6のダイアグラムに示された通り，組織的動員という意味での社会団体における構成員の参加がよく見られる地域ほど自治体政策への満足が高くなるという正の直接効果が認められる一方，ガバナンス・ネットワークの拡張との関係性が見出せない。また参加の多さという地域的特徴から自治体信頼への効果も統計的に有意ではない。その結果，表1-3の通り参加は全体効果だけが認められる。ネットワークについてであるが，統計的に有意ではないものの満足に対して負の回帰係数が観察され，同時に自治体信頼へは相対的に強い正の直接効果が認められる（$\beta=0.459$）。この結果として，表1-4の通り社会団体のネットワークは満足度に対する全体効果の帰無仮説が棄却されない。

　そして図1-7のダイアグラムの通り，住民自治組織については地域的特徴

図1-7 住民自治組織の都市レベル満足度を説明する回帰モデル

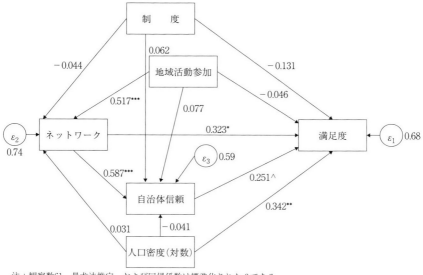

注:観察数61,最尤法推定,および回帰係数は標準化されたβである。
　$^*p<0.05$　$^{**}p<0.01$　$^{***}p<0.001$

としての住民の地域活動参加度は満足度に対して直接効果は見られないが,ガバナンス・ネットワークの地域レベルの充実には寄与しているといえる。この場合のネットワークには満足度に対する直接効果も統計的に有意であるため,自治会や町内会といった集団的参加の機会や同じ地域の関連コミュニティ組織とのつながりは,直接的または間接的に地域の総合的な政策満足との関連性があるというべきである。自治体信頼については,正の回帰係数を仮定した片側5％水準で帰無仮説が棄却され($\beta=0.251$),社会団体と同様に自治体への地域信頼度を媒介としたローカル・ネットワークの間接効果が首肯される(表1-3)。

最後に,以上の統計モデルにおいて統制変数として投入した制度整備度と都市度について言及しておこう。図1-6および図1-7の通り自治体制度は社会団体モデルにおいて自治体信頼に対する直接効果としてのみ片側5％水準で統計的に有意となるが,その他の内生変数および住民自治組織モデルについてはそのかぎりではない。よって,一般的には制度整備が進んでいる自治体地域ほ

表1-3 媒介（ネットワーク・信頼）を考慮した参加と満足度の関係

	直接効果	間接効果	全体効果
社会団体	0.226*	0.032	0.258*
住民自治組織	−0.046	0.262**	0.217

注：*p＜0.05 **p＜0.01 ***p＜0.001

表1-4 媒介（信頼）を考慮したネットワークと満足度の関係

	直接効果	間接効果	全体効果
社会団体	−0.194	0.264***	0.069
住民自治組織	0.323*	0.148***	0.471**

注：*p＜0.05 **p＜0.01 ***p＜0.001

ど地域レベルでのネットワーク，自治体信頼および政策満足度が総じて高くなる可能性が増えるというわけでもない。都市度については，社会団体モデルではネットワークに対して負の直接効果が，また住民自治組織モデルでは政策満足に対して正の直接効果が認められる。つまり，前者の場合は都市化がそこでのネットワーク密度の向上を阻止する要素を持っていることが示唆され，また後者の場合は都市化が住民の政策満足とより直接結びつくような関連性を有しているということになる。このことは，たとえば都市部の方が非都市部よりも都市計画に関わる一般生活の改善状況が進んでいるということと関連性があるといえよう。

　以上の分析では2種類の市民社会組織の地域的動向について類似する変数を用いてきたが，社会団体と住民自治組織とでは地域レベルにおける同一の因果効果を必ずしも想定することができなかった。他方，自治体に対する地域の信頼と満足度のポジティブな関係はともに首肯することができ，また地域レベルの参加度合いの強さが自治体への信頼に直接寄与するということも仮定できなかった。これらの点に鑑みると，次の2点を指摘することができる。第1に，市民社会組織は先述の通り機能的集団と自生的集団という意味での違いが，参加やネットワーク等の社会関係資本のあり方に反映されている可能性がある。第2に市民社会組織と自治体の信頼形成は非常に重要であるが，それは人々の

参加そのものに絶対的な意義があるというよりも，彼らと自治体関係者との交流を媒介として地方政府への信頼が構築されていくという示唆があるといえる。

7　社会団体と住民自治組織の差異と類似を考える

　前節において取り上げた変数の間に推定どおりの相関があることを仮定すると，社会団体モデルにおいて一番重要な要素は自治体への信頼である。他方，住民自治組織モデルにおいては信頼も重要だがネットワークの効果の方が大きい値を示している。本節ではこれら２種類の市民社会組織の目的の違いから上記結果の差異と類似点について考えてみたい。

　住民自治組織は基本的にごく狭い範囲における近隣住民の福祉に資する活動を行うことに集団としての意義がある。広く社会や政治を相手にするような社会団体と比べれば，住民の地域社会活動は必ずしも区域外の住民や他組織との間に摩擦や対立を生じさせるものではなく，通常の利害調整は社会団体ほど複雑化することがない。そして住民自治組織が需要する公共財や公共サービスが比較的小規模であり，それらの価格が相対的に廉価である点を踏まえると，組織間衝突は社会団体に比べればはるかに少ないものと推察される。その意味では，社会関係資本として，また自治体に対するロビー活動のために，他関連組織や公職者とネットワークを形成し維持していくことは自治体信頼や公共政策からの効用と結びつきやすい。

　様々な公益法人やNPO法人等を含む社会団体は，特殊利益や公共利益の増進のために地域社会や市民社会全体に対する影響力を増大させる誘因を常に持っている。社会団体が当該利益を満たすには，政策過程のあり方や社会的変革といった高次の目標を掲げることも必要となってくる。そこでは現代社会の問題として新たに表出した社会的利益のために既得権益と対立し，政治的闘争に従事する可能性も出てくる。こうした点が社会組織と住民自治組織の差異として現れ，市民参加やネットワークに関する変動に違いを生んだのではないだろうか。

　その一方で類似点について考えてみるに，なぜ市民社会組織にとってネットワークを通じた自治体との信頼関係が重要であるといえるのか。自治体とのネ

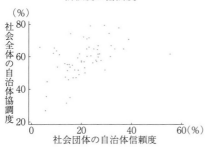

図1-8 社会団体の自治体に対する信頼度と協調度

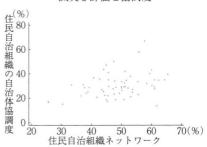

図1-9 住民自治組織による自治体の誠実さ評価と協調度

ットワークを通じて形成された市民社会組織全体の一般的信頼があれば，彼らの間に協調する機会がより頻繁に生まれやすくなると理論的に推定できる。ガバナンス・ネットワークの理論が示しているように，こうしたネットワークは自治体職員等をガバナンス管理者（メタガバナー）として，社会組織間の調整を促進するものである。ゆえに，ネットワークの地域的充実は，すべての団体に対してとはいわないまでも，一定数の団体もしくは平均的に考えて，多くの団体に自治体関係者との交流機会や情報交換の機会を増やすことにつながる。

ゲーム論でいう連続ゲームの観点からいえば，仮にガバナンス過程における利害間の調整がうまくいかないことがあったとしても，期待利得の総和がネットワークからの離脱をプレイヤーに思いとどまらせることができるくらい大きいかぎり，依然としてガバナンス・ネットワークは維持に値する誘因を関係諸団体に対して生み続けるということになる。そのゲームを取り仕切る自治体が公正にガバナンス管理者としてふるまうことができれば，ネットワークの維持は地域的な自治体信頼へとつながり，公共政策のアウトプットに関するポジティブな評価にも結びつくものと想定できる。

本章で用いてきたデータから異なる変数を使って再度検証してみると，図1-8の通り，社会団体の自治体信頼度は政策過程における社会団体の自治体に対する協調度との正の相関関係が認められ（$r=0.481$, $p=0.000$），これらの政治アクターの間にネットワーク形成に端を発する協調的態度の醸成を読み取ることができる。また図1-9によれば，住民自治組織の地域レベルのネット

ワーク密度は自治体が彼らの要望に誠実に対応できるかどうかという可能性とも関連している（$r=0.358, p=0.005<0.01$）。また，社会団体が自治体に対して行うロビー活動の地域的度合いと，逆に彼らがどの程度自治体に政策に関する相談を持ちかけられているかに関する2変数の関係を見ると，図1-10の通り，団体から自治体へのアプローチの活発度

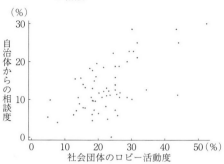

図1-10 社会団体のロビー活動と自治体からの相談

と，団体への応答としての自治体からの政策に関する相談度の間には正の相関関係があることがわかる（$r=0.595, p=0.000$）。この事実からは市民社会組織と自治体の間にある，公共政策をめぐる相互依存的関係性がネットワーク内に存在することが推察される。よって，自治体と市民社会のつながりや提携をめぐるネットワーク形態，すなわちローカル・ガバナンスのあり方が，地方政府の信用性がどのように市民社会によって認識されていくのかということと一般に連動していると考えることができる。

8 公共政策への市民の納得のために

　一般にガバナンス論は探索的かつ非確証的といわれており，因果関係を厳密に検証する傾向は弱いと考えられている（Torfing 2007）。その理由の一つは，ローカル・ガバナンス研究には個別事例研究という手法の偏りが見られるからである。言い換えると，こうした先行研究は特定の文脈に過度に依存した，必ずしも一般化や法則の発見に向いていない狭い範囲の質的調査にとどまっていることが多い。本章は日本調査のデータのみを利用しており当該問題を克服できたわけではないが，過去の大規模調査をベースとした61都市の情報を用いて検証することで，より一般的で信頼可能な政策処方箋の提示に向けた成果の一部を示すことができたのではないかと思われる。以上の点に鑑み，社会調査等のアプローチに基づくより広範囲な実証的追究と国際比較の実践が一層，ロー

カル・ガバナンス研究に求められてしかるべきである。

　地方政府の制度環境はそれだけで，市民社会組織の政策満足度に示されるようにガバナンスの向上に直接的に寄与するのではなく，むしろガバナンス的状況の整備の前提（必要条件）としての側面がある。特に非民主主義国では，自立性をもった地方自治制度の整備自体も重要である。都市化も市民社会組織の満足度に対しては，直接寄与する程度は低い，もしくは関係がない。

　本章では，政策満足度を従属変数（説明変数）として分析を行ったが，独立変数として，地方政府への信頼に寄与し，また信頼が地方政府とのガバナンス・ネットワークを充実させ，またそうしたネットワークの充実が市民社会組織の凝集性，内部の活発な交流につながる可能性が存在する。詳細は今後の課題であるが，地方政府と市民社会組織の相互関係，相互の協力が，市民の満足度，政策パフォーマンスの向上という好循環につながる可能性を強く示唆する。

注
(1)　ガバナンスは，多くの研究者を引き付けた新概念（たとえばシステムやソーシャル・キャピタル）と同様，極めて多義的で多様な用法がある。広範に普及する新概念には新しい価値，新しい現象，そして新しい事態への対応策が盛り込まれているためである。ガバナンス概念には，「伝統的管理部門＝ガバメント」以外の多くの主体（ステークホルダー）の存在，それらとの水平的相互作用（規律づけ），相互関係性（ネットワーク），こうした現象の進展程度（状態），その結果（パフォーマンス）が含まれるだけでなく，外部経済としての積極的な効果（グッド・ガバナンス）まで含まれるため，誤解が生まれやすい。社会ガバナンス，ネットワークガバナンスといったガバナンスを形容する用語は，力点を限定する狙いがあるが，ガバナンス概念が本来もっている側面の一部を強調してるにすぎないことを忘れるべきでない。社会ガバナンスとは，市民社会や広く社会の領域のアクターや関係性をより強調する用法である。伊藤・近藤（2010），山本（2014）を参照。
(2)　辻中・ペッカネン・山本（2009），辻中・森編（2010），辻中・坂本・山本編（2012）。コードブック，調査票などメタデータならびに報告書は特別推進研究（辻中豊代表）web-site，「日韓米独中における3レベルの市民社会構造とガバナンスに関する総合的比較実証研究（2005-2010）」，http://tsujinaka.net/tokusui/data.html，2019年1月8日アクセスを参照。
(3)　各データセットにおいて自治体レベルでの最大観察数，つまり各変数において欠

損値がない時の観察数が20を下回らない箇所だけを抽出した。ただし,「NPO法人調査」および「社会団体調査」では多くの共通する質問が調査で用いられたため,その分についてのみは該当する変数を連結して,あたかも1つの情報集合として観察数を求めた「市区町村調査」については,各質問項目は1市につき最大で1回答とし(調査自体では4部署を対象),その他の調査における多くの質問項目は5段階順序尺度による質的変数でデータ収録されている。それらは,そのままではパラメトリックな分析手法の応用にふさわしくないため(ノンパラメトリック法だけでは研究設計上の限界がある),分析の幅を拡げて妥当な結論を得るべく,加工を施してデータセットを新たに作成した。

(4) 制度変数欠損である3都市を含めた64都市データが原データ・セットである。

(5) 「行政サービスと市民参加に関する自治体全国調査(市民活動担当部署)」J-JIGS-LG;Q9(下位設問1-42),Q10(下位設問1-36),Q11(下位設問1-20),辻中豊編(2009)参照。

(6) このステップワイズ法ではフルモデルから $p≤0.2$ を基準に該当変数を除外し,その中から $p≤0.1$ で該当する変数を再びモデルに加えるという手順を指す。

(7) 本章とは異なるアプローチからの類似検証も実施済みである。確証的因子分析(CFA)をモデルに含む構造方程式モデリング(SEM)の分析については,Abe & Tsujinaka (2016) を参照。

(8) 社会団体のネットワーク変数については,接触可能なアクターとして次の7項目の回答を基に算出した。すなわち,国会議員,地方議員,中央省庁課長級以上,自治体幹部,自治体課長級以上,新聞記者,およびテレビ記者。住民自治組織のネットワークについては,自治会長等の人づきあいに関して民生委員,青年団,社会福祉協議会役員,議員後援会役員,自治体幹部,地方議員等,その他を含めて10項目への交流の有無を回答として求めた。詳細については該当するコードブックを参照されたい。

参考文献

伊藤修一郎・近藤康史 (2010)「ガバナンス論の展開と地方政府・市民社会」辻中豊・伊藤修一郎編著『ローカル・ガバナンス——地方政府と市民社会』(現代市民社会叢書③) 木鐸社,19-38頁。

内野正幸 (2005)『民主制の欠点——仲良く論争しよう』日本評論社。

宇野重規 (2015)「ローカル・ガバナンスを問い直す」宇野重規・五百旗頭薫編『ローカルからの再出発——日本と福井のガバナンス』有斐閣,15-33頁。

小原隆治 (2005)「地方分権と都市政治」植田和弘・神野直彦・西村幸夫・間宮陽介編『都市のガバナンス』(岩波講座 都市の再生を考える②) 岩波書店,125-157頁。

坂本治也（2010）「市民社会組織のもう１つの顔」辻中豊・森祐城編著『現代社会集団の政治機能——利益団体と市民社会』（現代市民社会叢書②）木鐸社，287-302頁。
篠原一（2004）『市民の政治学——討議デモクラシーとは何か』岩波新書。
渋川智明（2001）『福祉NPO——地域を支える市民起業』岩波新書。
田尾雅夫（1999）『ボランタリー組織の経営管理』有斐閣。
高橋伸夫・清水剛（2000）「「合併後の組織統合」をゲーム理論で解く」中山幹夫・武藤滋夫・船木由喜彦編『ゲーム理論で解く』有斐閣，1-12頁。
辻中豊（2010）「市民社会論への示唆」辻中豊・伊藤修一郎編著『ローカル・ガバナンス——地方政府と市民社会』（現代市民社会叢書③）木鐸社，223-228頁。
辻中豊・ロバート・ペッカネン・山本英弘（2009）『現代日本の自治会・町内会——第１回全国調査にみる自治力・ネットワーク・ガバナンス』（現代市民社会叢書①）木鐸社。
辻中豊・坂本治也・山本英弘編（2012）『現代日本のNPO政治——市民社会の新局面』（現代市民社会叢書④）木鐸社。
辻中豊編（2002）『現代日本の市民社会・利益団体——比較の中の中国』（現代世界の市民社会・利益団体研究叢書⑤）木鐸社。
辻中豊編（2009）『市民社会構造とガバナンス総合研究——全国自治体（市区町村）調査報告書』筑波大学。
辻中豊・森裕城編著（2010）『現代社会集団の政治機能——利益団体と市民社会』（現代市民社会叢書②）木鐸社。
辻中豊・崔宰栄・阿部弘臣編（2016）『現代日本のローカル・ガバナンス・ネットワーク——自治体，住民自治組織，および非営利組織の考察』筑波大学。
辻中豊・伊藤修一郎編著（2010）『ローカル・ガバナンス——地方政府と市民社会』（現代市民社会叢書③）木鐸社。
坪郷實（2006）「市民参加の新展開と自治体改革」坪郷實編『参加ガバナンス——社会と組織の運営革新』日本評論社，31-53頁。
富野暉一郎（2005）「新しい都市民主主義を求めて」植田和弘・神野直彦・西村幸夫・間宮陽介編『都市のガバナンス』（岩波講座 都市の再生を考える②）岩波書店。
永田祐（2011）『ローカル・ガバナンスと参加——イギリスにおける市民主体の地域再生』中央法規出版。
西川雅史（2010）「乳幼児医療費助成制度の一考察（上）——都道府県における所得制限と自己負担」『青山經濟論集』62(3)，195-214頁。
西川雅史（2011）「乳幼児医療費助成制度の一考察（下）——市町村の制度選択」『青山經濟論集』62(4)，87-111頁。
沼尾史久（2009）「町内会再考」松下圭一・西尾勝・新藤宗幸編『自治』（自治体の構

想⑤）岩波書店，111-130頁。
檜谷美恵子（2005）「都市生活のリ・デザイン」植田和弘・神野直彦・西村幸夫・間宮陽介編『都市のガバナンス』（岩波講座 都市の再生を考える②）岩波書店，67-93頁。
松下圭一（2002）「市民文化の可能性と自治」松下圭一・西尾勝・新藤宗幸編『自治』（自治体の構想⑤）岩波書店，1-22頁。
森裕亮（2014）『地方政府と自治会間のパートナーシップ形成における課題』渓水社。
山本啓（2014）『パブリック・ガバナンスの政治学』勁草書房。
横山麻季子（2010）「市区町村におけるパフォーマンスの測定」辻中豊・伊藤修一郎編著『ローカル・ガバナンス――地方政府と市民社会』（現代市民社会叢書③）木鐸社，189-204頁。
若林直樹（2006）『日本企業のネットワークと信頼――企業間関係の新しい経済社会学的分析』（京都大学経済学叢書⑧）有斐閣。
Abe, H. & Y. Tsujinaka（2016）"Network Governance and Intragroup Cohesion: Explaining Public Policy Satisfaction in Japan" *Journal of Conflict and Integration*, CARIFS, Yonsei University, pp. 114-137.
Beall, J.（2001）"Valuing Social Resources or Capitalising on Them?: Limits to Pro-poor Urban Governance in Nine Cities of the South" *International Planning Studies* 6, pp. 357-375.
Bekkers, R., B. Völker, M. van der Gaag & H. Flap（2008）"Social Networks of Participants in Voluntary Associations" in Lin, N. & B. H. Erickson（eds.）*Social Capital: An International Research Program*, Oxford University Press, pp. 185-205.
Bell, S. & A. Hindmoor（2009）*Rethinking Governance: The Centrality of the State in Modern Society*, Cambridge University Press.
Bevir, M. & R. A. W. Rhodes（2011）"The Stateless State" in Bevir, M.（ed.）*The SAGE Handbook of Governance*, SAGE Publications, pp. 203-217.
Bouckaert, G. & S. Van de Walle（2003）"Quality of Public Service Delivery and Trust in Government" in Salminen, A.（ed.）*Governing Networks: EGPA Yearbook*, IOS Press, pp. 299-318.
Champion T.（2008）*The changing nature of urban and rural areas in the UK and other European countries*, United Nations, Expert group meeting on population distribution, urbanization, internal migration and development. http://www.un.org/en/development/desa/population/events/pdf/expert/13/P07_Champion.pdf
Daemon, H.（2012）"Revitalising Representative Democracy" in Schaap, L. & H. Daemon（eds.）*Renewal in European Local Democracies: Puzzles, Dilemmas and*

Options, Springer VS, pp. 27-54.

García, M. (2006) "Citizenship Practices and Urban Governance in European Cities" *Urban Studies* 43, pp. 745-765.

Gerometta, J., H. Häussermann & G. Longo (2005) "Social Innovation and Civil Society in Urban Governance: Stragegies for an Inclusive City" *Urban Studies* 42, pp. 2007-2021.

Kearns, A. & R. Forrest (2000) "Social Cohesion and Multilevel Urban Governance" *Urban Studies* 37, pp. 995-1017.

Klijn, E. H. & J. Koppenjan (2016) *Governance Networks in the Public Sector*, Routledge.

Lee, M. M., G. Walter-Drop & J. Wiesel (2014) "Taking the State (Back) Out? Statehood and the Delivery of Collective Goods" *Governance* 27, pp. 635-654.

Norris, P. (1999) "The Growth of Critical Citizens?" in Pippa, N. (ed.) *Critical Citizens: Global Support for Democratic Government*, Oxford University Press, pp. 1-19.

Norris, P. (2011) "Measuring Governance" in Bevir, M. (ed.) *The SAGE Handbook of Governance*, SAGE Publications, pp. 411-457.

Olson, M. (1965) *The Logic of Collective Action: Public Goods and the Theory of Groups*, Havard University Press.

Pekkanen, R. J. & S. R. Smith (2014) "Nonprofit Advocacy in Seattle and Washington, DC" in Pekkanen, R. J., S. R. Smith & Y. Tsujinaka. (eds.) *Nonprofits and Advocacy: Engaging Community and Government in an Era of Retrenchment*, Johns Hopkins University Press.

Pekkanen, R. J., S. R. Smith & Y. Tsujinaka (eds.) (2014) *Nonprofits and Advocacy: Engaging Community and Government in an Era of Retrenchment*, Johns Hopkins University Press.

Pekkanen, R. J., Y. Tsujinaka & H. Yamamoto (2014) *Neighborhood Associations and Local Governance in Japan* (Tkach-Kawasaki, L.), Routledge.

Phillips, A. (1996) "Why Does Local Democray Matter?" in Pratchett, L. & D. Wilson (eds.) *Local Democracy and Local Government*, Macmillan.

Pierre, J. (2005) "Comparative Urban Governance: Uncovering Complex Causalities" *Urban Affairs Review* 40, pp. 446-462.

Pierre, J. & B. G. Peters (2000) *Governance, Politics and the State*, Palgrave Macmillan.

Putnam, R. D. (1993) *Making Democracy Work: Civic Traditions in Modern Italy*,

Princeton University Press.
Putnam, R. D. (2000) *Bowling Alone: The Collapse and Revival of American Community*, Simon and Schuster.
Rhodes, R. A. W. (1994) "The Hollowing Out of the State: The Changing Nature of the Public Service in Britain" *The Political Quarterly* 65, pp. 138-151.
Sørensen, E. (2007) "Local Politicians and Administrators as Metagovernors" in Marcussen, M. & J. Torfing (eds.) *Democratic Network Governance in Europe*, Palgrave Macmillan, pp. 89-108.
Stephen, B. & A. Hindmoor (2009) *Rethinking Governance: The Centrality of the State in Modern Society*, Cambridge University Press.
Torfing, J. (2007) "A Comparative and Multi-Level Analysis of Governance Networks: A Pilot Study of Employment Policy" in Bogason, P. & M. Zølner (eds.) *Methods in Democratic Network Governance*, Palgrave Macmillan, pp. 21-40.
Van Ryzin, G. G. (2004) "Expectations, Performance, and Citizen Satisfaction with Urban Services" *Journal of Policy Analysis and Management* 23, pp. 433-448.
Van Ryzin, G. G. (2006) "Testing the Expectancy Disconfirmation Model of Citizen Satisfaction with Local Government" *Journal of Public Administration Research and Theory* 16, pp. 599-611.
Van Ryzin, G. G. (2007) "Pieces of a Puzzle: Linking Government Performance, Citizen Satisfaction, and Trust" *Public Performance & Management Review* 30, pp. 521-535.
Van Ryzin, G. G. & S. Immerwahr (2007) "Importance-Performance Analysis of Citizen Satisfaction Surveys" *Public Administration* 85, pp. 215-226.
Welch, E. W., C. C. Hinnant & M. J. Moon (2004) "Linking Citizen Satisfaction with E-Government and Trust in Government" *Journal of Public Administration Research and Theory* 15, pp. 371-391.

（辻中　豊・阿部弘臣）

第2章　コミュニティ特性の構造要因を探る[(1)]
―― 東京の都心・下町・山の手の比較から

1　コミュニティ特性の類型化―― 都市型・地域村落型の比較から

（1）ソーシャル・キャピタルからみたコミュニティ特性の多様性

　ソーシャル・キャピタル（以下，社会関係資本とも表記）という概念は，単一の学問には囚われず，様々なバックグラウンドを持つ研究者らによって共有される学際的な概念である。近年では特に，健康やソーシャル・ウェルビーイング，ローカル・ガバナンス，また乳児虐待や地域格差など，今日の主要課題との関係から研究され，政治・経済・社会パフォーマンスを補完する鍵的概念として位置づけられよう。

　しかしながら，地域に目を向ければ，ソーシャル・キャピタルはコミュニティごとに偏在している。稲葉ら（2016：89）はコミュニティのソーシャル・キャピタルについて，「社会関係資本の樹」モデルを呈示し，社会関係資本からみたコミュニティの特徴を4つに類型している。それによれば，ミクロレベルからみたソーシャル・キャピタルは地域村落型コミュニティ，都市型コミュニティでは高結束・低橋渡し型，低結束・高橋渡し型の特徴を有しているという。また，外部変化に対応できるレジリエンスの高い地域は高結束・高橋渡し型ソーシャル・キャピタルを有し，レジリエンスの低い地域には低結束・低橋渡し型の特徴がみられるという。

　ソーシャル・キャピタルからみたコミュニティ特性は前述したように多様であるが，そのようなソーシャル・キャピタルの地理的配置はどのような地域内の構造要因（都市化度や地域環境）と関連しているのだろうか。これが本章における筆者の問題意識である。

（2）多様な東京のソーシャル・キャピタル

　東京は2015年10月1日現在，人口1,350万人が居住し，面積2,190.93 km^{2}を有し，人口密度はおよそ6,168人／km^{2}と全国1位である[(2)]。すなわち規模・密度，社会的異質性が顕著に高い都市である。

　しかし，ソーシャル・キャピタルからみた東京は良好ではない。日本総合研究所が実施した2007年全国アンケート調査によれば，東京は結束型・橋渡し型ソーシャル・キャピタルが低水準の地域であるという（日本総合研究所 2008：29）。

　しかし，区や市に着目すれば，その報告とは異なる例も見受けられる。たとえば草野・瀧口（2009）は東京のような大都市でも，都心の品川区に住む住民の社会関係は全国調査と比べて良好であるとしている。また稲葉（2013）は2012年に東京都9区を対象に「暮らしの安心・信頼・社会参加に関するアンケート調査」（以下，東京都9区調査）を実施し，都心3区（千代田・中央・港），下町3区（足立・葛飾・江戸川），山の手3区（杉並・世田谷・目黒）におけるソーシャル・キャピタルの地域差を検証している。稲葉によれば，ソーシャル・キャピタルに関する回答傾向は地域によって異なり，都心の住民は社会参加や橋渡し型ソーシャル・キャピタルが高水準である。また，下町や山の手などの周辺地域に住む住民ほど結束型ソーシャル・キャピタルが高水準であるという（稲葉 2013：256-258）。つまり，東京都全体を俯瞰すれば低結束型・低橋渡し型の配置をしているが，市や区に限定して量的調査の結果をみればソーシャル・キャピタルは多様である。このような隣り合った地域であるにもかかわらず偏在しているソーシャル・キャピタルの地域差問題には，どのようなメカニズムが働いているのであろうか。先行研究では，生活していく上で，東京のソーシャル・キャピタルの多様性に関する複数の特徴が確認されている。そこで，本章では都心，下町，山の手の地域較差を生じさせるメカニズムを都市の地域特性の違いから分析することにしたい。

（3）東京のソーシャル・キャピタルに較差はあるのか

　そこで本章では，稲葉が2012年に実施した東京都9区調査データ[(3)]に基づき，前述の問題意識の下，都心・下町・山の手のソーシャル・キャピタル較差につ

いて論ずる。

　第1に，コミュニティのソーシャル・キャピタルを規定する要因として個人の属性に加え，文脈的規定要因を設定する。さらに都市度，社会地区からみたコミュニティの地域特性を挙げ，その関連の整理を行う。

　第2に，東京都九区調査データを概観し，回答者からみた地域の属性を把握する。そして社会地区分析を用いて都心・下町・山の手地域のコミュニティ特性を把握する。前述の分析を踏まえた上で，東京のソーシャル・キャピタルを都心・下町・山の手に分類し，ソーシャル・キャピタルの特性を類型化する。

　第3に，個人の属性に加え，前述のコミュニティ特性はソーシャル・キャピタルにどのような影響を与えるのか，回帰分析を実施し標準化係数の比較を行う。

　以上の分析を踏まえ，結語としては都市化度，地域の安定性，都市の多様性の観点から東京のソーシャル・キャピタル較差説について論じる。

2　都市化度とコミュニティ要因特性——ソーシャル・キャピタルの説明要因

（1）都市化度との関係

　東京は低結束型，低橋渡し型ソーシャル・キャピタル地域であり，それは今日問題視されているコミュニティの希薄化と関連している。埴淵・中谷（2013：156）も都市は市場を通じて財・サービスの供給が容易であるから，かえって家族や近隣との強い紐帯がなくとも居住できるとしており，都市化は人間関係に負の作用をもたらすと言及している。

　しかしながら，都市の中でもつながりに富んだ地域があることは研究者らによって共有されている。たとえば石田（2008：83）は既存の社会調査から近隣に対する信頼や近所づきあいは毀損しているが，一般的信頼は1970年代以降低下していないとしている。石田はその理由として，都市では人口移動が多いことを挙げ，見知らぬ土地における他者との交流によって一般的信頼が高まると推察している。また稲葉（2008：140）はコミュニティ内の社会階層が多様であることに着目し都市の社会関係について言及している。それによれば，都市では同じコミュニティ内に所得水準の異なる世帯が混在し，似通った階層同士の

つきあいがあり，都市の中でも類は友を呼ぶというような社会関係の形成機会は失われていないという。

前述の議論を踏まえれば筆者は交通の利便性が高いということが関連して，都市では似通った階層同士のつきあいが容易ではないかと考える。電車などの交通機関が充実していることにより，職場や学校が離れていてもすぐに会うことができる。このような都市の特徴が，友人や職場関係の維持・形成に寄与していると考えられる。

また Brueckner & Largey（2008）や辻中ら編（2016：49-51）は人口の規模とソーシャル・キャピタルの関係を分析し，人口が高密度の地域であるほど，ソーシャル・キャピタルは弱まるとしている。これは都市化度（人口密度）がソーシャル・キャピタルに負の影響力を持つことを示唆している。この知見に基づいて，今日の東京の状況をみてみれば，都心3区の昼間人口密度は，山の手3区，下町3区より高く，夜間人口密度が少ない[5]。すなわち都心部の人口密度は周辺部より低い。その傾向と都心部のソーシャル・キャピタルが高いこととは Brueckner & Largey や辻中らの知見と整合している。

そして，都市社会学では前述の議論について，さらに踏み込んで都市化度を「規模」と「密度」と「社会的異質性」に分けて都市の社会関係を論じる[6]。松本（2002a；2002b）は都市の社会関係に関する理論整理を行っているが，それによれば都市の社会関係は次の4点に集約できる。

① 人口規模が大きければ大きいほど，すべての住民が他のすべての住民と知り合う事は不可能であるがゆえに，匿名的な世界が形成される（松本 2002a：34）。
② 都市のコミュニティは地域を基礎とする社会関係ばかりではない。交通・通信手段が発達し，社会移動が高まり，居住移動が顕著になることにより，社会関係は学校や職場，またボランティア・趣味などの結社の団体活動など行動する場毎に応じて形成される（松本 2002b：54）
③「都市的であればあるほど」「都市は多様な出身背景をもつ人口によって構成」（松本 2002b：56）され，多様な下位文化が形成される[7]。
④「都市的であればあるほど」「接触が選択的となり，構造的分化が進む」

(松本 2002b：56)ことになる。それは住んでいる地域内において他者一般の人々が増えることを意味し，より知っている人との間柄が密になり特定のグループ内における下位文化が促進される。

①は都市規模の拡大が，多様な出身を背景とした人々の増加を意味するとしている。そして②では都市化が進んだ地域でも活動する場毎で親密な関係は形成されるとし，交通・通信手段の発達によって居住地に囚われない人間関係が形成される。さらに③では密度から見た都市化度が成長すると，異質なバックグラウンドを持つものが増え，都市内部で多くの下位文化が形成されるという。これは多様な下位文化が共有される環境の中では一般的信頼が醸成されると考えられよう。また④では都市の規模が大きくなるほど同質の下位文化に所属する同士の間で共有している価値・規範が高まることから，互いに所属するグループへの信頼感が増し，特定化互酬性が促進されると解釈できよう。

以上より，都市化は人間関係に負の作用をもたらすと考えられる一方で，都市社会学の文脈から都市化の問題を整理すると橋渡し型ソーシャル・キャピタルを醸成する社会的異質性を促すために都市化度がソーシャル・キャピタルに負の作用をもたらすとは考えにくい。

(2) 社会地区分析からみた地域特性

もう一つの文脈的規定要因として，社会地区が考えられる。社会地区とは，たとえば社会調査から得られた居住者の意識や行動などのミクロデータや，官公庁が実施した国勢調査などの小地域集計データから得られた地理的情報を基に，質的に似通った居住者特性を見出して地域を類型化する手法を指す。それはジオデモグラフィクスで表される。ジオデモグラフィクスを用いた分析の利点は，地理的に距離が離れている地域間でも居住者に共通している特性を通じて似通った地域を検証できることである。すなわち育った環境の諸要因を複合的に分析できる。

社会地区分析をソーシャル・キャピタルの研究に応用させた研究としては中谷・埴淵（2009）の研究がある。彼らは日本の小地域集計からなるジオデモグラフィクスデータ[8]を用いて健康とソーシャル・キャピタルの地理的分布を検証

し，育った環境によってコミュニティのソーシャル・キャピタルは異なるとしている（中谷・埴淵 2009：32）。たとえば，40代以下の若い世代が多く，高所得者層の多い大都市ではスポーツ・趣味の団体，ボランティア団体などの社会参加が多く，一般的信頼が高水準であるとしている。そして居住年数が長く60歳以上の高齢者層が多い下町地域は，他の地区に比べて政治団体や業界団体，宗教団体などの結束型ソーシャル・キャピタルが豊かである。さらに高級住宅街に住む居住者は，大都市に住む居住者よりもスポーツ・趣味活動やボランティア活動などの社会参加に富んでいるとしている。つまり，都市には異なる世帯収入層，異なる職業階層の住民が同じコミュニティに共存しているが，その構成的要因がソーシャル・キャピタルにどう影響を与えるのかについて分析する際に有用であると考えられる。

　そこで，本章では社会地区分析を用いて，ソーシャル・キャピタルに与える近隣環境の影響の検証を試みる。次節では本分析に用いる調査データを概観し，都心・下町・山の手のコミュニティ特性，ソーシャル・キャピタルの特性を把握する。

3　都心・下町・山の手のコミュニティ特性

（1）東京都9区調査からみた地域の属性

　東京都9区調査は，2012年9月から10月初旬にかけて行われ外部性を伴う信頼，規範，ネットワークを構成要素とする社会関係資本を一般的信頼，ネットワーク（つきあい・社会参加）の観点から明らかにすることを目的としている。ソーシャル・キャピタルは認知的ソーシャル・キャピタル（一般的信頼・特定化信頼）と構造的ソーシャル・キャピタル（ネットワーク：つきあい，団体参加）に分類できるが，この調査はその双方を調査対象にしている。前述の目的に基づき都心3区（千代田，中央，港），下町3区（足立，葛飾，江戸川），山の手3区（杉並，世田谷，目黒）計9区の20歳から79歳までの住民を母集団とし，住民基本台帳から無作為に1,500名を抽出し郵送法による調査を行った。調査票は1．他人への信頼，2．互酬性，3．日常的なつきあい，4．地域での活動状況と活動参加者の同質性，5．生活の満足度・心配事，6．特定化信頼，7．主観

第2章 コミュニティ特性の構造要因を探る

表2-1 地域別の回答者の属性

(%)

項目	地域	全体	下町	都心	山の手
	N	458	150	157	150
性別	男性	44.8	42.7	45.9	45.3
	女性	55.2	57.3	54.1	54.7
年齢階層	20歳未満	13.1	12.7	15.3	11.3
	30歳代	18.6	15.3	21.7	18.7
	40歳代	21.4	20.7	19.7	24.0
	50歳代	14.6	15.3	17.2	11.3
	60歳代	20.3	22.7	15.3	23.3
	70歳以上	12.0	13.3	10.8	11.3
居住形態	借家	43.6	41.5	47.8	41.4
	持家	56.4	58.5	52.2	58.6
居住年数	1年未満	2.0	2.0	1.9	2.0
	2年未満	7.9	2.0	14.7	6.8
	2〜5年未満	13.7	12.8	16.7	11.6
	5〜10年未満	15.0	18.8	9.0	17.7
	10〜20年未満	19.0	18.1	20.5	18.4
	20年以上	42.4	46.3	37.2	43.5
同居人有無	いる	77.4	81.3	75.8	73.8
	いない	22.6	17.3	24.2	26.2

(%)

項目	地域	全体	下町	都心	山の手
	N	458	150	157	150
最終学歴	小中学校	4.7	5.4	3.2	4.9
	高等学校	29.6	45.3	15.9	28.5
	専修・各種	13.6	16.2	15.3	9.0
	高専・短大	12.7	11.5	13.4	13.2
	大学	33.6	20.3	40.8	39.6
	大学院	6.0	1.4	11.5	4.9
世帯収入	200万円>	9.1	14.7	5.6	7.1
	〜400万円>	25.6	26.5	16.8	33.9
	〜600万円>	20.1	24.3	18.9	17.3
	〜800万円>	13.0	15.4	11.2	12.6
	1000万円>	11.8	11.0	14.7	9.4
	1200万円>	8.6	4.4	11.9	9.4
	1200万円≦	11.8	3.7	21.0	10.2
職業	自営業	15.3	13.5	21.7	11.8
	経営者・役員	5.4	2.0	5.9	8.3
	民間勤め人	33.9	29.7	36.2	36.1
	公務員・教員	4.9	4.7	6.6	3.5
	パート	14.2	16.2	11.2	15.3
	学生	2.5	0.7	3.3	3.5
	無職	9.7	13.5	4.6	10.4
	専業主婦・主夫	13.7	19.6	10.5	11.1

注：網掛けはノンパラメトリック検定（Kruskal Wallis検定）を実施し漸近有意確率5％，1％水準で有意。

的健康と生活での積極性（抑うつ度），8．寄付・募金活動，9腐敗行為に対する許容度，10．回答者の属性などの上記10設問を尋ねている。有効票は1,500票のうち458票（30.5％）が得られた。

表2-1は地域別の回答者属性を示したものである。網掛けは回答者の属性についてノンパラメトリック検定（Kruskal-Wallis検定）を行い地域差が統計的に5％，1％水準で有意であることを示す。その結果，居住年数，最終学歴，

世帯収入，職業階層の地域差が有意である。

　回答者属性の地域差をみれば，都心は新しく越してきたもの（1～2年未満と回答）が多く，高学歴で自営業やサラリーマンが多く，高所得世帯層（1,200万円以上）が多い。一方，下町の住民は居住年数が長く（20年以上），自営業者が多い。また，低所得世帯層（200～800万円代）が過半を占め，高等学校既卒者の割合が高く，そして，パートや無職，専業主婦・主夫も多い。山の手は，下町と似通った地域であるが，高所得世帯と低所得世帯が連なり，居住年数が長い。そして，高等学校既卒者や大学既卒者が多い。また，経営者や民間勤めのサラリーマンが多く，パートや無職，専業主婦も多い。

（2）社会地区分析からみたコミュニティ特性

　筆者はコミュニティの地域特性を知るのに有用な社会地区分析を用いて，東京23区の社会地区を抽出した。本節ではその結果に基づき，都心3区，下町3区，山の手3区のコミュニティ地域特性を示す。

　主に用いたデータは，「国勢調査（小地域集計）（平成22年）」「経済センサス基礎調査（平成21年）」「東京都区市町村別報告（平成22年）」「事業所・企業統計（町丁目編）（平成18年）」「警視庁の統計（平成22年）」から得られた小地域集計データである。前述のデータから表2-2に示す31変数を作成した[9]。これらは核家族世帯比率や女親と子世帯比率などの家族・居住に関連する指標，サービス業従業者比率，第二次産業事業所比率，重化学工業事業者比率などの第二次産業（第三次産業）の発展度合いを示した指標から成っている。また本章では都市化度の規模を示す指標として人口増加率，密度を示す指標として人口密度，そして，社会的異質性を示す指標として昼夜間人口比率を採用した。また，認知刑法犯罪発生件数などの変数が含まれるため，それらは地域の治安を示す。

　筆者は前述の変数群を1-6スケールに離散化し，K-means法によるクラスター分析を試みているが，探索的に行った結果，似通った居住者特性の地域が15クラスターに抽出（表2-3）された。表2-3の値は，そのクラスター番号を示し，括弧内の値は都心3区，下町3区，山の手3区の地域がそのクラスターに占める割合を示したものである。それをみれば，概ね各クラスターの40％以上を前述の地域区分が占めている。また，都心・下町・山の手で異なるグルー

第2章　コミュニティ特性の構造要因を探る

表2-2　社会地区分析に用いた変数一覧

変数	定義
人口密度	2010年人口／面積
過去一年間の流入人口比率	過去1年間の流入人口（'10年）／総人口（'10年）
男性人口比率	人口（男性）（'10年）／総人口（'10年）
重化学工業事業所比率	重工業素材部門・加工部門・化学工業事業所数（'09年）／製造事業所数（'09年）
建設業事業所比率	建設業事業所数（'09年）／事業所数（'09年）
サービス業従業者比率	サービス業従業者数（'09年）／従業者総数（'09年）
ホワイトカラー比率	会社団体役員＋管理職＋事務職（'09年）／就業者（'09年）
老年人口比率	65歳以上人口（'10年）／総人口（'10年）
卸売業事業所比率	産業分類（中分類のI）における50. 各種商品卸売業～55. その他の卸売業（'09年）／事業所総数（'09年）
持家世帯比率	持家普通世帯数（'10年）／普通世帯数（'10年）
高等教育修了者比率	短大・大学卒業者（'10年）／卒業者（'10年）
男性労働力比率	労働力人口（男）（'10年）／15歳以上人口（'10年）
女親と子世帯比率	女親と子世帯数（'10年）／普通世帯数（'10年）
間借り世帯比率	間借り普通世帯数（'10年）／普通世帯数（'10年）
雇用者比率	雇用者（'10年）／就業者（'10年）
老人のみの世帯比率	65歳以上老人のみ普通世帯数（'10年）／普通世帯数（'10年）
工場・作業所・鉱業所数	工場・作業所・鉱業所数（'06年）／面積（'10年）
事業所数（1km^{2}あたり）	事業所総数（'09年）／面積（'10年）
昼夜間人口比率	(昼間人口（'10年）／夜間人口（'10年)）×100
年少人口比率	0-14歳人口（'10年）／総人口（'10年）
織物衣服身の回り品小売事業所比率	織物・衣服・身の回り品小売業（小分類）（'09年）／産業分類（中分類のI）（'09年）
自営業者比率	自営業主数（'10年）／就業者数（'10年）
平均従業員数	従業員総数（'10年）／事業所総数（'10年）
交通事故発生件数	町丁目別交通事故発生件数（'10年）
失業率	失業者（'10年）／労働者人口（'10年）
平均世帯人数	総人口（'10年）／普通世帯数（'10年）
第二次産業事業所比率	第二次産業事業所数（'09年）／事業所総数（'09年）
残留人口比率	常在人口－流出人口（'10年）／総人口（'10年）
犯罪発生件数[注]	町丁目別犯罪件数（'10年）
核家族世帯比率	核家族世帯数（'10年）／普通世帯数（'10年）
5年間における人口増加率	(2010年人口／2005年人口)－1

注：警察署別に発表された認知犯罪件数および交通事故発生件数を，管轄区域内の町丁目数で割った数値を用いている。

出所：「国勢調査（小地域集計）（平成22年）」「経済センサス基礎調査（平成21年）」「東京都区市町村別報告（平成22年）」「事業所・企業統計（町丁編）（平成18年）」「警視庁の統計（平成22年）」に基づき筆者作成。

表 2-3 社会地区分析——クラスター結果

主に占める特性・区部			クラスター	クラスター名／地域的特徴
商業地域	都心3区	(58.6%)	12	低人口・労働力率（男）、卸売業事業所集積地域　港区港湾・千代田、中央区の旧市街地、中央区港湾地域
		(53.7%)	10	低人口卸売業事業所集積地域／千代田区、中央区の旧市街地または新宿区歌舞伎町、台東区の上野周辺の繁華街
	都心・山の手混在地区		8	低人口小売業事業所集積地域／千代田区の番町、港区・世田谷区の高級住宅街、目黒区の青葉台周辺
			11	社会不安（高）小売業事業所集積地域　高級住宅街・オフィス街・大学近辺地域
			9	サービス業事業所集積・高ホワイトカラー地域
住宅地域	山の手3区	(40%)	6	年少人口（高）・核家族世帯（高）・建設業事業所集積地域
		(58.9%)	5	高等教育・ホワイトカラー地域／文京区の白山・小日向、山の手の住宅街、大田区の東雪谷周辺、中野区の白鷺周辺等の商業地域が統合
		(40%)	2	山の手の住宅街＋小売事業所集積地区／世田谷区、目黒区、杉並区の住宅街、中野区の東中野周辺地域と豊島区の池袋等の繁華街、雑司ヶ谷などの住宅街
工業地域	下町3区	(40%)	3	サービス業従業員集積・建設業事業所集積地域
		(25.7%)	13	伝統的下町・郊外周辺地域／江東区の亀戸、江戸川区、足立区周辺そして荒川区の東日暮里、板橋区、大田区の工場地域
		(47%)	14	第二次産業（重化学・建設業）事業所集積地域
		(73.1%)	7	年少人口（高）・第二次産業事業所（建設業事業所）集積地域
		(66.8%)	15	第二次産業（建設業）事業所集積地域
混在	その他の地域		1	重化学工業・小売事業所集積地域／副都心の台東区や品川区、そして城東地区の墨田区、江東区、豊島区、工場地域の大田区、板橋区、下町の足立、葛飾、江戸川の地域が統合
			4	第二次産業事業所・工場集積地域

出所：戸川（2017：129）の図表5の一部を修正し、再掲。

ピングが成され、社会地区分析結果から都心・下町・山の手は異なる地域環境をしていることが支持される。つまり、都心・下町・山の手は異なる社会地区の特徴を有し、各クラスターの過半を占めていることから、都心・下町・山の手は各クラスターの代表的地区といえる。以下ではそれぞれのクラスターの特徴を論じる。

1）都心の社会地区

都心3区は商業地域が過半を占め，12，10クラスターの40％以上が都心3区の地域である。これらの地域は人口密度が少なく，商業集積の特徴をしている。12は労働力率（男）が高く，卸売事業が集積する一方で，10は台東区の上野，新宿区の歌舞伎町といった繁華街の社会地区が抽出されている。また，8・11・9は山の手3区の居住者特性と似通っている。11，8は高級住宅街の特徴を持つが，11，8は都心や山の手の高級住宅街の特徴をしており，加えて11はオフィス街や大学近辺地域の特徴が内包されている。一方で，9は都心部と山の手地域の中でも，会社勤務の多い商業集積地域の特徴を有している。

2）山の手の社会地区

6・5・2は山の手地域の特徴を代表している。6は建設業の事業所が多く，家族や子どもが比較的多く住んでいる特徴を有した社会地区である。5は高度専門人の多い文京区の白山や山の手の住宅街が，板橋区や大田区などの郊外地域と似通った地域となっている。さらに住宅地域に加え商業地域の特性も有している。2は豊島区の池袋周辺地域でありながらも山の手の住宅街と特徴が似通っている。

3）下町の社会地区

3はサービス業で働く従業員が多い一方で，工場が多い地域となっている。14，7，15は，重化学工業や建設業などの工場が多く集積した工業地域といえる。13は江東区，江戸川区，足立区と板橋区に似通っている伝統的な下町および郊外地域の特徴を示している。

4）都心・下町・山の手の比較

次いで，コミュニティ特性を把握するため筆者は主成分分析（バリマックス回転法）を実施し，各指標の統合を行った。その結果，解釈可能な主成分得点が6因子抽出された。第1主成分は核家族世帯比率，平均世帯人数，年少の人口比率，女親と子世帯比率が正の負荷量を示しているため「家族・居住」と命名，第2主成分には第2次産業事業所比率，サービス業従業者比率，重化学工業事業所比率，工業・作業所・鉱業所数，労働力率（男），織物衣服身の回り品小売事業所比率，卸売事業所比率がまとまり，「第2次（第3次）産業構造」と命名した。ただし，第2主成分因子は商業地域の性質を示すサービス業従業

者比率や織物衣服身の回り品小売事業所比率が負の負荷量を示しているため，主成分得点の値が小さくなるほど，商業的特徴が顕著な地域であることを示す。

さらに，第3主成分得点は高等教育修了者比率，ホワイトカラー比率がまとまり「高学歴・ホワイトカラー」，第4主成分得点は老年人口比率，老人のみの世帯比率，人口増加率がまとまり「高齢化・人口増加」，第5主成分得点は昼夜間人口比率，過去5年間の流入人口率，人口密度がまとまり「都市化度」と命名した。第五主成分得点は値が大きくなるほど昼夜間人口比率や過去5年間の流入人口比率などの社会的異質性が高い地域を示している。その一方で，人口密度とは逆相関であるがゆえ，値が小さくなるほど人口規模が高い地域を指す。そして，第六主成分因子得点は交通事故発生件数と認知刑法犯罪件数がまとまり「治安」と命名した。この分析の標本妥当性は0.762と精度が高い。また負荷量平方和からこの主成分得点は分散の7割弱を網羅できている。以上の主成分分析結果から，社会地区は図2-1に示した特性を示している。

図2-1(下)は縦軸に家族・居住指標を，横軸に都市化度をプロットしている。第1象限と第4象限には都心の社会地区が分布している。都心は都市化度が高く，家族・居住指標の値が小さい。また高級住宅，小売業事業所集積地域も同様である。

第2象限には下町，山の手両地域の社会地区が分布しており，人口規模が大きく，家族居住指標の値が大きい。また第3象限にも下町地域は位置している。

さらに図2-1(上)は第2次産業(第3次産業)を縦軸に，治安を横軸にプロットしたものである。都心地域は第2象限と第3象限に位置している。第3象限に位置する都心部は治安が良く，第3次産業の発展度合いが高い。また，第2象限に位置する都心部は労働力率(男)，卸売事業所比率が高いため，第2次(第3次)産業指標の値が大きい。山の手地域は第4象限に位置し，第3次産業事業所比率が高く治安が悪い。また下町は第1象限と第2象限に位置し，第2次産業比率は高水準である。しかし，治安は良い地域と悪い地域が混在している。

図2-1(下)によれば，家族・居住指標は第2象限に位置する下町，山の手地域ほど値が高くなる。都市化度は山の手や下町から都心に向かうほど高くなる。さらに下町(第2象限)から山の手，都心にかけて第3次産業比率が上昇

第2章 コミュニティ特性の構造要因を探る

図2-1 コミュニティの地域特性（都心・下町・山の手の散布図）

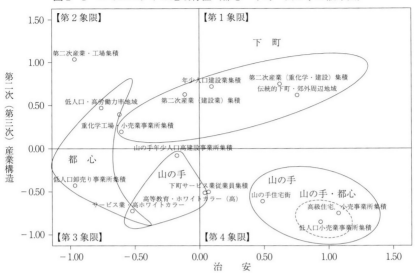

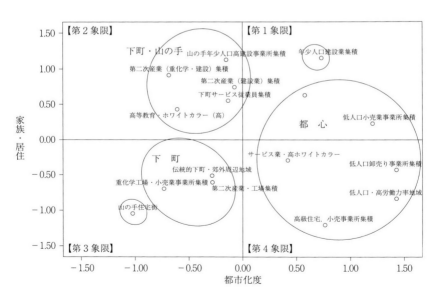

し，治安は都心の地域が最も良好である。

（3）都心・下町・山の手のソーシャル・キャピタルの違い

　東京都9区調査では，認知的社会関係資本として「一般的信頼」，「旅先での信頼」，「一般的互酬性」「特定化信頼（近所の人々，家族へ，親戚・親類，友人・知人，職場の同僚への信頼）」「特定化互酬性」，そして構造的社会関係資本のネットワーク：つきあい指標として「近所づきあいの程度」「近所づきあいの人数」「友人・知人とのつきあいの頻度」，ネットワーク：団体参加の指標として「地域活動への参加」「スポーツ・趣味・娯楽活動への参加」「ボランティア・NPO活動などへの参加」「その他の団体活動（政治団体，宗教団体を含む）への参加」の18項目をソーシャル・キャピタルの構成要素として尋ねている。

　筆者は表2-4に掲載した18設問を用いて主成分分析（バリマック回転法）を実施した。表2-4は回転後の成分行列結果を示したものであり，東京のソーシャル・キャピタルについて6つの主成分得点が抽出された。第1主成分は近所のつきあい頻度，近所のつきあい程度，近所の人への信頼，地縁活動が高い正の負荷量を示したので「近隣ソーシャル・キャピタル」，以下同様に第2主成分「家族・親戚ソーシャル・キャピタル」，第3主成分「友人・職場ソーシャル・キャピタル」，第4主成分「団体参加」，第5主成分「一般的信頼」，第6主成分「互酬性」と命名した。6主成分の累積寄与率は64.4%であり，分散の6割を説明している。また標本妥当性はKMO値0.753と精度の高い結果となっている。主成分分析から東京では近隣関係，家族関係，そして職場や学校で形成された友人・職場とのつながり，また趣味や目的に応じて広がるサークルや結社，団体などの多様な人間関係は質（信頼）と量（つきあい，参加の頻度など）が相関して現象している。

　さらに6つに縮減されたソーシャル・キャピタルについて都心・下町・山の手に住む住民別に平均値をとり，比べてみると都心の住民は一般的信頼・互酬性に富み，さらに友人・職場，団体参加が高水準である。その一方で，近隣ソーシャル・キャピタルが低水準である。また山の手の住民は家族・親戚ソーシャル・キャピタル，友人・職場ソーシャル・キャピタルが都心に住む住民に次いで高く，一般的信頼・互酬性が低水準である。そして下町に住む住民は近隣

第2章 コミュニティ特性の構造要因を探る

表2-4 ソーシャル・キャピタルに関する18設問を用いた主成分分析結果

回転後の成分行列	成分					
	1 近隣SC	2 家族・親戚SC	3 友人・職場SC	4 団体参加	5 一般的信頼	6 互酬性
近所のつきあい頻度	**0.854**	0.128	0.054	0.134	0.138	−0.070
近所のつきあい程度	**0.829**	0.097	0.165	0.082	0.112	−0.024
近所の人への信頼	**0.605**	0.361	0.206	0.059	0.089	0.206
地縁活動	**0.541**	0.016	0.001	0.480	−0.186	0.069
親戚への信頼	0.078	**0.838**	0.179	0.025	0.044	0.080
家族への信頼	0.114	**0.733**	0.173	−0.103	0.041	0.014
親戚親類つきあい	0.157	**0.678**	0.029	0.210	0.000	0.018
職場同僚つきあい	0.075	0.024	**0.715**	0.058	0.043	0.075
友人・知人つきあい	0.310	0.014	**0.665**	0.228	−0.057	0.006
職場同僚の信頼	−0.007	0.303	**0.656**	0.024	0.153	0.185
友人・知人への信頼	0.064	0.406	**0.656**	−0.022	0.052	0.123
ボランティア・NPO活動	0.250	−0.009	0.090	**0.728**	−0.033	−0.013
その他団体活動	−0.009	0.143	−0.069	**0.707**	0.041	0.096
スポーツ趣味活動	0.076	−0.041	0.288	**0.621**	0.101	−0.088
旅先での信頼	0.048	−0.021	0.074	0.018	**0.891**	0.114
一般的信頼	0.138	0.114	0.058	0.030	**0.850**	0.143
一般的互酬性	0.108	0.093	0.090	−0.008	0.117	**0.837**
特定化互酬性	−0.075	0.024	0.168	0.040	0.132	**0.833**
固有値	4.326	2.146	1.632	1.369	1.107	1.019
寄与率（％）	12.948	11.992	11.616	9.944	9.280	8.658

注：(1) 負荷量平方和の6因子累計は約64.4％。
　　(2) Kaiser-Meyer-Olkin の標本妥当性の測度：0.753。
　　(3) 因子抽出法：主成分分析回転法：Kaiser の正規化を伴うバリマックス法。
　　(4) データ：稲葉（2012）「暮らしの安心・信頼・社会参加に関するアンケート調査」。
出所：戸川（2017：130）を修正し、再掲。

ソーシャル・キャピタルには富んでいるが、その他5つの因子に関しては低水準である。

　先行研究の整理から社会的異質性に富んだ地域に住む居住者ほど、移動の範囲が広がり、多様な社会関係が一般的信頼を醸成するとされる。また人口密度が高くなることにより、地域内で似通った階層同士のつきあいが密になり友

人・職場のソーシャル・キャピタル，家族・親戚ソーシャル・キャピタルやグループ内の規範が促進され互酬性が高まると考えられる。

中谷・埴淵（2009：32）は社会地区のうち高所得者層が多く40歳以下の若い世代が多い高級住宅地や都心部では一般的信頼，社会参加が高水準であるとしている。また居住年数が長く60歳以上の高齢者層が多い下町地域に住む住民の結束型ソーシャル・キャピタルは高い傾向であるとしている。

前述の議論を踏まえ，次節では都市化度を含めたコミュニティの地域特性との関連をみるため，回帰分析を実施し標準化係数の比較を行う。

4　東京のソーシャル・キャピタル較差説の検証

（1）カテゴリカル回帰分析結果

筆者は，数量化ソーシャル・キャピタル指標を被説明変数に，そして個人の属性とコミュニティの地域特性を説明変数に設定した。なお，コミュニティの地域特性に関しては前述の表2-2に示した諸変数によって得られる「クラスター（社会地区）」と，「5つのコミュニティ特性」を分けてモデルに投入し，階層的にカテゴリカル回帰分析を行った。表2-5はその結果を示している。Modelの各標準化係数から次の傾向が得られる。

まず，近隣ソーシャル・キャピタルは，中でも第2次（第3次）産業，治安との関連度が高い。そして，高等教育・ホワイトカラー，都市化度の順に関連がある。また家族・親戚ソーシャル・キャピタルも同様に第2次（第3次）産業，治安，家族形態の順に関連性が高い。属性要因では職業階層，年齢階層，世帯収入の順に関連している。

一方，友人・職場ソーシャル・キャピタルを被説明変数に設定したmodel6では，職業階層に次いで，年齢階層，そして順に都市化度と治安が同程度の影響を与え，性別，家族形態，高齢化・人口増加の順に関連度が高い。

団体参加との関連性をみると，属性要因のうち最も関連度の高い職業階層よりも高齢化・人口増加の関連度が高く，次いで，高等教育・ホワイトカラー家族形態，第2次（第3次）産業の順に関連している。そして，一般的信頼は最終学歴の関連度が最も高いのに対して，次いで治安および職業階層の関連度が

表2-5 カテゴリカル回帰分析結果（従属変数：数量化ソーシャル・キャピタル）

説明変数		近隣SC		家族・親戚SC		友人・職場SC		団体参加		一般的信頼		互酬性	
		標準化係数		標準化係数		標準化係数		標準化係数		標準化係数		標準化係数	
		model1	model2	model3	model4	model5	model6	model7	model8	model9	model10	model11	model12
属性	性別					0.150	0.170						
	年齢階層		0.147	0.229	0.235	0.275	0.274	0.199	0.232	0.185	0.194	0.280	0.219
	職業階層	0.360	0.390	0.233	0.260	0.297	0.301	0.290	0.263	0.251	0.213	0.220	0.207
	居住年数	0.300	0.260										
	最終学歴								0.185	0.301	0.256		0.213
	世帯収入	0.213	0.196	0.162	0.187			0.236					
	クラスター	0.202		0.240		0.222		0.213		0.296		0.233	
文脈的規定要因	コミュニティ特性												
	家族形態				0.201		0.156		0.229				0.356
	第二次（第三次）産業		0.339		0.250				0.229				0.354
	高等教育・ホワイトカラー		0.237		0.168				0.257		0.130		
	高齢化・人口増加		0.141				0.129		0.269		0.209		0.224
	都市化度		0.152				0.209				0.144		0.237
	治安		0.264		0.241		0.209				0.216		0.192
Adj.R²		0.295	0.327	0.100	0.142	0.139	0.146	0.131	0.185	0.170	0.165	0.101	0.191
n		308	307	308	307	341	340	308	307	341	340	341	307

注：表の「標準化係数」は総じて5％（両側）水準で有意な結果を示す。
資料：稲葉（2012）「暮らしの安心・信頼・社会参加に関するアンケート調査」。
出所：戸川（2017：132-133）一部を修正・加筆。

高い。互酬性は，家族形態や第2次（第3次）産業構造との関連度が最も高く，次いで，都市化度，高齢化・人口増加，年齢階層，世帯収入，職業階層の順に関連している。

　以上のように，近隣ソーシャル・キャピタルから互酬性にかけて，クラスター（社会地区）が与える影響は総じて属性要因を統制しても統計的に有意である。また，コミュニティ特性のそれぞれがソーシャル・キャピタルの各構成要素に与える影響度の強さは属性要因よりも高いことが示されている。このことから，ソーシャル・キャピタルは住む環境の違いの影響を大きく受けて，地域特性を形成していることが考えられる。調整済み決定係数をみると，文脈的規定要因をモデルに組み込んだ結果によれば，近隣ソーシャル・キャピタルは分散の3割程度と比較的説明力が高い。一方で，家族・親戚ソーシャル・キャピタルや友人・職場ソーシャル・キャピタルは1割程度の変動を，団体参加に対しては18.5％にまで上昇する。一般的信頼は16.5～17％程度，互酬性に関しては10～19.1％程度にまで説明力がある程度高まるが，いずれにしても1割強程度の説明力に留まる結果となった。

（2）誰が豊かなソーシャル・キャピタルを持つのか

　各カテゴリごとに被説明変数の平均値をとってみると，以下のように各カテゴリの傾向を要約できる。

　年齢を経るにつれて，一般的信頼は高くなる。また居住年数が長くなるほど，近隣ソーシャル・キャピタルは高くなる。そして，収入が高いほど，家族・親戚ソーシャル・キャピタルは平均を上回る。

　Halpern（2004：248）は，高齢者であるほど近所つきあいを重視する一方，若年層は友人つきあいを重視する傾向であるとし，さらに中流階層ほど多様な社会的ネットワークを構築しやすく，社会的信頼が厚い（Halpern 2004：250）ことを言及しており，その傾向は東京都9区調査からもある程度読み取れる。

　さらに，居住年数の傾向は長年住み続けることによって近所つきあいが増し，信頼関係が生まれると解釈できるが，その一方で，都会人の特徴として近所つきあいを忌み嫌うという特徴を持つがゆえ，本来長く住み続けられる環境には都会人が許容できるゆるやかなコミュニティが形成されているとも考えられよ

う。

　一方，最終学歴の影響に関しては高学歴であるほど一般的信頼，互酬性の水準が高い。短期大学や大学ではサークル活動を通じて友人と付き合う機会が多く，このような多様な教育活動から多くの学びを得ることができる。それが他者一般に対する信頼，助け合いと関連があるとみることができよう。

　次いで，自営業・民間勤め人は近隣，友人ソーシャル・キャピタルと団体参加に富んでいる。公務員・教員は友人・職場の社会関係，団体参加，一般的信頼に富んでいる。パートは近隣のソーシャル・キャピタルと一般的信頼に富んでいる。学生は友人，職場のソーシャル・キャピタルに富み，無職，専業主婦・主夫は近隣ソーシャル・キャピタルに富んでいる。近隣・友人職場ソーシャル・キャピタルや団体参加は職業階層の大部分で平均を上回っているが，一般的信頼の厚さはより限定され，公務員・教員，パート，無職と関係している。Halpern（2004：253）はフルタイムワーカーの社会的信頼の厚さと社会参加の頻度が多いことを指摘しているが，東京ではパートタイムやフリーター，そして，フルタイムの公務員・教員の一般的信頼が高い傾向にあるようだ。

（3）ソーシャル・キャピタルの豊かな地域とその特性との関連
1）コミュニティ特性の影響

　結束型ソーシャル・キャピタルについて，近隣，家族・親戚ソーシャル・キャピタルは犯罪や交通事故の多い地域や，家族世帯や子どもが少ない地域に住む住民は，そうでない地域に住む住民に比べ，低水準である。また第2次（第3次）産業指標との関連をみると，商業的特徴と工業的特徴を併せ持つ地域に住む住民ほど近隣ソーシャル・キャピタルが高い。また，高学歴・ホワイトカラー勤務者が多い地域に住む住民ほど近隣ソーシャル・キャピタルは高く，家族・親戚ソーシャル・キャピタルは低水準である。さらに都市化度が顕著に高い地域に住む住民は近隣ソーシャル・キャピタルが低水準の傾向にある。

　次いで橋渡し型ソーシャル・キャピタルについては，家族世帯が多く，子どもの多い地域に住む住民ほど，また高齢者が多く，人口移動の比率が低い地域ほど，そして商業的特徴と工業的特徴を併せ持つ地域で治安が良い地域に住む住民ほど，一般的信頼，団体参加の水準が高い。また，友人・職場ソーシャ

ル・キャピタルは，家族・居住指標の値が小さい地域ほど，そして，高齢者が多く住み，治安の悪い地域に住む住民でも高水準である傾向にある。また，都市化度と橋渡し型ソーシャル・キャピタルの一般的信頼は，正の相関が示されている。

最後に，互酬性との関連をみると，家族世帯や子どもが多く，商業的特徴と工業的特徴を併せ持つ地域で，さらに高齢者比率が高く，人口移動の少ない地域に住む住民であるほど互酬性が高い。また治安が悪い地域に住む住民にも同様の傾向がみられる。

2）社会地区からみたソーシャル・キャピタルのコミュニティ特性

図2-2は縦軸に橋渡し型ソーシャル・キャピタル，横軸に結束型ソーシャル・キャピタルをプロットした散布図である。橋渡し型ソーシャル・キャピタルは一般的信頼，団体参加，友人・職場ソーシャル・キャピタルの主成分得点を合算したものである。また横軸には結束型ソーシャル・キャピタルの家族・親戚のソーシャル・キャピタル，近隣のソーシャル・キャピタルと互酬性の主を合算したものである。図2-3は図2-2の象限におけるコミュニティ特性との対応をみたものであるが，都市化度と治安は橋渡し型ソーシャル・キャピタルの変動と対応し，順相関の関係がある。一方で，結束型ソーシャル・キャピタルは第1象限，第2象限に限って家族形態の値と順相関している。

図2-2の散布図の線分は東京都9区調査の平均値を示している。図上の2線分がクロスすると下図の4象限が得られ，第1象限は高結束型・高橋渡し型地域，第2象限は低結束型・高橋渡し型地域，第3象限は低結束型・低橋渡し型地域を示している。第4象限は高結束型・低橋渡し型地域，また散布図上の値は社会地区の該当番号を示している。

第1象限には中央区の日本橋周辺や港区の芝，芝浦に住む住民に似通ったクラスター12が位置している。また千代田区の四番町，目黒区の中目黒，碑文谷に住む住民に似通ったクラスター9が該当する。

次いで，第2象限には千代田区の麹町や神田周辺，八丁堀に住む住民が似通ったクラスター10や千代田区の番町，港区の南青山，高輪周辺，目黒区の青葉台に住む住民に似通ったクラスター8が位置している。さらに中央区の月島や入船，勝どきに住む住民に似通ったクラスター4の地域が位置している。つま

第2章 コミュニティ特性の構造要因を探る

図2-2 都心・下町・山の手のソーシャル・キャピタル較差

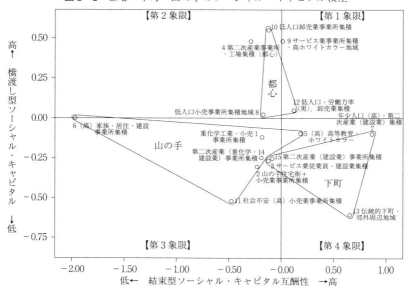

り，第2象限には都心の商業地域や高級住宅街に住む住民の特性が反映されている。そして，都心部の社会地区は高橋渡し型・低結束型の10・8というエリアと高橋渡し型・高結束型である9・12というエリアに分けられる。

さらに第3象限をみると，下町の地域が半数を占め，足立区の青井や葛飾区の青砥に住む住民が似通ったクラスター13や大谷田，江戸川区の江戸川，南葛西，南篠﨑町等に住む住民に似通ったクラスター14，足立区の加賀，西伊興や葛飾区の柴又，金町に住む住民に似通ったクラスター15，また東新小岩の住民が似通ったクラスター6が位置している。そして，

図2-3 各象限におけるコミュニティの地域特性

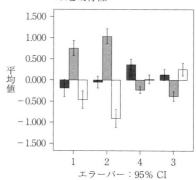

エラーバー：95% CI

■家族形態（平均）　■都市化度（平均）
□治安（平均）

71

山の手における世田谷区の代田，杉並区の西荻北，井草，方南に住む住民が似通ったクラスター2も該当する。

最後に第4象限には江戸川区の一之江や中葛西などの住民が似通ったクラスター13や葛飾区の東新小岩や奥戸，そして足立区の千住東に住む住民が似通ったクラスター7が該当している。さらに山の手地域の世田谷区の祖師谷，新町，弦巻や杉並区の高井戸西や下井草，また目黒区の五本木などに住む住民が似通ったクラスター5が位置している。

第1象限には都心の住民が似通った社会地区がプロットされており，他人に対する信頼が厚く，似通った同士のつきあいが盛んであることが伺える。それに対して，都心の勝どきや月島などに住む住民は，結束型ソーシャル・キャピタルが低水準であり第2象限に位置する。すなわち第1象限の地域ほど，橋渡し型ソーシャル・キャピタルに富んでいない。下町の社会地区に住む住民は第3象限と第4象限に位置し，橋渡し型ソーシャル・キャピタルはどの地域においても低水準であるが，一方，結束型ソーシャル・キャピタルの様相は一様ではなく，下町地域は低橋渡し型・高結束型の7・13と低橋渡し型・低結束型の13・14・15の地域に分けられる。また，山の手地域は多様である。主に2のような山の手の住宅街という地域は，比較的中位水準の結束型と低水準の橋渡し型ソーシャル・キャピタルの地域なのに対して，5のような高結束型を特徴とする地域や，6のように比較的中位水準の橋渡し型ソーシャル・キャピタルの特徴を有する社会地区が混在している。山の手地域のソーシャル・キャピタルを一様に論じることは難しい。

しかしながら，地域特性を示すデータ結果（図2-3）と照合してみると，都心部・下町地域・山の手地域と一様に捉えられがちなソーシャル・キャピタルもコミュニティ特性の違いから，その地域差に関するメカニズムを推察できる。都市化が進み，治安が良好である地域ほど高「橋渡し型」ソーシャル・キャピタルの水準は高い傾向にあるようである。そして，カテゴリカル回帰分析結果からも支持されているように，家族的地位特性が高いほど結束型ソーシャル・キャピタルは高いのである。

第 2 章　コミュニティ特性の構造要因を探る

5　どのような環境がソーシャル・キャピタルを育むのか

　筆者は都心・下町・山の手のソーシャル・キャピタル較差について検証を行った。その結果，個人の属性をコントロールしてもソーシャル・キャピタルは育った環境の社会的異質性と関連がある。また，前述の知見に加え，治安が良い地域に住む住民は橋渡し型ソーシャル・キャピタルが高水準であり，家族や子ども，夫婦が多く住む地域では結束型ソーシャル・キャピタルが高水準である。換言すれば，子どもが多く，治安の良い地域は安定した地域を反映している。また近隣ソーシャル・キャピタル，一般的信頼，互酬性は，商業地域と工業地域の特徴が合わさった地域で高いという傾向が示されており，用途混在はソーシャル・キャピタルと正の関連がある。

　以上から，都心・下町・山の手のソーシャル・キャピタル較差説は，都市化度，地域の安定性，そして都市の多様性という観点から集約することができる。そして，それはジェイコブズが著した『アメリカの大都市の死と生』（2010）で示した都市の成功条件を想起させる。

　ジェイコブズは都市の本質とは「その定義からして知らない人だらけ」（ジェイコブズ 2010：45）にあるとしている。彼女は成功する都市の条件として第1に，公共的空間を意味する歩道・街路に監視と相互治安活動がいきわたっていることを挙げている（ジェイコブズ 2010：52）。街路は商業店舗の店主や歩道を歩く歩行者によって支えられる。基本的に商業店舗の店主は街路の秩序を維持しようとする。そして歩道に人目が多くなれば，彼らが街路の公人として機能し警察のパトロール機能を強化する。それらが作用して治安が良好になる。

　第 2 の条件として，街路にはその利用者とそれに対する純粋な見物人とで行き交い，活気があること（ジェイコブズ 2010：57）が重要であるとしている。すなわち，街路の使用用途が増えることによって外部の利用者が多くなり，地域内で自己完結しない偶発的なネットワークが形成されるという（ジェイコブズ 2010：157）。

　さらに第 3 には，見ず知らずの他人が多いという都市の本質を考慮した多様な文化活動，各種の特殊事業が行われることを挙げ，上記の 3 点が整うことに

よって街路の中で「社会の自己管理の公式な形態も非公式な形態を含む」(ジェイコブズ 2010：136) 自治が成功する。そして都市が良好に機能し街路に信頼が構築されるという。街頭で交わすささやかなふれあいが蓄積し「地元レベルの何気ない市民交流の総和」(ジェイコブズ 2010：74) が増え，公的な尊重と信頼を形成させる。

以上のジェイコブズの功績に本章の知見を照らし合わしてみれば，都市化度や商業（工業度）の発展度合いは第2と第3の条件と対応しているだろう。すなわち，都市の社会的異質性が高まるという事は用途が多様であり，かつイベント等により活気あふれる街路が形成されることを意味する。

たとえば，そのような地域としては都心の日本橋や神田が頭に浮かぶ。日本橋や神田は用途混在地区であり，店舗と住宅が混在している。これらの地域は祭りの歴史が継承されており，神田祭や山王祭が地域を盛り上げている。日本橋や神田の商業店舗や老舗が町会や連合会を形成し，街路に監視の目を光らせながら，地域コミュニティのおもしろさを引き立て，毎年150万人以上の人が祭りのために集まってくる時に，祭りの傍観者は神輿の巡行での支え合いに感動し「人間味のない消費者から地域の応援団」に変わるケースがあるという(月刊「江戸楽」編集部編 2013：50)。また，日本橋では用途混在の都市設計から，日頃より商業店舗の店主と住民間の挨拶が行われ，また夜になれば居酒屋の赤提灯が地域を灯し，向かいの店主が，隣の飲み屋で一杯交わしていることもあるという。[13]

ここで述べたケースは数ある社会関係のうちのわずかなケースであるが，都市化度や用途混在が橋渡し型ソーシャル・キャピタル・結束型ソーシャル・キャピタルと正の関連があることが，このケースから読み取れる。

そして，治安の影響はジェイコブズの考察の第1の条件に対応する。大都市は世界的に犯罪，危険と結びついているが，東京では夜中に公園で寝る人やベンチに人が座ったりしているなどの光景がみられ，外国人にとって危険という雰囲気を感じさせないようだ。それにより，「犯罪がないということで人々が警戒せず，お互いに敬意をもって信用」(月刊「江戸楽」編集部編 2015：8-9) することにつながるとも考えられる。ソーシャル・キャピタルは犯罪を抑止する効果を持つが，地域の安定性もまたコミュニティのソーシャル・キャピタル構

築には重要であろう。[14]

　以上，3つの観点からみてきたが，詰まる所，都市コミュニティにおける社会関係の善し悪しは個人の置かれた社会経済状況のみならず，都市の用途が多様でたくさんの人が集まること，そして安定したコミュニティのあり方に依存してくる。それらの要素が複合的に重なり合い，都市コミュニティのソーシャル・キャピタルが形成されると考えられる。

　東京都9区調査結果について，社会地区分析の手法を用いて検証した結果，都心・下町・山の手のソーシャル・キャピタル較差は個人の社会経済的状況に加え，育った地域の都市化度，安定性，都市多様性と関連させて議論していく必要があるだろう。

注
(1) 本章は，戸川（2017）を加筆修正したものである。
(2) 人口は「平成27年国勢調査の人口速報集計結果」に基づき，面積は国土交通省国土地理院が出している「全国都道府県市区町村別面積調」を参照している。
(3) 本調査は平成24年度厚生労働科学研究費補助金（地球規模保健課題推進研究事業）「健康の社会的決定要因に関する研究」（研究代表者：尾島俊之〔浜松医科大学〕，研究分担者〔調査実施〕：稲葉陽二〔日本大学〕）を受けて実施したものである。
(4) 定量分析では一般的に都市化度の代理指標として，人口密度が用いられるが，東京23区では都心部の人口密度は周辺部のそれより小さい。そのため，本章では都市化度を密度に加えて規模（人口増加率），社会的異質性（昼夜間人口比率）から把握している。
(5) 『東京都の統計（http://www.toukei.metro.tokyo.jp/tyukanj/2010/tj-10index.htm）』（2016年8月5日アクセス）によれば千代田区，中央区，港区の昼間人口密度は70,382人／km^2，59,521人／km^2，43,568人／km^{2}と下町3地区，山の手3地区より高い。また，夜間人口は目黒区（18,253.7人／km^2），世田谷区（15,102.2人／km^2），杉並区（16,154.3人／km^2）が都心3区，下町3区より高い。
(6) 都市の定義としてここではワースの定義を取りあげる。その定義によれば，「相対的に規模が大きく，密度が高く，社会的に異質な諸個人からなる永続的な居住地」を都市と定義され，規模（人口）と密度（人口密度），そして社会的異質性が主な特徴として挙げられる（松本 2002a：31）。
(7) 松本（2002b：56）は下位文化を「外社会から相対的に区別された社会的ネッ

ワークと，それに結びついた特徴的な価値・規範・習慣」としているが，本章ではそれに基づき，「特定の集団グループ内でつくられる価値・規範・習慣」としている。

(8) 中谷・埴淵（2009：25）はアクトンウィンズ株式会社がExperian社と協力して作成したMosaic Japanという日本全域を対象としたジオデモグラフィクス製品を用いて居住区域がソーシャル・キャピタルに与える影響を分析している。

(9) 社会地区分析に用いた変数は倉沢（1986）が行った「東京の社会地図」に準拠している。

(10) ソーシャル・キャピタルを構成する要素間には相関があり，プロマックス回転が一般的であると考えられる。本章でも主成分分析（プロマックス回転）を実施しているが，因子負荷量の結果が，主成分分析（バリマックス回転）と同様であった。プロマックス回転では回転後の負荷量平方和が出力されず，解釈が複雑であるがゆえ，本章ではバリマックス回転を採用している。

(11) 稲葉ら（2016）は2013年に実施した日本全国調査を基に社会関係資本関連17項目（旅先での信頼を除く）を用いて因子分析（プロマックス回転）を実施している。その結果，第1因子に構造的社会関係資本，第2因子に特定化信頼（親戚・親類とのつきあい頻度を含む），第3因子に互酬性・一般的信頼，第4因子に同僚が抽出されている。分析の手法は異なってはいるが，全国のソーシャル・キャピタルと東京都9区のソーシャル・キャピタルでは広義の社会関係資本に関する構成が異なっている。詳しくは稲葉ら（2016：118-119）を参照されたい。

(12) 個人の属性のうち性別，居住形態は名義尺度に変換し，居住年数，年齢階層，世帯収入はスプライン順序に，そして最終学歴，職業はスプライン名義に変換している。また母数n＝307の標本を用いた回帰分析であるため，地域のコミュニティ特性（主成分得点）に関してはスタージェスの公式に従い10グループに離散化しスプライン名義尺度に変換し分析を行った。

(13) 月刊「江戸楽」編集部編（2015：20-21）でルイザ・ルビンファイン氏は商売を営む商業店舗と居住者との共生が社会関係の構築に関係があるとしている。

(14) Putnam（2000＝2006：375）は「近隣の社会関係資本のレベルが高ければ，そこは子供を育てるのに良い場所であることが多い。高社会関係資本地域は清潔で，人々は友好的，そして街路はより安全である」としているが，育った地域の安定性は家族・子どもの多さとも関係している。

参考文献

石田祐（2008）「ソーシャル・キャピタルとコミュニティ」稲葉陽二編『ソーシャル・キャピタルの潜在力』日本評論社，81-104頁。

稲葉陽二（2008）「［解説］ソーシャル・キャピタルをつくるのは何か」，稲葉陽二編『ソーシャル・キャピタルの潜在力』日本評論社，136-142頁。

稲葉陽二（2013）「『暮らしの安心・信頼・社会参加に関するアンケート調査』2012年東京都九区調査の概要」『政経研究』50(1)，日本大学法学会，239-266頁。

稲葉陽二・吉野諒三（2016）『ソーシャル・キャピタルの世界――学術的有効性・政策的含意と統計・解析手法の検証』（叢書ソーシャル・キャピタル①）ミネルヴァ書房。

草野篤子・瀧口眞央（2009）「人間への信頼とソーシャル・キャピタル――東京都小平市における研究」『白梅学園大学・短期大学紀要』45，白梅学園大学・短期大学，13-30頁。

倉沢進（1986）『東京の社会地図』東京大学出版会。

月刊「江戸楽」編集部編（2013）『江戸楽』No. 50, 6月号，エー・アール・ティ社。

月刊「江戸楽」編集部編（2015）『江戸楽』No. 76, 8月号，エー・アール・ティ社。

月刊「江戸楽」編集部編（2015）『江戸楽』No. 77, 9月号，エー・アール・ティ社。

ジェイコブズ，J.／山形浩生訳（2010）『新版 アメリカ大都市の死と生』鹿島出版会。

辻中豊・崔宰栄・阿部弘臣編（2016）『現代日本のローカル・ガバナンス・ネットワーク――自治体，住民自治組織，および非営利組織の考察』筑波大学国際比較日本研究センター。

戸川和成（2017）「東京の都心・下町・山の手のソーシャル・キャピタル較差はどうして生まれるか――社会地区分析からみた地域較差の検証」『経済社会学会年報』39，123-138頁。

中谷友樹・埴淵知哉（2009）「社会調査のミクロデータとジオデモグラフィクスのデータリンケージ―― JGSS累積データ2000-2003に基づく主観的健康観の小地域分析への適用」『日本版総合的社会調査共同研究拠点 研究論文集』10，大阪商業大学，23-36頁。

日本総合研究所（2008）『日本のソーシャル・キャピタルと政策――日本総研2007年全国アンケート調査結果報告書』日本総合研究所。

埴淵知哉・中谷友樹（2013）「地域コミュニティのソーシャル・キャピタルを規定する文脈的要因」イチローカワチら編『ソーシャル・キャピタルと健康政策――地域で活用するために』日本評論社，151-169頁。

松本康（2002a）「生活様式としてのアーバニズム」高橋勇悦監修『改訂版 21世紀の都市社会学』学文社，29-52頁。

松本康（2002b）「社会的ネットワークと下位文化」高橋勇悦監修『改訂版 21世紀の都市社会学』学文社，53-66頁。

Brueckner, J. K. & A. G. Largey (2008) "Social interaction and urban sprawl" *Journal of Urban Economics* 64, pp. 18-34.

Halpern, D. (2004) *Social Capital Cambridge*, Polity Press.

Putnam, R. D. (2000) *Bowling Alone: The Collapse and Revival of American Community*, Simon & Schuster.（＝2006，柴内康文訳『孤独なボウリング——米国コミュニティの崩壊と再生』柏書房。）

（戸川和成）

第3章 「政治」は「弱さ」と向き合うことができるのか[1]
——ソーシャル・キャピタル論の批判的考察

1 「強く，有能な市民」という呪縛

　本章では，ソーシャル・キャピタル論に代表される市民社会論の意義を認識しながらも，あえてそれを批判的考察の対象にしてその問題点を明らかにした上で，それを克服する概念について考えてみたい。

　筆者がソーシャル・キャピタル論の問題と考えているのは，それが「強く，有能な市民（strong and competent citizen）」という市民像に基づいていることである。というよりも，市民社会論の大半はこのような市民像を前提としている。封建社会から近代市民社会への移行は，市民社会の主体が「強く，有能な市民」であるという物語が存在していたからこそ可能になった[2]。しかし，その結果，何らかの「脆弱性（vulnerability）」を抱えた人々は，市民社会の中でその尊厳が傷つけられてきたのではないか。そして，「強く，有能な市民」が条件化されることによって，脆弱性を抱えた人々の排除が理論的・規範的に正当化されてきたのではないか。これが，本章の基底にある問題意識である。

　このような問題意識に立った上で，本章では，「主体性（subjectivity, autonomy, independence）」と「互酬性（reciprocity）」，そして「ケア（care）」という概念に注目したい。このうち，主体性と互酬性は，「強く，有能な市民」を前提とした，ソーシャル・キャピタル論を含む従来からの市民社会論を支える規範概念として，本章において批判的考察の対象となる。そして，ケアについては，主体性と互酬性を否定するものとしてではなく，これらを質的に転換させ，弱さを抱えた人々も含む，新たな市民社会論の地平を切り拓くものとして，その可能性について考えてみたい。

　本章では，第1に，ソーシャル・キャピタル論の代表的論者としてロバート・パットナムの議論を取り上げて，その特徴と問題点を考える。批判的考察

の対象は，彼の「パフォーマンス（performance）」志向である。

　第2に，ソーシャル・キャピタル論の思想的源流として，アレクシス・ド・トクヴィルによるデモクラシー論について考えてみたい。パットナムに対するトクヴィルの影響は自他共に認めるところであり，結果的にその課題も共通している。ここでは，パットナムと並べてトクヴィルの思想的特徴を考察したい。

　第3に，パットナムとトクヴィルの比較考察を踏まえた上で，ソーシャル・キャピタル論に新たな視点を与えてくれるものとして，「依存（dependency）」とケアについて考えてみたい。

　問題提起の最後に，本章における「政治」の定義を示しておきたい。ここでは，「政治」とは，権力と価値を巡って複数の人間によって営まれる活動を指している。そして，人間の営みである以上，「政治」には一定の規準（規範・道徳・倫理）が介在していると考える。

2　パットナムが求めていることは何か

（1）互酬性と信頼性の上に成立する社会

　パットナムは，ソーシャル・キャピタルを，「社会的ネットワーク，およびそこから生じる互酬性と信頼性の規範」（パットナム 2006：14）と定義している。ソーシャル・キャピタルは人間の関係性に関する概念だが，関係やネットワークそれ自体は無機的なものに過ぎない。そこで，パットナムは，「互酬性」と「信頼性」を定義の中に取り込むことによって，ソーシャル・キャピタルを性格づけた。そのため，彼の理論を理解するには，互酬性と信頼性について考える必要がある。

　まず，パットナムは，「一般的互酬性」を重視する。具体的には，それは「直接何かがすぐ返ってくることは期待してないし，あるいはあなたが誰であるかすら知らなくとも，いずれはあなたか誰か他の人がお返ししてくれることを信じて，今これをあなたのためにしてあげる」ことを意味する（パットナム 2006：156）。パットナムは，聖書の黄金律も一般的互酬性の定式化の一つだとしているが，実のところ，彼の概念に道徳的・宗教的性格はなく，そこからうかがえるのは見返りに対する期待である。

パットナムの互酬性概念は打算的である。彼の研究動機はデモクラシーの機能不全に対する危機感にあり，その研究はデモクラシーが資質的には不完全な市民によって担われているという認識に基づいている。これが，彼の互酬性概念に打算的性格を与えることになった原因だと考えられる。

　一般的互酬性の存在と社会的ネットワークの緊密さは相互補完関係にあり，人々を媒介するのは「交換」である（パットナム 2001：214）。人々の提供と返礼の経験が社会的に蓄積されると，そこでは人々の「信頼」が醸成され，互酬性が規範化する。だが，そこにあるのは，やはり見返りへの期待である。交換という語は，経済的範疇では常識的に使用される語だが，政治的範疇において用いられることは本来稀である。それをパットナムが社会の紐帯として採用したことは，もはや「政治」という営為が本来的な根拠を喪失していることを物語っている。

　続いて，パットナムがもう一つの定義として挙げている信頼性に関して，彼はそれを「匿名の他者に対する薄い信頼」（パットナム 2006：160）と表現している。彼が分析対象とする信頼は，匿名性を帯びた社会全体に対する「社会的信頼」（パットナム 2006：160）である。打算的社会の中で，無償で濃密な交誼心は期待できない。そこでは，信頼性もまた，打算的な互酬性に基づいている。

　パットナムのいうソーシャル・キャピタル概念は，このような打算的性格を持った互酬性と信頼性の上に成立している。

（2）市民的美徳とは

　パットナムは，「市民的美徳」を重視する姿勢も見せているが，そこにも彼特有の理解があらわれている（パットナム 2006：14）。古代以来，西洋政治思想では多様な徳概念が提示されてきたが，いずれも基本的認識はほぼ一致していた。つまり，政治的文脈で語られる徳（virtus もしくは arete）とは，第 1 に市民として有効に活動ができる能力を意味するもの，第 2 にその者の真の人格を問うもの，第 3 にその人間を真の姿にする道徳的善良さを求めるものであった（ポーコック 2008：35）。それは，政治共同体における市民のあり方を規定するものであると同時に，道徳的で人格的な概念でもあった。それに対して，パットナムは，ここでも前項で互酬性と信頼性を導入している。

パットナムは，現代社会で求められる市民的徳性（美徳）として，次の3点を挙げている（パットナム 2006：417-418）。
　市民的徳性の第1として挙げられているのが，「公的生活への積極的参加」である。パットナムは自発的結社を議論する中でこれを取り上げ，それに参加していた高校生の，その後の政治参加度の高さを指摘している。つまり，彼は，公的領域への参加が市民としての資質を育てていることを評価している。
　パットナムの挙げる第2の徳性は，信頼性である。人々の間でのやり取りが頻繁になると，責任回避等も減少する。彼の分析では，社会に対する信頼性は互酬的経験の蓄積に依存している。
　そして，第3の市民的徳性として，パットナムは互酬性を挙げている。彼によれば，クラブ活動等の私的活動でも，それらへの参加者が増加すると，ボランティアや寄付等にあらわれる他者への関心も増し，それは最終的に政治的にも正の作用をもたらす。たとえば，政治的議論で対立したとしても，議論に参加した双方の間には少なくとも和解は目指そうという意識が存在しているため，決定的対立に至ることはなく，社会は適切に維持される。ここでは，他者への関心が，市民社会を維持する最終的な擁壁としての役割を果たしている。
　パットナムにとっての市民的美徳とは，市民の積極的参加とそこで醸成される信頼性と互酬性を指す。彼は，ソーシャル・キャピタルを，社会的ネットワークと信頼性と互酬性という特徴によって定義している。そのため，ソーシャル・キャピタルの定義における社会的ネットワークと市民的美徳における積極的参加は，実質的には同じものである。つまり，パットナムにおいて，市民的美徳とソーシャル・キャピタルは同義である。であるとすれば，彼のいう市民的美徳は，その伝統的概念とは異なり，彼のソーシャル・キャピタル論の定義と同様に打算的性格を帯びることになる。

（3）パットナムの理論的特徴
　パットナムのソーシャル・キャピタル論の第1の特徴は，社会的ネットワークと互酬性と信頼性が一体的に理解されていることである。これらは相互に条件化しており，補完的でもある。問題は，これらの背後に見返りに対する期待が存在していることである。人々の動機は，「いずれ何らかの形で報われる」

という期待にある。すなわち，パットナムのソーシャル・キャピタル概念は，人々の打算的感情を前提としている。

次いで，パットナムは，ソーシャル・キャピタルと市民的美徳を事実上同一視している。そのため，彼のいう市民的美徳は，伝統的な意味の徳とは異なる打算的な性格を有している。

そして，パットナムは，抽象概念としてではなく，行動や実践の規範として，ソーシャル・キャピタルや市民的美徳を理解している。厳密に考えるなら，これらはもはや規範ではなく，行動目標と呼ぶべきであろう。

パットナムの理論は，現代デモクラシーの機能不全の打開を目的としながらも，基本的に現状追認的である。つまり，彼は，人間が打算的存在であることを与件とした実証的研究手法を採用しているため，規範に関心を示しながらも，研究過程から規範志向性は極力排除されている。これがパットナムの特徴であり，他の多くの市民社会論と比べて対照的な点である。

市民社会論，とりわけ初期のそれらの多くは，資本主義市場経済やその思考様式による市民社会（政治的公共空間）の侵食に対して警戒的・批判的である。1990年代の「市民社会論ルネサンス」（山口 2004：2）以後の市民社会論の多くは，ハーバーマスのいう「システムによる生活世界の植民地化」（ハーバーマス 1987：313）への抵抗が主要な目的の一つとなっている。これらの市民社会論で批判されたのが，冷戦を勝ち残った資本主義市場経済体制とそれを支える思考様式，つまり「役に立つこと」「利益を上げること」を重視する功利的思考様式や価値観であった。いわば，市民社会論の根本的な意識は，功利的思考様式の蔓延を批判して，「政治」の復興を図ることにあった。ベンジャミン・バーバーは，市民社会が存在するのは巨大な政府と商業市場という「王様と商人」の中間領域だと考え，「市民社会を民営化と同じ意味に使い，市場によってあらゆる社会的な病は治療できると主張する自由放任型の批評家」への挑戦を宣言している（バーバー 2007：7）。これなどは多くの市民社会論に見られる典型的姿勢である。

他方，パットナムは功利的思考様式に対する警戒感をほとんど見せない。というのも，実は彼自身が「パフォーマンス（performance）」という功利的価値観に立脚して，市民社会やデモクラシーを考察しているからである。パットナ

ムのソーシャル・キャピタル研究は，元々「民主的諸制度のパフォーマンスに関する人々の理解に資すること」(パットナム 2001：3) を目的としていた。つまり，彼自身が功利的思考様式やその価値観を大前提として市民社会を論じているため，自身の理論にも躊躇なく互酬性を導入したのである。むしろ，市民社会のパフォーマンスの向上という目標のために，彼は功利的思考様式を自らの理論の中に前向きに導入している。つまり，彼は，市民社会やデモクラシーを可視化し，それを改善するという功利的目的のために，互酬性という打算的概念を取り入れた。いわば，他の市民社会論が市民による社会形成の過程を重視しているとすれば，パットナムが重視するのは市民社会のパフォーマンスという結果である。互酬性はそれを助けるために市民に与えられるインセンティヴということだろう。ソーシャル・キャピタルは，そのような功利的社会関係を示す概念ということになる。懸念されるのは，自身の理論が功利的思考様式や価値観によってすでに支配されているという認識がパットナムに見られないことである。そのため，彼のソーシャル・キャピタル論では，数値で表されるパフォーマンスとしてしか，「政治」を表現することができない。

3　市民社会論の思想的源流としてのトクヴィル

(1) 市民としての「主体性」の重視――トクヴィルのデモクラシー理論①

　パットナムがトクヴィルのデモクラシー論の強い影響下にあることは，多くの人々が認めているところである[5]。彼の著作を概観すれば，トクヴィルに関する記述や引用が他の政治思想家と比較してはるかに多いことが容易にわかるだろう。そのため，彼のソーシャル・キャピタル論の枠組みを理解するためには，トクヴィルについて考える必要がある。

　トクヴィルのデモクラシー論の第1の特徴は，「市民」としての「主体性」の重視にある。トクヴィルは，「自由」「自立」「自律」「市民的美徳」「市民性」「主体性」を一体的に理解した。トクヴィルにとって，自由は人間の条件である。それは，何者にも隷従しない自立と，自身のことは自身の責任と判断によると考える自律（自己統治）によって実現される。それを規範として理解すると市民的美徳となり，資質として理解すると市民性となる。デモクラシーとは，

そのような市民による自発的実践すなわち主体性によって維持される。つまり，トクヴィルは，政治的資質を具備して積極的に公的活動に参加する個人を市民と措定し，その規範・美徳として自由を理解した。[6]

トクヴィルにおいて，市民としての主体性は規範的意味を有している。トクヴィルは，自由について，それをより具体的に「規律正しく，そして善をなす自由」（トクヴィル 1998：265）と表現し，自由を求める活動を「修業」（トクヴィル 2005：127）と呼んでいる。[7] 彼の中で市民としての自覚を持った人々による公的領域への積極的参加は，まさに道徳的行為であった。[8] 逆にいえば，トクヴィルは，自身の主体性を自覚せず，自発的参加に努めない人々を道徳的に断罪していることになる。

（2）市民的実践としての「アソシアシオン」の重視
──トクヴィルのデモクラシー理論②

第2に，トクヴィルは，市民的実践としての「アソシアシオン（アソシエーション）」を重視した。これは，第1の特徴を具体的作用から評価したものである。注意したいのは，トクヴィルがこの言葉を使用する際，そこには結社という意味だけでなく，人が他の人々とともに自発的に活動することやその作用も含む，広範な意味も含ませていることである。

また，トクヴィルは，自然発生的集団と機能的集団を分ける一般的な共同体・集団理解を採用していない。[9] それだけでなく，彼は集団の目的も重視しない。トクヴィルは，「アメリカは世界中で結社をもっとも多く利用する国であり，この有力な行動手段をこのうえなく多様な目的のために使う国である。タウンや市や郡という名の，法律によってつくられる恒久的結社と別に，発足するのも発展するのも諸個人の意志次第である結社が無数にある」（トクヴィル 2005：38）と述べている。トクヴィルは，地方自治体や営利企業，そして禁酒団体といったあらゆるものをアソシアシオンとして扱っている。このことから，トクヴィルの言うアソシアシオンが，人々が「協働する（s'associer）」ことそのもの，すなわち作用としてのアソシアシオンであったことがわかる。

トクヴィルがアソシアシオンの必要性を説いた理由は，それがデモクラシーによってもたらされる「個人主義」の克服の条件になるからである。彼のデモ

クラシー論の中核は，この世界が不可避的に平等に向かっているという歴史認識にある。トクヴィルも，平等化自体は肯定的に理解している。しかし，彼は，かつて階級という属性によって自身のアイデンティティを確認していた人々が，平等化によって一個人として放り出されることで次第に他者に対する関心を失い，自身の周囲の小さな人間関係の中にこもっていくことを危惧した。トクヴィルは，これを個人主義と呼んだ。

個人主義は，公共性と自由にとっての脅威である。トクヴィルが市民の公的領域での実践に規範的意味を見出しているのは，人間性が育まれるのは他者との具体的関係性の中だけと考えていたからである。個人主義が蔓延すれば，人々は人間性涵養の機会を失う。そのため，トクヴィルは，個人主義を，「公共の徳の源泉を涸らす」（トクヴィル 2008：175）ものと呼んだ[10]。これに対して，アソシアシオンには人々を自ずと有機的人間関係に取り込む機能があるため，個人主義の害悪を抑え，それに起因する規範的問題を克服する条件となる。アソシアシオンには，政治的・人格的問題の解決が求められていることになる。

（3）「正しく理解された自己利益」の肯定
——トクヴィルのデモクラシー理論③

ここまで見てきたように，トクヴィルは規範志向の強い思想家である。だが，一方で，彼は現状肯定的な考えの持ち主でもあった。デモクラシーに関する彼の現状認識とは，この社会においては自己犠牲的な市民的美徳は成り立たないというものであった。

トクヴィルは，「正しく理解された自己利益」という概念の導入によって，伝統的な徳の成立が難しいデモクラシーにおいて公共性を維持する方策を考えた。

まず，トクヴィルは，徳に関する新たな見方を提示する。彼は，「合衆国では徳が美しいとはほとんど言わない。それは有用だと主張し，毎日これを証明する。アメリカの道徳批評家は仲間のために身を犠牲にすることは立派なことだからこれを行えとは主張しない」と記している（トクヴィル 2008：212）。伝統的な徳概念は，個よりも全体を，私よりも公を優先すること，場合によっては公のために私を犠牲にすることを求めるものであった。しかし，トクヴィル

がアメリカで見たのは,「有用さ」を規準とする徳であった。ここで徳にかなう行為とされているのが,仲間のために犠牲になることではなく,仲間の利益になるように行動することであった。

> 正しく理解された自己利益の説は偉大な献身を生まないが,人を毎日ささやかな自己犠牲に誘う。それだけでは人を有徳にすることはできないだろうが,規律を守って節度があり,穏健かつ用意周到で自己抑制に富む市民を大量に形成する。そして,それは意志をもって直接徳に向かわないとしても,習慣によって知らぬ間にそれに近づく。(トクヴィル 2008:214-215)[11]

トクヴィルは,単純に利己心を賛美したわけではなく,最終的には人々が伝統的徳性の習得に至ることを望んでいる。だが,それが現実的に難しいため,彼は人間の限界を認識した上で,正しく理解された自己利益という概念を導入することで,個人の利益と全体の利益との調和を試みた。トクヴィルは,最善の美徳の追求をあえて放棄することによって,普通の市民生活で育まれる次善の徳性に基づいて,自身の公共哲学を構想することを試みたのであった。[12]

(4) パットナムの議論の問題点

トクヴィルのデモクラシー論は,市民革命後の時代の市民社会論ということができる。彼の政治思想は,デモクラシーが与件となり,その現実と政治における理想との緊張関係の中で導出された産物である。新たな平等社会であるデモクラシーの可能性と問題点を考察した点において,彼の思想は画期的な意味を持っていた。

ロバート・ベラーは,トクヴィルがモデルとしている市民を,「自立的市民 (independent citizen)」と表現している(ベラー 1991:45-47)。トクヴィルはアメリカ分析を基に,デモクラシー論を組み立てた。彼は,多様な人々が緊密に組み合わさったネットワークとしてアメリカを描き,それが独特な精神もしくは「モーレス (mores)」によって結ばれていると考えた。自立的市民という人間像はその精神性を象徴したものである。

自立的市民像には，ピューリタン的倫理観に基づく政治を行ったマサチューセッツ総督ジョン・ウィンスロップに象徴される伝統と，市民の権利と義務の両方を重視した第3代大統領トマス・ジェファーソンに象徴される伝統の継承者という役割が期待されている。つまり，アメリカの自立的市民は，聖書に則ったキリスト教と市民的美徳を重視する共和主義がその内面形成の条件になっている。これだけであれば，その市民像はきわめて規範的である。だが，ベラーはそれらに加えて，ベンジャミン・フランクリンに象徴される「のし上がり（self-made）型」の人間像も，アメリカの自立的市民像形成に強い影響を及ぼしていることを指摘している。

　フランクリンという人物が示しているのは，成功や効率性，有用性に対するこだわりである。たとえば，彼は当時学校で行われていたラテン語教育に疑問を抱き，実用性の高い現代語教育の必要性を主張している。なぜなら，彼にとっては，語学も成功のための手段に過ぎなかったからであった（フランクリン 2010：186-187）。彼の中では，効率的で有用なことこそ，善であった。また，フランクリンで興味深いのは，彼の宗教観もしくは信仰心の中に，罪責感がほとんど見られないことである。彼は，信じなければいけないのは神の存在とその神によるこの世の支配，霊魂の不滅，因果応報の原理だけだと考えていた（フランクリン 2010：153-154）。同時代の神学者ジョナサン・エドワーズの強烈な罪責感の一方で，そのような感情はフランクリンの中には微塵も見られない。すなわち，フランクリンの考えの中には人間を倫理的・宗教的に束縛するものは存在せず，純粋に効率性と成功を追求することだけが規準化されていた。そしてトクヴィルのいうアメリカの市民像は，「役に立つこと」「利益を上げること」を目指すフランクリン的要素を取り込んだものであった。

　パフォーマンスを重視するパットナムの姿勢は，トクヴィルのアメリカ的市民像のうちのフランクリン的要素を継承したものだと考えられる。トクヴィルはキリスト教や共和主義といった規範的要素と有用性を重視する功利的要素の両方を共に吸収する形で，自身のデモクラシー理論を構築した。今日の市民社会論は，程度の差はあるが，何らかの形でトクヴィルの影響を受けているものが多い。多くの市民社会論者は，経済に対する警戒感から，トクヴィルの理論の規範的側面に注目することで現代デモクラシーの問題点の克服を目指してい

る。これに対して、パットナムは、トクヴィルの中の功利的側面に可能性を見出している。つまり、市民社会全体としてのパフォーマンスを重視することによって、デモクラシーの機能不全を克服しようとしている。その意味で、パットナムの互酬性概念は、トクヴィルの正しく理解された自己利益の概念を継承したものといえるだろう。

　ただ、パットナムには、互酬性に対する警戒感が欠如している。トクヴィルは、功利的価値観を摂取した反面、市民的美徳に対するこだわりも終生失わなかった。それによって、トクヴィルの理論では、功利的価値観は伝統的な徳概念によって抑制されていた。しかし、そもそも市民社会のパフォーマンスを第1目的とするパットナムの理論には、互酬性を規範的に束縛するものはない。そのため、トクヴィルの中に見られた、規範的・理想的側面と功利的・現実的側面との間にある緊張と均衡がそこには存在しない。

　果たして、パットナムが描く市民社会を、「政治」の場と呼ぶことが可能なのだろうか。「政治」が一定の規準を伴った、権力と価値を巡って複数の人間によって営まれる活動であるとすれば、規範性との緊張関係のない互酬性概念は、「政治」の条件にはなりえないのではないだろうか。

4　市民社会論の課題と「ケア」の可能性[13]

（1）トクヴィルとパットナム

　トクヴィルとパットナムの間には相違点がある。だが、やはり彼らの理論は大枠において共通しているといえる。

　第1の共通点は、市民としての主体性を強調する点である。これは、客体性や受動性の批判・否定を意味する。トクヴィルにとって市民の主体性は人間や社会の規範性を維持する条件であり、パットナムにとってそれは市民社会のパフォーマンスを左右するものであった。

　第2に、トクヴィルとパットナムは、人々の協働・実践・参加を重視している。トクヴィルの考えでは、主体的市民は他者との関係性の中で自らを位置づけ、それを通して市民的美徳を涵養していく。パットナムにおいては、人々の協働や参加は市民社会の条件である。

そして，第3の共通点として，トクヴィルとパットナムにおいては市民社会の利益に反する存在の排除が是とされていることが挙げられる。

　トクヴィルも，パットナムも，前提条件としているのは，市民社会に必要な資質を有する「強く，有能な市民」の存在である。そのため，結果的に彼らの理論は障碍を負った人々をはじめとする弱者の市民社会からの排除に正当性を与えるものになっている。トクヴィルは，市民の主体性に規範的意味を見出していたが，これは主体的で行動できない人間に対する道徳的断罪を意味する。パットナムは，市民の政治参加度によって市民社会のパフォーマンスを評価しているが，この考え方に立つと障碍等によって政治参加が難しい人々は市民社会の負担として把握されることになる。つまり，「強く，有能な市民」を重視する市民社会は，何らかの脆弱性を負った弱者を「二級市民」として市民社会の主体から排除することを理論的に肯定してしまう社会なのである。

　重要なことは，市民の主体性の重視が脆弱性を抱えた人の排除を意味させないことである。そのため，私たちが取り組むべきなのは，脆弱性への配慮も含んだ主体性理論を検討することだろう。

（2）「依存」と「ケア」

　主体性の内実の再検討は，その対極にあるものの評価と表裏一体である。エヴァ・フェダー・キティが注目したのは，「依存」であった。彼女は，西洋政治思想において忌避されてきた依存について，それをすべての人間に共通する要素として再定義した。

　キティは，「依存は個人のライフヒストリーにおいて避けることができない」ものと考える（キティ 2010：81）。誰でも病気等になる可能性はあるため，誰もが依存する人間（依存者）になる可能性がある。そのため，特定の依存者は存在せず，また依存自体は良し悪しを判断されるような対象にならない。依存の意味転換は，「強く，有能な市民」の主体性に対する執着する西洋政治思想に対して再考を迫るものとなるだろう。

　キティは，依存者に寄り添う仕事を「依存労働」と呼び，そこに生じる関係性を「依存からなる関係」「依存関係」「依存的関係性」と表現している（キティ 2010：83-84）。

第3章 「政治」は「弱さ」と向き合うことができるのか

　キティが依存労働の中核に据えたのが、「ケア」である。彼女は、ケアの関係性における道徳的平等性を重視する。というのも、彼女は、依存関係を、少数者の閉じた関係から「社会的協働」へと発展させることを企図しているからである。それによって、依存への関心は正義論にかなうものとなり、ケアが存在しない社会の不公正を批判し、人間の幸福の必須要件として社会（人間関係）を考えることが可能になる（キティ　2010：241-242）。
　キティは、道徳社会的協働の原理として、「互酬性」と「相互性」を挙げている[14]。もちろん、キティが挙げる互酬性概念はパットナムのそれとは異なる。彼女は、社会契約説を取り上げて、近代政治思想が互いに無関心に自身の利益を追求する「自発性」を前提としていると指摘している（キティ　2010：149）。そのような環境下では、人間の脆弱性を感じ取ることは難しい。パットナムのいう互酬性が市民社会全体のパフォーマンスを重視したものだとすれば、キティのそれは自身の脆弱性とそれによる依存を認識した人がケアによって結ばれた関係性を重視するものだということができる。
　ただし、キティは、自らの原理を、「弱い者の原理」とすることは否定している。彼女は、依存という要素を加えてジョン・ロールズの正義論を修正するなら、正義の第三原理が生み出されるに違いないとしている。その際、基礎となるのが、「ひとはそれぞれ依存や依存労働を必要とする度合いが違うこと、困窮している他者に応答する道徳的能力があること、また幸福と福祉にとって人間関係が中心にあること」という前提である（キティ　2010：113）。もしこの正義の第三原理が導き出されるとすれば、それは依存とケアの当事者であるすべての人間の固有性に配慮し、関係するすべての人々に積極的に働きかける道徳的な原理としての性格を持つことになるだろう。そして、この原理の下では、市民社会が生み出す量的価値やパフォーマンスは大きな意味を持つことはないだろう。
　では、従来の市民社会において前提とされてきた資質や能力の高さを規準とした社会構成原理から離れ、障碍等の脆弱性を抱えた人の主体化を促進するために求められることは何だろうか。それには、脆弱性を強靱性に変換することなく、そのまま受容し、それをすべての人間の特徴として理解することが必要となる。それにあたって、私たちに重要な示唆を与えてくれるのが、キティを

取り上げた際に紹介したケアとそれに基づく「ケアの倫理（Ethics of Care）」である。

　ジョアン・トロントは，ケアを，「関与（engagement）」と定義している。関与には他の何者かに手を差し伸べるという意味があるため，これには何らかの行動が必ず伴うことになる（Tronto 1993：102-103）。また，ヴァージニア・ヘルドは，ケアの倫理における人間像の特徴を「関係的（relational）」と「相互依存的（interdependent）」と表現している（Held 2006：46）。彼女たちの考えを総合すると，ケアの倫理とは，ケアを媒介とし，相互依存を特徴とする関係性の倫理だということができる。

　これに加えて，トロントは，ベレニス・フィッシャーとともに，「私たちが可能な限り，そこで生きていくことができるように，『世界』を維持し，持続させ，修復するすべてのことを含む，人類という種の活動」というケアの定義を提起している（Tronto 2013：19）。

　その上で，トロントは，ケアには5つのフェーズが存在しているという（Tronto 2013：22-23）。第1フェーズは「気遣うこと（Caring about）」であり，満たされていないケアのニーズに気づく段階である。第2フェーズは「世話をすること（Caring for）」であり，それは判明したニーズに対して責任を負うことであり，第3フェーズである「ケアを施すこと（Care-giving）」は実際のケアである。第4フェーズは「ケアを受けとること（Care-receiving）」で，ケアの後にその対象となった人たちの示す反応を意味する。そして，第5フェーズの「ケアと向き合うこと（Caring-with）」は，ケアのニーズやその方法がすべての人の正義や平等，自由に関する民主的活動と合致することを求めるものである。

　これら5つのフェーズを見てわかることは，トロントの考えるケアが，「世話をする」「世話をされる」という狭義のケアを超えた人間社会全体に関する規範概念であることがわかる。すなわち，ケアの本質とは，ケアの実践とそれに対する応答，そして何よりそこに生じる有機的人間関係自体にある。[15]

5 「依存」と「ケア」は「強く，有能な市民」の呪縛を解くことができるか

　ここまで，基本的にソーシャル・キャピタル論を主な批判の対象としてきたが，本質的な問題点は社会契約説やその他の市民社会論も同様である。つまり，これらの思想は，いずれも「強く，有能な市民」を前提としている。

　依存とケアに関する議論がそれらにもたらす最大のものは，パフォーマンスに象徴される功利的思考様式・価値観からの解放，つまり「強く，有能な市民」に基づく社会構築モデルからの解放である。それによって強者と弱者の区別は無意味化し，資質や能力とは関係なく，人格と人間の尊厳を尊重する理論を構築する可能性が生まれる。そして，自由かつ理性的で経済的実践能力にも長けた市民の主体性を相対化することで，脆弱性を抱えた人々を福祉の客体ではなく，市民社会の主体として包摂することが可能になる。

　本章の目的は，ソーシャル・キャピタル等を否定することではなく，過度の主体性重視とそれに起因する危険に対して警鐘を鳴らすことにあった。今後のソーシャル・キャピタル研究に求められるのは，パフォーマンスに執着しない視点からの分析である。政策科学や実証分析が主流となっている現在の政治学研究だからこそ，「政治」の本質に目を向けることの重要性はますます高まっている。そして，それは従来とは異なる視点に立つことで初めて，可能になるのではないだろうか。

注
(1) 本章は，日本大学政経研究所・平成28・29年度共同研究「誠実な市民を育むソーシャル・キャピタルの機能の検証　不正抑制の視点から」による研究成果の一部である。
(2) 日本においては，いわゆる戦後民主主義の中心的論者の主張の多くは，「強くて，有能な市民」という人間観に依拠して自身の政治理論を形成していた。福田歓一は市民としての「個人の高次の意識」の重要性を主張しているが（福田 1971：353-354），これは「強くて，有能な市民」の別表現といえるだろう。
(3) 「人にしてもらいたいと思うことは何でも，あなたがたも人にしなさい」（「マタイによる福音書」第7章第12節）。

(4) パットナムも，愛他主義（altruism）の意義を評価し，それをソーシャル・キャピタル分析の指標の一つとすべきだと考えている（パットナム 2006：134-135）。しかし，そもそも，愛他主義が浸透しているのであれば，社会の崩壊を研究課題にする必要はない。そのため，彼にとっても愛他主義は一種の理想に過ぎないのではないか。

(5) たとえばマーク・ウォーレンによれば，パットナムとトクヴィルは，アノミー状態に陥りやすい平等社会における紐帯の可能性を追求している点が共通している（Warren 2001：30-31）。

(6) そのため，トクヴィルは，これらに反するものを厳しく批判・否定した。たとえば，庇護的な中央集権的政府は，人々に隷従精神を植えつける「民主的専制」（despotism démocratique）として批判された（トクヴィル 2008b：256-258）。

(7) 邦訳では，bieufaisante に「有益な」という訳語が充てられているが，これは「善をなす」という訳語の方が適切だと考えられるため，本章ではこれを用いる。

(8) トクヴィルがアリストテレスに強い関心を持っていたという事実は確認できない。しかし，個人（市民）と共同体の関係を規範的に位置づける点において，両者の考えは非常に類似している。

(9) 自然発生的集団と機能的集団に分けて共同体を分析する手法の代表例としては，テンニエスの「ゲマインシャフト」と「ゲゼルシャフト」，マッキーヴァーの「コミュニティ」と「アソシエーション」等がある。これに対して，池田純一は，フランス革命以来，地縁からの解放が目標となっていたヨーロッパに対して，そのような目標が不要であったアメリカではコミュニティとアソシエーションを区別する必要がなかったと考えている（池田 2011：176-177）。トクヴィルも，19世紀半ば頃までのアメリカでは開拓によって建設されてまもない町が多数存在したため，コミュニティとアソシエーションを質的に同種のものとすると考えていたと思われる。

(10) トクヴィルは，トマス・ア・ケンピスの『キリストにならいて』の翻訳が当時流行していたことについて，「このような本を読むことを心の糧にしている人は，わずかな個人的な徳を得るために，公共的な徳性を形成するあらゆるものを失うことになるだろう」と記している（Tocqueville 1977：328）。彼の重視した徳性は，宗教的なものではなく，有機的人間関係で育まれた公共的な道徳や規範であった。

(11) 松本礼二は《intérêt bien entendu》を「利益の正しい理解」と訳しているが，本章では「正しく理解された自己利益」という訳語を使用する。

(12) トクヴィルが，「正しく理解された自己利益」という概念を着想した背景には，イギリス功利主義の影響があると考えられている（Welch 2001：88-89）。トクヴィルは，ジャン・バティスト・セイの『政治経済学講義』で経済学を学んでいる（ジャルダン 1994：114）。『アメリカのデモクラシー』にはアダム・スミスの『国

富論』の冒頭に登場するピンの頭の話を参考にした記述がある（トクヴィル 2008：270）。また，彼は，ジョン・スチュアート・ミルやナッソー・シニアとも長く知的交流を保っていた。
⑬　本節の内容は，主として，本章の著者が行った政治思想学会第23回研究大会（2016年5月29日・名古屋大学）発表「政治哲学における『愛』に関する試論」を大幅に加筆修正したものである。
⑭　キティの邦訳書では《reciprocity》に「互恵性」という訳語が採用されているが，本章では表記の統一を図るために，「互酬性」という訳語を用いる。だが，キティの意図に合致するのは「互酬性」よりも「互恵性」という訳語であろう。
⑮　日本における体系的かつ本格的な研究の嚆矢は，岡野八代によるものである（岡野 2012）。今回はケアの倫理と市民社会論の関係について論じたが，岡野の研究はケアの倫理とフェミニズムの関係性を主題としている。ケアの倫理はフェミニズム研究の中から生まれてきたものであるため，リベラリズムの思想的系譜に位置しながらも，それと緊張関係にあるというフェミニズムの複雑な性格をケアの倫理も受け継いでいる。

参考文献

池田純一（2011）『ウェブ×ソーシャル×アメリカ――〈全球時代〉の構想力』講談社現代新書。
岡野八代（2012）『フェミニズムの政治学――ケアの倫理をグローバル社会へ』みすず書房。
キティ，エヴァ・フェダー／岡野八代・牟田和恵訳（2010）『愛の労働あるいは依存とケアの正義論』白澤社。
ジャルダン，アンドレ／大津真作訳（1994）『トクヴィル伝』晶文社。
テンニエス，F.／杉之原寿一訳（1957）『ゲマインシャフトとゲゼルシャフト――純粋社会学の基本概念（上・下）』岩波文庫。
トクヴィル，アレクシス・ド／小山勉訳（1998）『旧体制と大革命』ちくま学芸文庫。
トクヴィル，アレクシス・ド／松本礼二訳（2005）『アメリカのデモクラシー』（第1巻・下）岩波文庫。
トクヴィル，アレクシス・ド／松本礼二訳（2008）『アメリカのデモクラシー』（第2巻・上）岩波文庫。
パットナム，ロバート．D.／河田潤一訳（2001）『哲学する民主主義――伝統と改革の市民的構造』NTT出版。
パットナム，ロバート．D.／柴内康文訳（2006）『孤独なボウリング――米国コミュニティの崩壊と再生』柏書房。

バーバー，ベンジャミン．R./山口晃訳（2007）『〈私たち〉の場所——消費社会から市民社会をとりもどす』慶應義塾大学出版会．
ハーバーマス，ユルゲン／丸山高司・丸山徳治・厚東洋輔・森田数実・馬場采瑳江訳（1987）『コミュニケイション的行為の理論（下）』未來社．
福田歓一（1971）『近代政治原理成立史序説』岩波書店．
フランクリン／松本慎一・西川正身訳（2010）『フランクリン自伝』岩波文庫．
ベラー，ロバート．N./島薗進・中村圭志訳（1991）『心の習慣——アメリカ個人主義のゆくえ』みすず書房．
ポーコック，J. G. A./田中秀夫・奥田敬・森岡邦泰訳（2008）『マキアヴェリアン・モーメント——フィレンツェの政治思想と大西洋圏の共和主義の伝統』名古屋大学出版会．
マッキーヴァー，R. M./中久郎・松本通晴監訳（2009）『コミュニティ——社会学的研究：社会生活の性質と基本法則に関する一試論』ミネルヴァ書房．
山口定（2004）『市民社会論——歴史的遺産と新展開』有斐閣．
『聖書（新共同訳）』（1987）日本聖書協会．
Held, Virginia (2006) *The Ethics of Care: Personal, Political, and Global*, Oxford University Press.
Tocqueville, A. de (1977) *Œuvres completes XIII-2 [Correspondence d'Alexis de Tocqueville et de Louis de Kergorlay]*, Gallimard.
Tronto, Joan C. (1993) *Moral Boundaries: A Political Boundaries, A Political Argument for an Ethics of Care*, Routledge.
Tronto, Joan C. (2013) *Caring Democracy: Markets, Equality, and Justice*, New York University Press.
Warren, Mark E. (2001) *Democracy and Association*, Princeton University Press.
Welch, Cheryl (2001) *De Tocqueville*, Oxford University Press.

（杉本竜也）

第4章 不平等の罠と「中流」の消滅
―― ソーシャル・キャピタルのダークサイドと市民社会[1]

1 ソーシャル・キャピタルのダークサイド論[2]

(1) ソーシャル・キャピタルの定義

ソーシャル・キャピタル（以下，社会関係資本）を広義に捉えると，公共財・クラブ財・私的財の3領域が存在する。稲葉（2005）は，社会関係資本を「心の外部性を伴った信頼・規範・ネットワーク」と定義している。また，マクロかミクロか，認知的か構造的かというグロタルトら（Grootaert et al. 2002：343）の分類を借りて，一般的信頼（社会全般に対する信頼）を公共財としての社会関係資本として捉え，マクロでかつ認知的なものとして，図4-1の第1象限に位置づけている。

これに対し，純粋に個人のネットワークは，私的財としてミクロでかつ関係を図示できる構造的なものであり，図4-1左下の第3象限に位置づけている。加えて，特定化信頼（ある特定のグループ内における信頼）・規範は，グループ内では消費の排除性があるが競合性はないので，準公共財としてのクラブ財であるが，ミクロとマクロの中間のコミュニティレベルにあり，かつ認知的な側面と構造的な側面をあわせ持つので，中央に図示している。

社会関係資本は，市場を通じることなく，人々の行動に影響を与える側面が強く，外部性を持っている。この外部性は技術や教育のそれとは異なり，人々が認知して初めて意味を持つので「心の外部性」である。稲葉（2008）は社会関係資本の「心の外部性」の特徴として，①個人や企業の間の社会的文脈の中で成立していること，②社会関係資本において得られる外部性の質は，社会的文脈の中での，個人や企業の相対的位置に影響されること，③公害などの物理的な外部性と異なり認知的な能力に負うものであること，④心の外部性であるから，あえて市場に内部化しないことに価値があるケースが多いこと，⑤スピ

図4-1 社会関係資本の概念整理 ―― 3つの社会関係資本

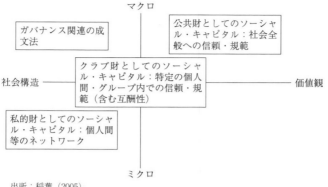

出所：稲葉 (2005)。

ル・オーバー効果が高いことを挙げている。

　通常，社会関係資本は正の外部性（外部経済）を中心に研究が行われてきたが，負の外部性も生じうる。負の外部性としては，上記の④が特に重要である。これは，金銭を払うとモチベーションがかえって失われるという，いわゆるundermining effect (Deci 1971) と関連している。社会関係資本の外部性の多くは，適切に市場へ内部化することができない。たとえば，満員電車で若者に席を譲られたお年寄りは，感謝のしるしとしてその若者にお金を支払うようなことはしない。また，会社で同僚から厚意を受けても，厚意のお返しに金銭を支払ったりはしないだろう。代わりに，将来，金銭とは違う形でその人や他の誰かに厚意を返すかもしれない。それが互酬性の規範である。また，会社の中に蓄積された暗黙知は，同僚間の互酬性の規範と信頼を反映する。一旦暗黙知を金銭の形にしてしまうと，それは容易に消え失せてしまう。undermining effectと異なるのは，社会関係資本の場合は個人だけではなく，コミュニティレベルも対象となること，また，正の外部性であったものが単に消滅するだけではなく，場合によっては負の外部性に変化してしまう点である。[3]

　本章では，まずこの社会関係資本の負の外部性を検討し，次にその経済的格差との関連について実証を試み，最後にその今日的意味を「中流」階層への影響に焦点を絞って検討していく。

（2）ダークサイド論の系譜
1）ローリーのソーシャル・キャピタル

　社会関係資本のダークサイドに関する指摘は，社会関係資本という概念が頻繁に用いられてきた1990年以前から存在していた。そもそも，経済学者のグレン・ローリーは，1977年に社会関係資本という概念を人種間所得格差の要因の一つとして用いたが，それは社会関係資本の負の外部性を論じたものであった。彼は『女性，マイノリティと雇用差別』と題する論文集に「人種間所得差の動態的理論」と題する論文を寄稿し，人種差別を撤廃すれば人種間の所得格差が解消するとする主流派労働経済学者の考えは，個人が置かれている家庭やコミュニティの状態（background）が労働者の技術習得に大きな影響を与えている事実を無視しているとして，以下のように結論づけている。

　　「自由社会では個人が自分の能力に応じたレベルまでのぼりつめるという実力主義的な考え（merit notion）は，たった一人で生きていける者は一人もいないという現実と矛盾している。…（中略）…つまり個人の成功は彼／彼女に内在する能力のみに依存するという，完全な機会の平等は達成不可能な虚構（impossible ideal）である。…（中略）…個人の社会的な出自（social origin）が自分自身へ投資できる資源量に明白なそして重要な影響を持つ。したがって，標準的な人的資本の取得を容易にする際の社会的地位の影響を表現するために"社会関係資本"の概念を用いることが有用かもしれない。計測の問題は大きいにしても，この概念は，個人の所得が，個人がコントロールできない社会的諸力によって説明される程度を研究者に考えさせるという利点を持っている。」（Loury 1977：176，筆者仮訳）

　つまり，ローリーは人的資本の形成に際して，個人の努力が及ばない，個人をとりまく社会経済環境の影響を表す概念として社会関係資本を提唱した。言い換えれば，彼は社会関係資本の偏在が格差を招来するという意味での社会関係資本のダークサイドを指摘している。

2）ポルテスとパットナム
　さらに，社会関係資本が盛んに議論され始めた1990年代半ば，Portes（1996）

は社会関係資本のダークサイドとして,公益に反する結託(conspiracies against the public),個人の自由と企業家精神への制約(restrictions on individual freedom and business initiative),人々を底辺にとどまらせようとする圧力(downward leveling pressures),の3点を挙げている。このうち,公益に反する結託とは,一部の人々がグループを作って公共事業を独占的に落札させたり,自分たちの私利のために公的なポストを悪用したりするケースであるが,Putnam(2000)もポルテスの「公益に反する結託」に関連した指摘を,序論で次のように展開している。(4)

> 「ネットワークと,それに付随する互酬性規範は,ネットワークの内部にいる人々にとっては一般的に有益であるが,社会関係資本の外部効果は常にプラスというわけでは全くない。…(中略)…都会のギャング,『ニンビー』(訳注:発電所,刑務所などの施設を『うちの裏庭にはつくるな』)運動,そしてパワーエリートたちはしばしば社会関係資本を濫用するが,その結果達成されたものは広い視点から見れば反社会的である。…(中略)…すなわち,社会関係資本が悪意を持った,反社会的な目的にもむけられうるのは,他のあらゆる資本と同様である…(中略)…。したがって,社会関係資本がもたらす正の影響―相互扶助,強力,信頼,制度の有効性―がいかに最大化され,派閥,自民族中心主義,汚職といった負の発現がいかに最小化されるかを検討することは重要である。」(Putnam 2000=2006:18-19)

また,日本における実証研究の嚆矢となった内閣府国民生活局編(2003)でも,すでに上記の議論を踏まえ,その負の側面として,①強力な結合型ソーシャル・キャピタルの持つ負の側面,②ソーシャル・キャピタルの蓄積が社会の中で偏在する可能性,③ソーシャル・キャピタルの悪用の恐れ,の3点を指摘している(内閣府国民生活局編 2003:23-24)。

このように,社会関係資本の論者はローリーから数えれば40年以上も前からその負の側面を指摘してきた。また,20年以上前に外部経済と外部不経済が同時に生じうること(グループ内のメンバーにとっては正の外部性でも,グループ外の

人々にとっては負の外部性が生じる）を指摘しており，日本でも2000年代当初から論じられていたが，社会関係資本の概念そのものが多岐にわたるため，そのダークサイドの整理は現在でも十分ではないように思われる。そこで本章では，社会関係資本の定義に立ち返って，その負の外部性について概念整理を行い，その発生を抑えるための具体的な対応策を考察する。

（3）多岐に渡るダークサイド論──先行研究の整理
1）ワーレンの「悪いソーシャル・キャピタル」

Warren（2008）は，『社会関係資本ハンドブック』に「悪い社会関係資本の特質と論理」と題する論考を発表している。同書では，まず社会関係資本を「個人が一人で達成できる水準を超える財を生む，協調的な行動（collective actions）の成果を伴う，意図した，または意図せざる，個人的な社会関係への投資」（Warren 2008：125）と定義し，社会関係資本の「資本」としての側面，したがって個人の投資を重視しているので，図4-1に示す私的財やクラブ財としての社会関係資本を念頭に置いている。ただし，ワーレンの定義によれば，「社会関係への個人の投資の外部性は，その社会関係への参加者には正だが，社会全般にとっては負でありうる」（Warren 2008：129）ケースということで，負の外部性はアクターの属する集団以外の世界にも及ぶ。

具体例として，コロンビアのアンティオキア地方，イタリアの政党システム，アメリカの富裕層を挙げている。コロンビアのアンティオキア地方は勤勉で家族を大切にし，ある種のピューリタニズムがあり，道徳観・倫理観が強く，質素で貯蓄に励むという気質があり，模範的な社会関係資本が存在するが，まさにそれが麻薬組織のメディリンカルテルの温床になったという。また，イタリア政党システムの腐敗に関わっている者のほとんどすべては，本来メンバー間の信頼と互酬性を大切にするフリーメーソンのメンバーだという。この他，アメリカでは富裕であればあるほど，また社会的地位が高ければ高いほど連帯するコネが多いので，教育へのアクセス，都市のゾーニング，ビジネス上の恩典を受ける場合などに格差が生じ，それが社会全般へ負の外部性を生じさせているという（Warren 2008：130-132）。

信頼については，すでにUslaner（2002）が社会全般への信頼を一般的信頼，

特定の個人などへの信頼を特定化信頼と呼んで区別しているが，ワーレンはこれを互酬性についても当てはめ，社会全般に対して報いる一般的互酬性と，特定の個人に対して報いる特定化互酬性という概念を導入している。さらに信頼については，その信頼関係に内在する利害関係が公に正当化できるか否かという観点を加えて，それが公に正当化できない時に負の外部性が生じるとしている。特定のメンバー間の信頼（特定化信頼）とその信頼関係に内在する利害が公に正当化できない場合（たとえば民族集団の利益誘導団体）に社会関係資本が社会全般からみれば好ましくない影響を持つ。さらに，社会全般への信頼（一般的信頼）の場合も，イタリアの政治家と財界のネットワークが腐敗を生むケースのように，その信頼関係に内在する利害が公に正当化できない場合は好ましくない外部性を生むこともあるとしている（表4-1）。

　互酬性については，一般的互酬性の方が人々の協力を生みやすく，特定の個人間の特定化互酬性はそのやり取りの中で，票の買収やキックバックなど，負の外部性を持つやり取り（exchange）の中で機能しているという。そのやり取りが公に正当化できるか否かという観点を加えてみると，表4-2のように，一般的互酬性は通常，そのやり取りが公に正当化できる場合は，具体的には利他性や公益心などの形態となって現れる。一方，特定化互酬性は公に正当化できる場合は，挨拶されたら挨拶を返すといった基本的な社交スキルに代表されるもので，望ましいが，特定化互酬性で公にそのやり取りを公表できないものが腐敗であるという（Warren 2008：138-139）。

　以上から，社会全般に対する一般的信頼と一般的互酬性は，公に正当化できる利害関係とやり取りを具現しているものは，負の社会関係資本になりにくい。逆にいえば，特定の個人間の信頼や互酬性である特定化信頼と特定化互酬性は，公に正当化できない利害関係ややり取りの下では，負の社会関係資本になる可能性が高い（Warren 2008：141）。このワーレンの議論を本章の冒頭に示した稲葉の定義に当てはめると，図4-1の公共財としての社会関係資本は，基本的には負の社会関係資本になりにくいということであろう。

　ワーレンの社会関係資本の定義は物的資本のアナロジーであるので，ネットワーク内の個人にはそれに参加することによって必ず正のリターンが生じ，負の外部性はネットワーク外で生じる。彼によれば「グループにとって自分たち

第4章　不平等の罠と「中流」の消滅

表4-1　ワーレンによる悪い社会関係資本——信頼

信頼関係に埋め込まれた信任の一般性	信頼関係に内在する利害を公に正当化できるか	
	できない	できる
特定化	セグメント化された結束型社会関係資本（民族集団の利益誘導団体など）	結束型社会関係資本
一般的	排他的な橋渡し型社会関係資本（イタリアの政治・財界の腐敗ネットワーク）	内包型の橋渡し型社会関係資本

出所：Warren（2008：138）．

表4-2　ワーレンによる悪い社会関係資本——互酬性の規範

互酬性の規範	やりとりが公に正当化できるか	
	できない	できる
特定化	腐敗したやりとり	基本的な社交スキル，市場における交換
一般的	—	利他性・公益心

出所：Warren（2008：139）．

の活動の負担を他人へ外部化することがどの位容易であるかを決定づけるのは，権力と資源の分布である」ので，「負の外部性を生む社会関係資本は不平等な関係（context）の中で生じがちである」（Warren 2008：142）として，次のように述べている。

　「平等主義下の関係（context）では，一般的互酬性は誰もが利益を得る協力を創り出すが，特定化互酬性は社会交流の基本的な接着剤として機能する。しかし，平等主義的でない関係においては，互酬性はより資源をもった人々の手に蓄積される権力（obligations）を生じさせる可能性がある。これらの権力は，忠誠をより強固にしたり，助け合いの行為をより確固なものにするために用いられる。これらの権力は，力の基盤であり，互酬性が一般的か特定化しているかによって，温情主義的なコミュニティか恩顧主義か，政治的腐敗，その他の搾取的ないしは排他的関係となる。」（Warren 2008：142，筆者仮訳）

さらにワーレンによれば，互酬性を平等主義的な関係からみると，より平等

表4-3 ワーレンの悪い社会関係資本
　　　　――権力の分布からの分類

権力の分布	互酬性	
	特定化	一般的
より平等	手段としての交換 互酬性を認識	内包的な協力 橋渡し型社会関係資本
より不平等	恩顧主義，腐敗	温情主義的 コミュニティ

出所：Warren（2008：139）．

主義的な関係の中では特定化互酬性は手段としての交換であり，一般的互酬性は内包的な協力であり，橋渡し型社会関係資本であるという。しかし，平等主義的でない関係の中では，特定化互酬性は恩顧主義や腐敗であり，一般的信頼は温情主義的なコミュニティにつながるとしている（表4-3）。

こうした観点から，ワーレンは政治，経済，文化の3つの分野で社会関係資本が持つ負の潜在性が顕在化するのを防ぐ方策として，以下の3点を挙げている。

・政治における分権化（empowerment）と言論の自由（voice）
・経済的な分配では，生活の糧を得ることができる複数の安定した収入源
・文化的には，コールマンのいう「閉鎖性」（closure）が義務の双務化（symmetry of obligations）を促し，負の外部性を減らす

また，理論的には，より政治的・経済的・文化的に民主主義的な方が，負の潜在性を持った社会関係資本が負の外部性を発生させる可能性を減らすとして，社会関係資本が good か bad かは，民主主義の程度に依存すると述べている（Warren 2008：142-143）。つまり，社会関係資本の負の外部性は政治体制・機構を民主化することによって緩和することができるとしており，これは Putnam（2000）の自由な市民活動が一般的信頼を醸成するという考えの延長線上にあると理解できよう。[5]

2）アスレイナーの不平等の罠

アスレイナーは経済的不平等・信頼・腐敗の三者間の関係を論じている

(Uslaner 2008)。彼によれば，腐敗は経済的不平等に起因する。経済的不平等が，グループ内の結束型社会関係資本を強化し，グループ外に対しては何をやっても良いという負の外部性を発生させる。また，経済的に不利な立場に置かれている人々は政治的ボスに助けを求めるが，彼らは利益誘導集団を形成し，腐敗に走る。不平等が存在すると，人々は自分達の仲間内だけを信頼（特定化信頼）し，自分達のグループ外の人々は信頼しなくなり，社会全般に対する一般的信頼が壊れる。それどころか，グループ外の人々を騙すことにさえ道徳的痛痒を感じなくなる。そして，またさらに腐敗が不平等を拡大させる。つまり，不平等→特定化信頼の強化→一般的信頼の喪失→腐敗→不平等の一層拡大，という「不平等の罠」が生まれる（Uslaner 2008：26-31）。アスレイナーの「不平等の罠」の実証は，本章の次節でより詳しく検討するが，彼の64カ国のクロスカントリーデータによる実証研究では，「不平等の罠」の存在をうかがわせる結果を得ているが，個別の国内のデータ，たとえばアメリカの州別のデータでは必ずしもその存在を十分立証する結果は得られていないとしている（Putnam 2000：220-224）[(6)]。

具体的な対策として，アスレイナーは腐敗の抑制策として，高等教育も含めた教育の無料化（ユニバーサル・エデュケーション）や所得格差の是正が有効だとしている。

3）アダマンらの当事者が腐敗と意識しない腐敗

Adaman et al.（2014）は，上記のアスレイナーがいう腐敗は，当事者が腐敗であると認識しているが，当事者が腐敗であると認識せずに結果的に公益に反する腐敗があると指摘している。彼らはアスレイナーの腐敗をタイプⅠとして，それとは別に，当事者が罪の意識なしに犯すものをタイプⅡの腐敗としている。たとえば，コミュニティの一員としての意識が高い官吏は，自分の属するコミュニティの構成員からの要望を優先して対応しているかもしれない。この場合，その官吏にとっては，それは当たり前のことと捉えており，賄賂を受け取るわけでもないので誤った行為とは意識していない。しかし，これは明らかに公務員の中立性に反する。コミュニティへの帰属意識が，本人が意識しないうちに誤った行為をさせてしまう。

「ここで我々が紹介しているのは，（金銭などのやりとりを伴い当事者が不法と認識している腐敗とは）別のタイプの腐敗であり，ある種の互恵的な関係が極めて自然なもので，かつ，コミュニタリアン的な絆の精神に沿ったものと受け取られているが，社会全体の厚生を犠牲にしている，罪の意識が欠如している形態（gestalt）であり，腐敗を特定するのが極めて困難である。」(Adaman et al. 2014：90，筆者仮訳，括弧内は筆者追記)

4）グラエフの規範からのダークサイド論

　一般的に社会関係資本論では，規範（norms）といえば互酬性の規範を指しており，社会関係資本に含めて議論されているが，Graeff（2009）は，それとは別に，規範は社会関係資本の負の外部性の結果生じるとし，次のように述べている。

　「社会的調整メカニズムとして，アクターが市場ないしは交渉活動をとおして外部性を排除できないとき規範が生じる。行政上のガイドラインを例とすれば，それが必要以上に行政プロセスをより複雑なものとし，公務員と市民に外部性を生じさせるとき，この外部性を克服するために，公務員と市民がその行政上の煩雑さを減じる方策を見出すかもしれない。もし，こうした逸脱が定期的に生じ，人々がガイドラインに従うことを他の人々に強要するとき，規範が生まれる。」(Graeff 2009：145，筆者仮訳)。

　加えて，社会関係資本に関連した規範は，他者を規制してある種の行動を容易にするものであるから，どのような状況でも常に肯定的なものとは限らないとして，この他者を抑える犠牲の上に行動をすることが社会関係資本のダークサイドだと指摘している（Graeff 2009：146）。
　また，他者を抑える過程でフリーライダー問題が生じるが，このための強い社会的コントロールが必要になり，個人の自由が押さえつけられる。また，あるグループが他のグループと競合している時も，個人の特性が押さえ込まれ低い水準で平準化され，かつ構成員がグループに依存するようになるという弊害を指摘している（Graeff 2009：147-148）[7]。さらに，レントシーキングやロビイン

グ団体が生まれ、彼らの社会関係資本は、大衆に犠牲を課す負の社会的な影響を持つ。

つまり、社会関係資本のダークサイドとして、他者の排除、規範の強制があるが、グラエフはこれらへの対応策として、モニタリングだけではなくプロセスの透明化、他者を含めたグループで活動すること、反腐敗行動規範を作ること、規則順守のためのインセンティブを提供することなどを挙げている（Graeff 2009：156-157）。

5）ブルデューとフィールドのソーシャル・キャピタルによる格差拡大の弊害

この他、社会関係資本のダークサイドとして、社会関係資本が物的資本や人的資本同様偏在している点を捉え、それが不平等を拡大させる点を指摘する論者もいる。社会関係資本が偏在していれば、格差の拡大という負の外部性を伴う事象をもたらす可能性が高い。ピエール・ブルデューは、ファビアン・エロイルによれば1980年に仏語の研究ノート（notes provisoires）として社会関係資本を論じていた（Eloire 2014：174-75）とのことであるが、その6年後の論考では、社会関係資本は経済資本に特定の状況下で変換可能としているので、経済資本同様偏在することを前提にしていた（Bourdieu 1986）。

Field（2003）はこの社会関係資本の偏在を指摘して、次のように述べている。

「社会関係資本は、異なったタイプのネットワークへのアクセスは極めて不平等に配分されているため、不平等を助長しうる。誰もが、自分のコネを自らの利益のために用いることができるが、一部の人々のコネは他の人々のコネより価値が高い。」（Field 2003：74）

かつ、格差を助長するだけではなく、「より強力なグループは、より弱いグループの社会関係資本を制限したり、あるいは葬り去ることを試みたりすることもできる。これは19世紀のいくつかの温情主義的産業コミュニティで典型的雇用者戦略であった」（Field 2003：74）という。

（4）先行研究の批判的検討に基づく筆者の外部性からの論点

いわゆる社会関係資本のダークサイドに関する先行研究を概観したが、その

議論はあまりに多岐にわたり，整理が必要であろう。社会関係資本のダークサイドの詳細な分析は重要であるが，その分析は段階を追って整合性をもって行うべきである。以下では先行研究を批判的に検討し，社会関係資本の定義に立ち返って，そのダークサイドを扱う4つの基本的な切り口の提供を試みる。4つの切り口とは，①すべてのクラブ財が潜在的に負の外部性を持つこと，②クラブ財がそのメンバーに与える負の外部性，③正の外部性の市場への内部化に伴って発生する負の外部性，そして④公共財としての社会関係資本の，クラブ財・私的財としての社会関係資本の負の外部性による毀損，である。

1）すべてのクラブ財が潜在的に負の外部性を持つ

何らかのグループや組織を形成することによって生じるクラブ財としての社会関係資本，たとえば自治会や，ボランティアグループなどの社会的に正当な目的を持ち公益に資すると評価される組織の中で形成される社会関係資本でも，クラブ財は基本的にそのグループに参加していない者を排除するものであるから，潜在的に負の外部性を持つ。たとえ意識されていなくても，特定のグループに参加して形成されるクラブ財としての社会関係資本は，そのグループに参加していない人々には負の外部性を生じさせる可能性がある。つまり，黒人差別を目的とするKKKや反社会的勢力でなくとも，団体や組織，個人のグループはメンバー外の人々や組織に潜在的に負の外部性を発生させる可能性を常に保持している。

換言すれば，本来メンバー間の意志疎通や交流を促進する目的を持ったグループが，メンバー以外の他者を排除する組織に変質する可能性が常にあり，その意味で潜在的に負の外部性を生じさせる力を常に持っている。したがって，結束型の閉じた組織だけではなく，外部に開かれた橋渡し型のネットワークに依拠していても，常に目的に応じて閉じた組織として運営することは可能であり，その際に他者を排除する過程が負の外部性を発生させることになる。

2）クラブ財がそのメンバーに与える負の外部性

上記はクラブ財がメンバー外に負の外部性を持つ可能性を論じたものだが，クラブ財がメンバー自身へ負の外部性を持つ場合もある。

たとえば，前述のワーレンの議論は，社会関係資本を物理的な投資と同等に定義しているため，ネットワークの参加者には必ず正の外部性が生じると考え

第4章　不平等の罠と「中流」の消滅

ている。つまり，社会関係資本の負の外部性は必ずネットワーク外の者に生じることになる。しかし，ネットワークへの参加者にも負の外部性が生じるケースがある。いわゆる「しがらみ」が持つ負の外部性は，それが悪いことであることを知り，かつ個人的には不本意であっても，つまり個人的には参加者に負の外部性を生じていてもそのネットワークに参加せざるを得ない。組織に属した個人に問題が生じた場合の対応として，意見を述べて対応を求める（Voice）かやめるか（Exit）の2つが考えられるが，現実には沈黙（Silence）し意にそぐわなくとも組織の指示に従うという対応もありうる。

　この「しがらみ」には，地縁・血縁的な生来の事情で参加しているネットワークのケースと，企業における不正行為への参加のように，通常は健全なネットワークがある事柄については負の外部性を生じさせる場合の2つが考えられる。ジプシーの窃盗団のメンバーの中には個人的には本意ではなく，個人的に負の外部性が生じていても窃盗を働かざるを得ないネットワークに生来置かれている者もいるかもしれない。一方，談合に参加する企業担当者は，個人的には不本意であってもその企業の社員という社会的ネットワークに参加した以上，個人的に負の外部性が生じていても談合に参加せざるを得ない。ただし，この場合も当該ネットワークの外にいる個人には外部不経済が生じる点は，ワーレンの指摘通りである。

　このほか，ワーレンは民主主義が社会関係資本のダークサイドを減じると論じているが，「しがらみ」はどのような制度の下でも発生する可能性がある。たとえば，民主主義の下でも，議員は有権者に便宜を図るように仕向ける「しがらみ」がある。小選挙区制の下では，ワーレンのいう特定化互酬性の規範が生じやすく，この「しがらみ」の持つダークサイドは比例代表制などよりも，より顕在化する可能性が高い。

　なお，表4-1・2に示されるように，ワーレンは公に正当化できるか否かの観点から信頼と互酬性が好ましいか否かの分類を試みているが，そもそも公に正当化できないやり取りや利害は負の外部性を伴うものであり，この分類はトートロジーであろう。

3）正の外部性の市場への内部化に伴って発生する負の外部性

　先行研究でみたように，社会関係資本のダークサイドには，社会関係資本の

悪用がしばしば挙げられる。しかし，ブルデューが社会関係資本を経済資本と変換可能な資本とみなした議論を受け入れれば，本来，社会関係資本が経済資本と同様に良い目的にも悪い目的にも利用できるのは，そもそも社会関係資本のダークサイドではない。経済資本もいくらでも公益に反する利用法がありうるし，それは社会関係資本も同様である。

　また，一般には，ワーレンのいう「社会関係への個人の投資の外部性は，その社会関係への参加者には正だが，社会全体にとっては負でありうる」という考え方が多い。この考えはネットワーク全体を対象としているもので，現実の世界の不祥事は個々人の行動によって生じるものが多く，ネットワーク内の個人によって引き起こされる不祥事については説明できない。いわゆる，個人や組織による社会関係資本の悪用をどう扱うかという問題である。ワーレンらの論理では，これは個人によるネットワークの悪用であって社会関係資本のダークサイドではない。しかし，個人による「コネの利用」や組織による「談合」などは現実の世界では明らかに社会関係資本のダークサイドとして捉えられている。そこで，以下ではこの個人や組織によって引き起こされる不祥事をいかに社会関係資本の論点に含めるかを考察したい。

　冒頭で，社会関係資本の持つ「心の外部性」の特徴として5つ挙げたが，その中で，第4の点，市場に内部化しないことに価値があるということは，個人によって引き起こされる不祥事を社会関係資本のダークサイドとして考察する際に重要である。通常，外部性は制度的工夫により市場に内部化できる。公害なら，排出者に課税するか，補助金を出してやめさせるかの施策がある。公園の隣に住む人が享受する外部経済は，地価の上昇で一部内部化できる。いずれにしても市場に内部化させる対応が可能であり，かつ資源配分の効率性の観点からも妥当である。しかし，社会関係資本における外部性は，「心の外部性」だからこそ，多くの場合は内部化しないことに大きな価値がある。社会関係資本の外部性は，市場で内部化してしまうと人の心を踏みにじることになり，社会関係資本そのものを毀損させてしまう可能性が高い。したがって，社会関係資本における外部性は市場に内部化はできるが，むしろ市場を補完するものとして内部化しない方がその社会的価値を維持できるケースがある。[10]

　この点を社会関係資本のダークサイドに当てはめて考えてみると，通常は健

全な社会関係資本が持つ正の外部性を，個人や組織が私利のために内部化しようとすると，社会全般に対しては負の外部性を発生させる，とみることができる。職場のネットワークを利用して試験や昇格で（ネットワーク外の人々の犠牲の上で）特別扱いを受ける。大分県教育委員会では職場のネットワークを利用して，自らの子弟や知り合いの子弟に便宜を図ったり，昇格に便宜を図ったりしていた。[11] また，経営者は社内のネットワークの外部性を私的に内部化して利益を図ることもできる。アメリカのエンロン社では，健全な社内のネットワークを利用して，経営者は従業員には自社株の購入を勧める一方で，自分たちは売り抜けていた。[12] これらは個人が私的にネットワークの外部性を内部化しようとするものだが，個人だけではなく，組織も同様である。本来は業界の親睦を目的とする組織を談合に用いたケースである。いずれも本来正の外部性を持ち，市場に内部化しなくとも協調的行動を促す性質があるネットワークを個人や組織の私利を図るために内部化しようとすると，社会全般には負の外部性が発生する。

4）個人・組織のソーシャル・キャピタルが社会全般のソーシャル・キャピタルを毀損する

公共財としての社会関係資本は負の外部性を発生させないが，クラブ財や私的財としての社会関係資本の負の外部性により毀損する。クラブ財としての社会関係資本に他者の排除性があれば，排除の対象となった個人や組織の反発を招き，社会が分断され，社会全般への信頼（公共財としての社会関係資本）は毀損する。個人や組織レベルの社会関係資本が，社会全般の社会関係資本を壊す。社会関係資本が社会関係資本を壊すのである。

（5）加害者・被害者別に見た負の外部性

第3項で社会関係資本のダークサイドに関する先行研究を紹介し，第4項でその批判的検討を行ったが，本項では表4-4に示した稲葉の社会関係資本の分類と社会関係資本の外部性の2つの観点から分類を呈示したい。まず，前項の議論を負の外部性の出し手（加害者＝発生源）と受け手（被害者）との関係から整理する。冒頭の社会関係資本の定義（図4-1）で，社会関係資本の3つのレベル（ミクロ，メゾ，マクロ）における，3つの財（私的財，クラブ財，公共財）

表4-4 出し手（加害者）と受け手（被害者）から見た社会関係資本の負の外部性

負の外部性の種類	発生源（加害者）	具体的内容	原因となる社会関係資本の種類	被害者	毀損する社会関係資本
反社会的活動	グループ	目的と活動内容が公益に反する，暴力団など	クラブ財	マクロの国民	一般的信頼
しがらみ	グループ	目的と活動内容が公益に反し，やめたいのに辞められない。	クラブ財	マクロの国民，グループ外の人々	一般的信頼，一般的互酬性，他者のネットワーク
			クラブ財	グループのメンバー	―
社会関係資本の外部性の内部化	個人	コネの悪用	私的財	マクロの国民	一般的信頼
	グループ	グループ内のネットワークの濫用（意識的）談合	クラブ財	マクロの国民，グループ外の人々	一般的信頼，一般的互酬性
		グループ内ネットワークの濫用（無意識）公務を通じた知人へのちょっとした便宜の無償提供	コミュニティの一員としてのクラブ財	マクロの国民，グループ外の人々	一般的信頼
社会関係資本の偏在	個人	孤立（ネットワークが作れない）社会的孤立，引きこもり	クラブ財	個人，国民	社会関係資本全般
	グループ	グループ外の人々を疎外，村八分	クラブ財		

を包含している概念とした。現実にはメゾレベルは家庭，学級，学校，職場，居住している地域，などさらに無数のグループに分けることができるが，ここでは議論の簡略化のため，グループと一括りにしている。加害者は個人，メゾレベルのグループが考えられ，被害については，被害者と負の影響を受ける社会関係資本が考えられるので，表4-4の行には負の外部性の内容と加害者，列には被害者と被害を受ける社会関係資本の種類を掲げている。

　要するに，社会関係資本のダークサイドは，以下の3つにまとめることができる。

　第1に，基本的にクラブ財の持つ排除性の弊害であり，その影響が公共財である一般的信頼や一般的互酬性を毀損するから好ましくない。第2に，クラブ

財として社会関係資本を形成するグループや組織のメンバーにも負の外部性が発生する。第3に、社会関係資本の悪用が経済的資本のそれと異なるのは、社会関係資本の正の外部性を個人や組織が私利のために内部化して、社会全体の公益を犯す負の外部性を生じさせるからである。しかも、第3の社会関係資本の悪用は、社会を分断し社会全体の信頼（一般的信頼）を壊す可能性がある。

（6）負の外部性を制御する施策

社会関係資本のダークサイドとして、従来認識されてこなかったクラブ財としての社会関係資本が、潜在的にはメンバー以外の人々や組織に負の外部性を生じさせる可能性を指摘し、さらに「しがらみ――クラブ財のメンバーや個人的なネットワークを構築している個人に生じる負の外部性」と「ネットワークの外部性を私利のために個人的に内部化する際に発生する負の外部性」、また、そうした「負の外部性が公共財としての社会関係資本を壊す」、の4点に分けて議論の整理を試みた。

先行研究からみると、これらの社会関係資本のダークサイドに対する対応策は、ワーレンによれば権力などの平等な分配、アスレイナーによれば経済的格差の縮小ということになるだろう。しかし、フィールドらによれば、クラブ財としてネットワークは必然的に他者の排除を伴い、社会関係資本の偏在自体が経済的格差を助長しかねないので、社会的弱者の社会参加を促進するネットワーク作りも行政の課題である。

一般に、公共財としての社会全般に対する一般的信頼やワーレンのいう社会全般に対する一般的互酬性は、「しがらみ」や「ネットワークの外部性の私的内部化」の弊害を緩和することが予測されるが、この経路のもう少し詳細な検討、特に上記の議論が格差の拡大や民主主義との関連などの大きなマクロ的文脈とどう結びつくかについて、以下でみていきたい。

2　ダークサイドはなぜ生じるのか[13]
――「2013年社会関係資本全国調査」からの実証

潜在的にすべてのクラブ財としての社会関係資本は、負の外部性を生じさせる可能性があることを規範的に論じてきたが、現実にはどのような経路でこの

プロセスが生じるのであろうか。先行研究からみると，グラエフ，フィールド，アスレイナー，ワーレン，いずれも経済的不平等が存在するときに社会関係資本のダークサイド，つまり負の外部性が生じるとしており，特にアスレイナーは「不平等の罠」について実証を試みている。そこで本節では，「不平等の罠」が日本でもみられるかを検証する。

（1）2013年社会関係資本調査の概要

　筆者は2013年10月中旬から11月初旬にかけて，郵送法により「暮らしの安心・信頼・社会参加に関するアンケート調査」を実施した。本調査は，信頼，規範，ネットワークなどの社会関係資本を調査対象としている。全国21大都市，その他の市町村から100地点を無作為抽出し，20歳から79歳までの住民を母集団とし，各地点の住民基本台帳から無作為に各地点100人，計1万人を抽出して調査票を郵送し，3,575票の有効回答（回答率35.8％）を得た。本節ではこの調査データに基づき，青山学院大学の西川雅史教授が総務省の納税データから作成した市町村別所得ジニ係数データを用いて，社会関係資本を通してみた所得格差と腐敗の代理変数としての4つの不正許容度（国の年金・医療給付の不正申請，公共交通機関の料金をごまかす，脱税，収賄）との関連を検討する。

（2）アスレイナーの「不平等の罠」と本研究の仮説

　Putnam（2000）は不正を許容しないという規範は，信頼と密接に関連しているとして，次のように述べている。

> 「コミュニティ生活において積極的な人々は（プライベートにおいてさえも）税金，保険金請求，銀行ローン申請や就職願書における不正を大目に見ることが少ない。反対に，実験心理学者の知見では，他者が正直であると信じる人ほど，自身が嘘をついたり，ごまかしたり，盗むようなことが少なく，他者の権利に敬意を払う傾向が高いことが示されている。その意味で，誠実性，市民参加，そして社会的信頼は，相互に強化しあっている。」（Putnam 2000＝2006：159-160）

　「現代社会は，ただ乗りとご都合主義の機会に満ちあふれている。民主

第4章　不平等の罠と「中流」の消滅

図4-2　アスレイナーの「不平等の罠」

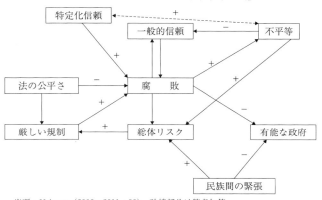

出所：Uslaner（2008＝2011：99），破線部分は筆者加筆。

主義は，市民が無私の聖人たることを必要とはしないが，適度な仕方で，大半の人々が多く瞬間において不正の誘惑に抵抗することを仮定している。ますます増加する証拠が示唆しているのは，社会関係資本が，われわれのより良い，拡張的な自己を強化するということである。」（Putnam 2000＝2016：430）

Uslaner（2008）はさらに踏み込んで，「教育のより高い人々は，他人を信じる可能性がより高い。そして，信頼は腐敗の減少につながる」（Uslaner 2008＝2011：350）と述べている。さらに前節で紹介したように，同書では不平等の悪影響を指摘している。「不平等が存在すると，人々は自分たちの仲間内だけを信頼し，自分たちのグループ外の人々を信頼しなくなり，社会全般に対する信頼である一般的信頼が壊れる。それどころか，グループ外の人々を騙すことにさえ道徳的痛痒を感じなくなる。そしてさらに，腐敗が不平等を拡大させる。つまり，不平等→信頼の喪失→不平等の一層の拡大，という『不平等の罠』が生まれる」（Uslaner 2008＝2011：367）。

アスレイナーはより具体的に図4-2に示すようなモデル（Uslaner 2008＝2011：99）を呈示し，クロスカントリーデータを用いて，腐敗，信頼，規制，不平等，総体リスク，政府の有能さの6つの変数の同時決定モデルを推計して

115

いる。なお同書では，不平等が一般的信頼を壊すだけでなく，「不平等が存在すると，人々は自分たちの仲間内だけを信頼し，自分たちのグループ外の人々を信頼しなくなり」と述べているように，仲間内の特定化信頼を強化する関係が指摘されているが，原書の図では反映されていないので，図4-2では，不平等が一般的信頼だけではなく，特定化信頼にも影響を与えると修正している。なお，アスレイナーの分析では「腐敗」はトランスペアレンシー・インターナショナル（TI）が毎年発表しているTI腐敗指数に主に依拠している。

　以下では，日本の地方自治体レベルにおいて，この「アスレイナーの不平等の罠仮説」が成立するか否かを検証する。なお，アスレイナーの分析はクロスカントリーデータによる国別比較によるものであり，本節は日本国内の市町村レベルの分析であるため，図4-2に示したモデルを図4-3のモデルに修正した。修正点は次のとおりである。

① 日本国内を対象とするため，「民族間の緊張」「厳しい規制」「法の公平さ」などの国レベルの変数は除外する。
② 国レベルの腐敗を示すTI腐敗指数に対応する日本の地方自治体レベルでの腐敗の程度を示す適切な指標は見出せないため，腐敗に代わり筆者が実施した全国調査による4つの不正許容度についての調査結果を用いる。「資格がないのに国の年金や医療給付などを要求する」「公共交通機関の料金をごまかす」「脱税する」「仕事に関してワイロを受け取る」の4問である。なお，Uslaner（2008：14）では，Heidenheimer（2002）を援用し，腐敗には「些細な（petty）腐敗」，「日常化した（routine）腐敗」，「悪質な（aggravated）腐敗」の3つのタイプがあるとしている。この分類にしたがえば，「資格がないのに国の年金や医療給付などを要求する」は「日常化した腐敗」「公共交通機関の料金をごまかす」は「些細な腐敗」「脱税する」「仕事に関してワイロを受け取る」は「悪質な腐敗」について，それぞれ問うていることになろう。
③ 「有能な政府」の代理変数として市町村別住民1人当たり借入金額（地方債残高）を用いる。

第4章 不平等の罠と「中流」の消滅

図4-3 アスレイナーの「不平等の罠仮説」の日本版仮説

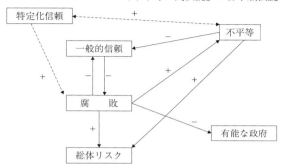

出所：Uslaner（2008＝2011：99）を基に筆者作成。

以上をまとめると、本節における仮説は以下の通りである。

仮説1：経済的不平等は一般的信頼を毀損するが、仲間内の特定化信頼は強化する。
仮説2：一般的信頼が高い者は不正を認めない傾向が高い。
仮説3：特定化信頼が高い者は不正を認める傾向が高い。
仮説4：構造的社会関係資本（団体参加、近所づきあいなど）が高い者は不正を認めない傾向が高い。
仮説5：不正許容度が高まると地方自治体の住民一人当たり借金額（地方債残高）でみた有能度が低下する。

要するに、不平等は社会全般への一般的信頼を毀損するが、その一方で仲間内の特定化信頼は強化され、その結果、不正許容度でみた腐敗が高まり、市町村別住民一人当たり借入金額でみた「有能」度は低下する、という仮説である。

（3）仮説の検証
1）データ

本調査では、一般的信頼（一般的に人は信頼できるか）、一般的互酬性（人を助ければいずれ誰かが助けてくれる）、特定化信頼（近所の人々への信頼、家族への信頼、親戚への信頼、友人・知人への信頼、職場の同僚への信頼）、特定化互酬性（人を助け

ればいずれその人から助けてもらえる），近所づきあいの程度と頻度，近所づきあいの人数，友人・知人とのつきあいの頻度，親戚とのつきあいの頻度，職場の同僚とのつきあいの頻度，地縁的活動への参加，スポーツ・趣味・娯楽活動への参加，ボランティア・NPO等活動への参加，その他の活動（政治団体，宗教団体を含む）への参加，の17項目を社会関係資本の構成要素として尋ねている。

不正許容度については，「資格がないのに国の年金や医療給付などを要求する」「公共交通機関の料金をごまかす」「脱税する」「仕事に関してワイロを受け取る」の4問について，「認められない」から「認められる」を10段階で尋ねている。

所得格差を示す変数としては，地域ごとのジニ係数と平均所得を用いた。ジニ係数と平均所得は，前述の西川氏が作成した市町村別データである。

分析手法は次項で述べるように，個人レベルの社会関係資本の影響を検討するためのカテゴリカル回帰分析と，コミュニティレベルの社会関係資本の影響を検討するためのマルチレベルロジスティック回帰分析の二つから成っている。前者は基本的にローデータを用いるが，後者は主に2値化したデータを用いて分析する。このほか，「有能な政府」の代理変数として市町村別住民一人当たり借入金額（地方債残高）の算出は，人口は「平成22年国勢調査」，地方債残高は総務省「平成24年度市町村別決算状況調査」に依拠している。

なお，本調査の内容・形式については，日本大学医学部倫理委員会の審査を受審し，承認を得ている[18]。

2）分析手法

本調査のデータを用いて，①個人レベルのデータを用いたカテゴリカル回帰分析[19]，と②地域レベルの2段階で社会関係資本と不正許容度との関連を検証するマルチレベルロジット回帰分析を行った[20]。

（4）分析結果

1）個人レベルのソーシャル・キャピタルと腐敗

個人レベルのデータによる不正許容度4項目をそれぞれ被説明変数として，社会関係資本を構成する17項目と回答者の属性（性別，年齢，職業，居住年数，最終学歴，配偶者，等価所得，ジニ係数）を説明変数としたカテゴリカル回帰分析

第4章　不平等の罠と「中流」の消滅

表4-5　回答者属性・個人レベルの社会関係資本構成17項目と不正許容度のカテゴリカル回帰分析

	資格がないのに国の年金や医療給付などを要求すること(日常化した腐敗)標準化係数（F値）	公共交通機関の料金をごまかすこと(些細な腐敗)標準化係数（F値）	脱税する(悪質な腐敗)標準化係数（F値）	仕事に関して賄賂を受け取ること(悪質な腐敗)標準化係数（F値）
性　別	−0.066 *** (6.702)	−0.058 ** (5.444)	−0.092 *** (10.714)	−0.118 *** (12.784)
年　齢	−0.109 *** (7.055)	−0.128 *** (5.363)	0.025 (0.142)	−0.098 *** (4.149)
職　業	0.032 (1.38)	0.067 *** (6.326)	0.087 *** (11.835)	0.090 *** (13.481)
居住年数	0.024 (0.275)	0.048 (1.405)	0.021 (0.319)	−0.045 (0.406)
最終学歴	0.049 *** (6.761)	0.081 *** (7.671)	0.066 *** (6.994)	0.064 *** (4.441)
配偶者	0.075 ** (3.184)	−0.033 (0.606)	0.054 (1.067)	0.035 (1.892)
等価所得	0.000 (0)	0.018 (0.545)	−0.001 (0.004)	0.026 (1.213)
ジニ係数	0.000 (0)	0.026 (1.509)	0.024 (0.915)	0.024 (1.014)
一般的信頼	−0.032 (0.536)	0.059 *** (5.092)	0.037 (1.477)	0.044 (1.625)
特定化互酬性	−0.015 (0.309)	−0.042 * (2.544)	−0.042 (1.147)	−0.035 (1.159)
一般的互酬性	−0.059 * (3.209)	−0.047 (1.137)	−0.030 (1.249)	−0.035 (1.749)
近所づきあいの頻度	0.052 ** (3.116)	0.055 ** (2.665)	0.016 (0.128)	0.037 (1.456)
近所づきあいの人数	0.025 (0.473)	0.053 ** (3.861)	0.053 ** (3.019)	0.047 ** (2.407)
友人・知人とのつきあい	−0.033 (0.743)	−0.017 (0.12)	−0.022 (0.257)	−0.024 (0.569)
親戚とのつきあい	−0.033 (0.548)	−0.023 (0.404)	−0.022 (0.3)	−0.017 (0.219)
職場の同僚とのつきあい	−0.049 (1.76)	−0.041 (1.233)	−0.027 (0.335)	−0.066 * (2.394)
団体参加 地縁的活動	0.045 (1.349)	−0.033 (0.541)	0.020 (0.163)	−0.057 (1.408)
団体参加 スポーツ・趣味・娯楽活動	0.019 (0.185)	−0.024 (0.517)	0.034 (0.911)	0.040 (1.762)
団体参加 ボランティア・NPO等の活動	−0.070 *** (3.825)	−0.025 (0.384)	−0.022 (0.345)	0.029 (0.46)
団体参加 その他の活動	−0.037 * (2.293)	−0.014 (0.156)	−0.022 (0.354)	−0.008 (0.045)
特定化信頼 近所の人々	−0.062 *** (5.474)	−0.036 (0.55)	0.019 (0.216)	−0.020 (0.195)
特定化信頼 家族	0.075 *** (9.119)	0.075 *** (5.475)	0.050 (1.651)	0.062 * (2.477)
特定化信頼 親戚	0.030 (0.601)	0.033 (0.523)	0.044 (0.729)	−0.007 (0.023)
特定化信頼 友人・知人	−0.008 (0.023)	−0.021 (0.236)	−0.059 (1.374)	−0.003 (0.005)
特定化信頼 職場の同僚	0.014 (0.164)	−0.013 (0.145)	−0.027 (0.667)	0.025 (0.459)
Adj. R^2	0.038	0.052	0.032	0.044
n	3063	3071	3074	3074

注：*** 1％（両側）水準で有意
　　** 5％（両側）水準で有意
　　* 10％（両側）水準で有意
出所：「暮らしの安心・信頼・社会参加に関するアンケート調査」（2013年）より筆者作成。

の結果を表4-5に示した。

　個人レベルの社会関係資本の腐敗への影響は日常化した腐敗と些細な腐敗に集中しており，悪質な腐敗との関連は小さい。特に，認知的な社会関係資本（信頼，互酬性）の影響は基本的に日常化した腐敗と些細な腐敗に関連する。ただし，認知的な社会関係資本と腐敗との関連は一様ではない。一般的信頼が高い方が不正（公共交通機関の料金）に厳しいが，互酬性に関してはむしろ互酬性の高い者の方が不正（年金・医療給付などの不正要求，公共交通機関の料金）に寛容である。また，特定化信頼のうち家族を信頼する者は不正（年金・医療給付などの不正要求，公共交通機関の料金，収賄）に厳しいが，近所の人々を信頼する者は不正（年金・医療給付などの不正要求）に寛容である。

　構造的な社会関係資本では，近所づきあいが4つの不正すべてに関連している。近所づきあいが密な者の方が不正に対して厳しく，近所づきあいが希薄な者の方が不正に対して寛容である。団体参加では，「ボランティア・NPOなど」「その他団体（政治や宗教団体を含む）に参加している者の方が不正（年金・医療給付などの不正要求）」に対して寛容である。なお，統計的有意性は10％水準で低いが，職場の同僚とのつきあいが密な者ほど不正（収賄）を許容する。

　上記のカテゴリカル回帰分析では，99の地方自治体のジニ係数も説明変数に加えているが，いずれの不正についても統計的に有意ではなかった。

2）個人レベルのソーシャル・キャピタルと腐敗との関連――小括

　個人レベルのデータによるカテゴリカル回帰分析では，仮説1「経済的不平等は一般的信頼を毀損するが，仲間内の特定化信頼は強化する」を裏づける結果は得られなかった。仮説2「一般的信頼が高い者は不正を認めない傾向が高い」は，些細な腐敗について妥当した。仮説3「特定化信頼が高い者は不正を認める傾向が高い」も日常化した腐敗に対する近所の人々の対応は妥当するが，家族の信頼については日常化した腐敗，些細な腐敗，悪質な腐敗のいずれでも仮説3とは逆の結果となった。仮説4「構造的社会関係資本（団体参加，近所づきあいなど）が高い者は不正を認めない傾向が高い」は近所づきあいについては妥当するが，一部の団体参加では逆の結果となった。

第4章 不平等の罠と「中流」の消滅

3）市町村レベルのソーシャル・キャピタルと腐敗
——マルチレベルロジスティック分析の結果

次に，社会関係資本10要素について本調査対象99地点別に個票データの平均値を算出してさらに2値化した市町村別社会関係資本と，個人レベルのSESを加えたマルチレベルで，4つの不正許容度をそれぞれ被説明変数としたマルチレベルロジスティック分析を実施し，地域レベルでの社会関係資本と不正許容度を個人のSESをコントロールして検証した。分析結果の要約は表4-6の通りである。

マルチレベルロジスティック分析では，個人レベルの属性と4つの不正許容度との関係は，個票データのみでみたケースとほぼ同じ結果を得た[21]。しかし，地域レベルの社会関係資本は4つの不正いずれとも統計的に有意な関連がみられず，市町村レベルの社会関係資本は，仮説のいずれも支持しない結果となった。なお，今回分析に用いた市町村レベルの変数では，唯一，平均所得が有意（平均所得が高い地方自治体の方が不正許容度が高い）となった。これは平均所得が高い地方自治体の方が不正許容度が高いというものであるので，個人レベルのみのカテゴリカル回帰で得られた，最終学歴が低い者の方が不正に厳しい，と整合している。

4）実証のまとめ

本節では，アスレイナーの「不平等の罠」仮説の日本のデータによる検証を試みた。「仮説1　経済的不平等は一般的信頼を毀損するが，仲間内の特定化信頼は強化する」は，所得に関するジニ係数が個人レベルのデータによる分析でも，市町村レベルを含めた分析でも，成立していなかった。しかし，その他の仮説は，個人レベルのデータでは概ね妥当する。また，「仮説5　不正許容度が高まると地方自治体の住民一人当たり借金額（地方債残高）でみた有能度が低下する」は，今回用いた個人レベルデータでのカテゴリカル回帰分析でも有意でなく，個人レベルと市町村レベルのマルチレベルロジット回帰でも検証していないが，市町村レベルのデータによる相関（スピアマンのρ）では，地方債残高が高いほど脱税（0.311），公共交通機関の料金をごまかす（0.234）ことについて許容度が有意に高まることから，ある程度妥当するものと推測できる[22]（表4-7）。

表4-6 マルチレベルロジスティック回帰分析における有意性の要約
(有意:＋ 有意でない:－)

オッズ比(95% 信頼区間)

被説明変数	腐敗				(参考)QOL	
	国の年金・医療給付の不正申請	公共交通機関の料金をごまかす	脱税	収賄	生活満足度	主観的健康感
個人レベル変数						
年齢(歳)	＋	＋	＋	＋	＋	＋
性別	＋	＋	＋	＋	＋	＋
等価世帯年収(百万円)						
<1.50	1	1	1	1	1	1
1.50-1.99	－	＋	－	－	－	＋
2.00-2.49	－	－	－	－	＋	－
2.50-2.99	－	－	－	－	＋	＋
3.00-3.49	－	－	－	－	－	－
3.50-3.99	－	－	－	＋	＋	＋
4.00-4.49	－	－	－	－	＋	－
4.50-4.99	－	－	－	－	－	－
≥5.00	－	－	－	－	＋	＋
Information missing	－	－	－	－	＋	－
婚姻状態						
同居の配偶者あり	1	1	1	1	1	1
別居の配偶者あり	－	－	－	－	＋	－
配偶者はいない	＋	＋	＋	＋	＋	＋
Information missing	＋	＋	＋	－	－	－
最終学歴						
小・中学校	1	1	1	1	1	1
高等学校	－	－	－	＋	－	－
専修学校・各種学校	－	－	－	－	－	－
高専・短期大学	－	＋	－	＋	－	－
大学	－	－	－	－	－	＋
大学院	－	－	－	－	－	－
その他	－	－	－	－	＋	－

第4章 不平等の罠と「中流」の消滅

Information missing	−	−	−	−	−	−
主観的健康						
健康でない	1	1	1	1	1	
健 康 だ	−	−	−	−	+	
Information missing	−	−	−	−	+	
市町村レベルの変数						
市町村平均所得（百万円）	+	+	+	+	−	+
所得ジニ係数（平均以上＝1，平均以下＝0）	−	−	−	−	+	−
一般的信頼（yes＝1，no＝0）	−	−	−	−	+	+
特定化信頼（yes＝1，no＝0）	−	−	−	−	+	+
一般的互酬性（yes＝1，no＝0）	−	−	−	−	−	−
特定化互酬性（yes＝1，no＝0）	−	−	−	−	+	−
地域的活動への参加（yes＝1，no＝0）	−	−	−	−	+	−
ボランティア・NPO・市民活動への参加（yes＝1，no＝0）	−	−	−	−	+	−
スポーツ・趣味・娯楽活動への参加（yes＝1，no＝0）	−	−	−	−	+	−
近所つきあい（high＝1，low or zero＝0）	−	−	−	−	+	+
友人・知人とのつきあい（high＝1，low or zero＝0）	−	−	−	−	+	−
職場の同僚とのつきあい（high＝1，low or zero＝0）	−	−	−	−	+	−

出所：筆者作成。生活満足度と主観的健康は Inaba et al.（2015）による。

表4-7 住民一人当たり地方債残高と腐敗との相関（スピアマンのρ）

		住民一人当たり地方債残高	年金・医療給付の不正要求	公共交通機関の料金をごまかす	脱　税	収　賄
住民一人当たり地方債残高	相関係数 有意確率 （両側）	1.000 ．				
年金・医療給付の不正要求	相関係数 有意確率 （両側）	−0.123 0.223	1.000 ．			
公共交通機関の料金をごまかす	相関係数 有意確率 （両側）	0.234* 0.019	0.394** 0.000	1.000 ．		
脱　　税	相関係数 有意確率 （両側）	0.311** 0.002	0.129 0.201	0.629** 0.000	1.000 ．	
収　　賄	相関係数 有意確率 （両側）	0.132 0.189	0.486** 0.000	0.633** 0.000	0.515** 0.000	1.000 ．

注：＊相関係数は5％水準で有意（両側）
　　＊＊相関係数は1％水準で有意（両側）

（5）考　察

　以上，アスレイナーの不平等の罠仮説を，日本における個票データと市町村レベルのデータを用いて，個人レベルにおけるカテゴリカル回帰分析，個人レベルのSESと市町村レベルのジニ係数でみた所得格差と社会関係資本を用いたマルチレベルロジスティック回帰分析によって検証した。いずれの分析からも，アスレイナーの「不平等の罠」に関連した仮説は部分的に支持されるが，中核である仮説1「経済的不平等は一般的信頼を毀損するが，仲間内の特定化信頼は強化する」を裏づける結果は得られなかった。

　しかし，市町村レベルの経済格差データでの「不平等の罠」の実証は，日本の場合，成立していなかった。しかしこれは，国全体のレベルでみれば「不平等の罠」が生じる可能性は捨てきれないとも考えられる。

　所得格差が有意でなかった点の解釈として，経済格差の腐敗への影響をみるには市町村レベルの格差は妥当でない可能性が挙げられる。アスレイナーの「不平等の罠」の検証は62カ国に関するクロスカントリーデータによるもので，

データは国レベルである。

　Subramanian & Kawachi（2004）は経済格差と健康との関連について，アメリカでは有意な結果を報告する論文が多数を占めるのに，アメリカ以外では有意な関連を支持する論文がほとんどみられないことについて考察したものであるが，その理由の一つとして，アメリカの研究は州レベルのデータによるものが大部分であるのに対し，アメリカ以外の研究では州より小さい単位を用いている点を挙げている。彼らの推論によれば，経済格差が社会全般の健康水準に影響を与えるか否かの検証には，あまり狭い地域単位ではなく，州や国のような大きな単位の方が妥当性が高いという議論である。これを仮説1「経済的不平等は一般的信頼を毀損するが，仲間内の特定化信頼は強化する」に敷衍すれば，社会全般への信頼である一般的信頼と経済的不平等との関連をみるには，国や州などのより広い範囲の格差を取り上げる方が，市町村レベルでみるよりも蓋然性が高い可能性があるということになる。

　彼らは，健康を被説明変数とした場合，その説明変数としてどのような地域範囲の経済格差をとるのが適切かを検討しているが，社会関係資本の構成要素を説明変数として腐敗を被説明変数とする場合も妥当するものと思われる。社会関係資本は公共財，クラブ財，私的財を含んだ広範な概念であり，その影響を検討するには社会関係資本の構成要素ごとに検討する必要があるが，コミュニティレベルの社会関係資本と被説明変数との関係を実証するには，それぞれ適切な地域を設定する必要がある。換言すれば，本節での地域範囲の設定は，地域レベルの社会関係資本の社会における腐敗との関連を検証するには狭すぎた可能性がある。たとえば，同じデータ，同じマルチレベルロジスティック回帰を地域レベルの社会関係資本を説明変数，生活満足度と主観的健康を被説明変数とした Inaba et al.（2015）では，生活満足度は市町村レベルの認知的な社会関係資本と構造的な社会関係資本の双方に関連しており，主観的健康は市町村レベルの認知的な社会関係資本との間にそれぞれ有意な関連がみられた。

　また，前述の Subramanian & Kawachi（2004）では，ジニ係数でみた所得格差が健康との関連で，アメリカでは有意であるがアメリカ以外では有意でないもう一つの理由として，閾値論を展開している。今回の検証では，所得格差を表すジニ係数が個人レベルでも市町村レベルでも有意とならなかったが，アス

レイナーの途上国を含んだ62カ国のクロスカントリーデータでは、経済的不平等が信頼の説明変数として1％水準で有意である。アスレイナーのジニ係数は0.2台から0.6を超える範囲にあるが、本節のジニ係数は99の市町村について、0.300から0.448の範囲内（平均0.357）にある。つまり、ジニ係数の健康へ有意な影響は、一定の閾値を超えて初めて観察されるのではないかという推論である。この議論を当てはめると、今回の分析におけるジニ係数の範囲（0.300～0.448）程度では、ジニ係数の腐敗への影響は限定的であるということになる。ただし前述のようにInaba et al. (2015) では、生活満足度は市町村レベルのジニ係数と有意に関連しており、一方、主観的健康はジニ係数との間に有意な関連がみられなかったものの、市町村レベルの平均所得との間では有意な関連がみられたので、この閾値は何を被説明変数とするかで異なる可能性もある。

なお、市町村レベルの社会関係資本が腐敗に関する4つの変数と有意な関係がみられなかったもう一つの理由として、市町村レベルの説明変数を作成するには標本数が不十分ではないかという批判もありえよう。本節が依拠している調査の有効回答数は3,575票であり、これらを基に市町村レベル99地点のデータを作成している。したがって、1地点あたりデータは平均35票であり、市町村レベルの母集団推計には不十分であるが、地点の規模を町丁目と狭く考えれば十分な標本数を得ているといえる。

3　不平等の罠と「中流」の消滅——究極のダークサイド[23]

前節での実証研究では、アスレイナーの「不平等の罠」は日本では成立していないとの結果であったが、日本のようにアメリカと比べて市町村間の所得格差が小さい国では、経済格差の影響は市町村レベルではなく社会全般、つまり国レベルで考えるべきかもしれない。

国レベルで考える際の仮説は次のようなものである。たとえば、社会がすさむという状態は、社会の構成員の間が分断され、その結果多くの人々が他者との絆を失い、孤立することから生じるように思われる。孤立しているから、他者への思いやりや感謝が薄れ、他者を害するような行為でも平気で行ってしま

う。他者とのつながりである人や組織の間のネットワーク，それから生じる信頼や規範である社会関係資本が壊れているからであり，その原因は格差の拡大という仮説が成り立つ[24]。以下では，社会関係資本の究極のダークサイドとして，「不平等の罠」と「中流」の消滅について言及して本章を終わることとしたいが，その前に日本における社会関係資本の現状を概観する。

（1）日本のソーシャル・キャピタルは10年間でどう変わったか

　社会関係資本の全国調査は，過去何度か行われており，直近では2015年2月に滋賀大学と内閣府の共同WEB調査（n=23883）が実施されている（滋賀大学・内閣府経済社会総合研究所 2016）。このほか，郵送法調査では，2003年の内閣府調査，2010年と2013年に筆者が実施したものがある。

　これらの調査は，いずれも基本的に内閣府の2003年調査に準拠しており，人々の間のネットワークなどの構造的な社会関係資本と，信頼や規範などの認知的な社会関係資本の双方を調査している。ただし，ネットワークそのものを調べるのは極めて難しいので，これらの調査では，近所づきあいなど身近な人々とのつきあいの頻度と程度，団体参加の有無と頻度，などで代替している。

　また，認知的な社会関係資本については，社会全般への一般的信頼・一般的規範と，特定の個人や組織に対する特定化信頼・特定化規範がある[25]。一般的信頼については「ほとんどの人は信頼できると思いますか，それとも注意することに越したことはないと思いますか」という問いを用いている[26]。特定化信頼は近所の人々，家族，親戚，友人・知人，職場の同僚などへの信頼の程度を尋ねている。

　最新の調査は，前述の滋賀大学・内閣府の2015年調査であるが，これはWEB調査であるので，以下では無作為抽出による郵送法調査である，内閣府の2003年調査と，筆者が実施した2013年調査から，日本における社会関係資本の変化を紹介したい[27]。

　図4-4は，2003年調査と2013年調査の2つの調査の集計値を主要な設問についてまとめたものに，参考として2010年調査の結果も記載している。2003年調査は網掛け線で，2013年調査は破線で示してある。2003年調査から2013年調査への10年間の変化をみると，図4-4には数値が明確に示されていないが，

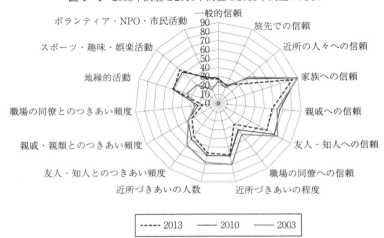

図4-4 2003年調査と2010年調査と2013年調査の比較

注：2003年　内閣府郵送法調査。
　　2010年, 2013年　稲葉郵送法調査。
出所：稲葉・吉野（2016）。

　2003年から2013年の10年間で「一般的信頼」は若干上昇しているのに対し，「特定化信頼」は軒並み低下している。たとえば，「近所の人々への信頼」「友人・知人への信頼」「職場の同僚への信頼」はいずれも大幅に低下した。もともと高水準にある「家族への信頼」「親戚への信頼」でさえも低下している。

　また，構造的な社会関係資本で日常のつきあいの低下も観察される。「近所づきあい」では，「生活面で協力し合っている」と「立ち話程度はする」の合計，「実際の面識の程度（近所づきあいの人数）」，「友人・知人とのつきあいの頻度」は10年間それぞれ10%ポイント以上低下している。同様に「親戚・親類とのつきあいの頻度」「職場の同僚とのつきあい頻度」も，10年間でみれば低下している。

　その一方で，団体参加率は「地縁的活動」「スポーツ・趣味・娯楽活動への参加率」「ボランティア・NPO・市民活動への参加率」は2010年以降微減したが，10年間ではいずれも10%ポイント以上の上昇となっている。

　つまり，10年間では，認知的な社会関係資本である一般的信頼は安定し，構造的な社会関係資本の団体参加率は大幅に上昇したが，毎日の生活の中で接す

る隣人，家族，友人・知人，親戚・親類，職場の同僚との実質的なつきあいは大幅に減り，認知的な社会関係資本でもこれら日常で接する組織や人々に対する特定化信頼は大幅に毀損したことを示唆する結果となっている。見方を変えれば，人々は身近な人々とのつきあいと信頼が希薄になったことを補完するように団体参加率を高め，かろうじて社会全般への信頼を維持している。つまり日本の社会関係資本は，危ういバランスの上にかろうじて社会全般への信頼だけは維持しているようにみえる。

（2）なぜソーシャル・キャピタルは変化したのか

　いずれにせよ，この経年変化は，通常の社会調査にみられる10年間の変化としては異例に大きいものである。2003年調査，2013年調査はいずれも20歳から79歳の居住者を対象としており，サンプル数は前者が1,878票，後者が3,575票と全国を母集団とする推計には十分なサンプル数を得ている。回答者の記述統計は示していないが，2003年調査は，20代の回答者の比率が2013年調査と比較して高いが，この間の人口構成の変化と整合している。両調査の差は，サンプルバイアスに起因するとは考えにくい。また，この変化が構造的な変化に起因するものではなく，単なる景気変動によるものとするのは，社会関係資本に影響を与えると思われる景気変動指標である失業率が，この間，2003年の5.3%から2013年には4.0%へむしろ改善していることからみて無理があろう。

　それでは，2003年調査と2013年調査との違いはどこに起因しているのであろうか。2003年から2013年の間の変化は，性別，年齢階層別でみた場合，基本的にすべての階層で有意な差がみられるので，性別，高齢化の影響によるものとは言い難い[28]。しかし，所得階層別にみた場合は，高所得層では変化が少ないのに，中低所得層は10年間で回答パターンが大きく変化していた。また，最終学歴でみると，高卒以下と大卒に大きな変化がみられる一方，専門性の強い大学院卒や，高専・短大卒，専修学校・各種学校卒は比較的変化が少なかった。さらに，職業別にみた場合は，有意に差がみられる職種とそうでない職種に二分される。「団体役員・企業経営者」「公務員」「学生」などの比較的安定した職業やステータスでは社会関係資本の変化が小さかったが，「自営業」「勤め人」「臨時・パート」「無職」「専業主婦・主夫」など，より不安定な職業では社会

関係資本の低下がみられる。

　したがって，日本でも2000年代に入り，雇用環境と労働市場の変化などの構造的な変化に起因して身近な人々とのつきあいが希薄になり，彼らへの信頼も低下するかたちで社会関係資本が毀損している可能性が高い。つまり社会関係資本の毀損という観点からすれば，過去20年間の非正規雇用の拡大をはじめとする職場の変化，そして経済格差の拡大が大きな影響を持っていることは間違いないように思われる。

（3）危ういバランスを保つ日本

　Putnam（2000）は1960年代から1990年代にかけて，アメリカの社会関係資本が毀損していると警鐘を鳴らした。彼の指摘はその後大きな議論を呼び，賛否両論がある。Putnam（2015）では，社会関係資本をコミュニティに限定して用いているようにみえるが，彼が警鐘を鳴らした社会関係資本の毀損による社会の不安定化という仮説は，アメリカ社会の現状をとてもよく説明しているといえる。

　翻って，日本の社会関係資本は危ういバランスの上にあってかろうじて社会全般への信頼を維持しており，アメリカのような混乱は免れている。実際，2013年以降現在まで，日本の社会に関するデータはこれを裏づけているようにみえる。滋賀大学・内閣府（2016）や，2013年に実施された統計数理研究所の「日本人の国民性調査第13次全国調査」では，社会関係資本は現状を維持した[29]。中でも国民性第13次調査では，日本人の特質として「親切」「礼儀正しい」を挙げる回答者の比率が，前者では2003年の41％から2013年は71％と30％ポイント，後者では48％から77％へ29％ポイント，いずれも大幅上昇し過去最高となったほか，将来の見通しも楽観に転じた[30]。現実のデータでも，刑法犯認知件数は最低を更新し（警察庁 2016），また，長らく日本社会のすさんだ現状の象徴のようにいわれた自殺件数も，2009年の3万4,427人をピークに減少に転じ，2016年は2万5,427人と26％も減少した（厚生労働省 2017）。しかし，その一方で，国民性第13次調査では，努力しても報われない，いらいらしたことがある，といった回答が大幅に増えている[31]。

　一言でいえば，社会関係資本でみても，その他のデータでみても，日本の社

第4章　不平等の罠と「中流」の消滅

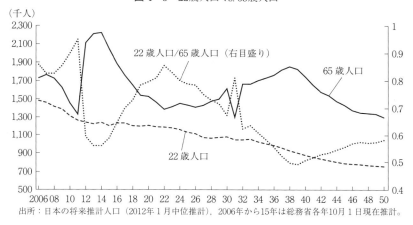

図 4-5　22歳人口 vs. 65歳人口

出所：日本の将来推計人口（2012年1月中位推計），2006年から15年は総務省各年10月1日現在推計。

会は微妙なバランスの上にあって，アメリカのような「すさんだ」状況をかろうじて免れているようにみえる。以下は極端な単純化に基づく仮説にすぎないが，この微妙なバランスを支えている要因の一つは，雇用の改善，特に新卒労働市場の売り手市場化にあるようにみえる。新卒者の内定率も改善しており，若者の雇用環境の好転は，確実に社会を明るくするだろう（文部科学省 2016[32]）。

図 4-5 は2006年から2050年までの間の大学新卒者に相当する22歳人口（破線）を退職年齢に相当する65歳人口（実線）と対照させたものである。参考として22歳人口の65歳人口に対する比率（右目盛）も記載している。この比率は期間中常に1以下，つまり65歳人口が22歳人口を上回っている。この比率が1に近ければ両者が均衡に近づいており，低下すれば22歳人口が65歳人口に比して少なくなっていることを表している。この比率をみても実数をみても，年ごとに大きな変化があることがわかる。明らかに2011年を境に2015年までの間，退職年齢相当の65歳人口が大幅に増え，新たに新卒として労働市場に参入する人口の母数になる22歳人口との差，言い換えれば，需給ギャップが大幅に拡大した売り手市場になっている。また，2006年から2011年は逆に需給ギャップが大幅に縮小した時期であり，これに2008年のリーマンショックが加わり，労働市場の買い手市場化が生じていた。民主党政権はこの需給ギャップの縮小に足をすくわれ，安倍政権は需給ギャップの拡大に助けられてきた。

131

（4）これからどうなるのか

　問題は今後である。図4-5で示したとおり，新卒市場の需給ギャップは2022年まで急速に縮小する。経済面ではオリンピック特需の剥落する2020年以降，新卒市場は2012～2015年のような売り手市場ではなくなる。これに人口高齢化の負担が高齢者と若年層双方にのしかかり，高齢者層と若年層の人口ピラミッドの両端で貧困層が拡大し，人工知能の進展に起因する一層の格差拡大が加わるとすれば，社会関係資本の毀損が日本の経済社会に大きな負の影響を与え，すさんだ社会に陥る可能性も十分ありえよう。ただし，このロジックによれば，新卒市場の需給ギャップの縮小は2022年に終了し，逆に2023年以降2039年までの長期にわたり拡大していくので，これから2022年までが正念場ということになる。格差の拡大や人工知能の影響などについて楽観的な経済学者が多いようにみえるが，非正規雇用者に不利にならない働き方改革，それに教育費負担対策を含む社会保障システムの改革による富の再分配策の見直し，両分野における改革を通じた社会関係資本の再構築が図られないのなら，日本も危ういバランスが崩れ，アメリカのようなすさんだ社会に陥るかもしれない。

（5）究極のダークサイドは「中流」の政治的消滅

　ロバート・パットナムの近著『われらの子ども』にアメリカの都市圏を住民の所得階層で3分類し，中間層が居住する地域の比率を示した図がある（Putnam 2015：38）。1970年には，中間所得層の居住地域が全体の6割以上を占めていたが，2009年にはその比率が4割に縮小している。明らかに「中流が縮んでいる」が経済的に「中流が消える」ことはない。しかし，経済的に「中流が縮む」と社会がすさみ，社会関係資本が毀損し，政治的に健全な判断が下せる「中流が消える」のである。

　本章で強調してきたアスレイナーの「不平等の罠」の帰結は腐敗の悪循環であったが，先進国における「不平等の罠」の帰結は民主主義の混乱である。不平等は，特定のグループ内での信頼を過度に助長し，その一方でグループ外の人々に対して非融和的・非寛容な行動を惹起し，社会の安定と民主主義の大前提である一般的信頼・一般的互酬性を壊し，民主主義の屋台骨を形成する「中流」を政治的に壊死させる負の外部性を持つ。加えて，経済格差は社会関係資

第4章　不平等の罠と「中流」の消滅

本の偏在を招き，機会の格差を助長し，経済格差をより一層拡大させるという負の連鎖を生む。

多くの経済学者が貧困は経済学の問題であるが，経済格差は機会の平等が保障されていれば問題ではないとしてきた。しかし，彼らは重要な点を看過している。貧困ではなく，経済格差の拡大が社会関係資本の格差を生み，それが機会格差を生むのである。社会関係資本の究極のダークサイドは，機会の平等を有名無実化し，人々を偏狭な利己主義へ走らせ，寛容性を失わせ，その結果，民主主義を壊す。穏健な中道派の政策が採用されるという中位投票者定理の前提である単峰的選好を壊し，中位投票者定理を崩し，民主主義を不安定にする。[33]

注
(1) 本章のとりまとめにあたっては日本大学法学部政経研究所からの助成を頂きました。ここに記して謝意を表します。
(2) 本節は稲葉（2010）を加筆修正したものである。
(3) 本章では，倉沢（2004）を参考に，コミュニティを，①それを構成する諸個人の間で社会的相互作用がかわされていること（共同性），②地域的空間の限定性（地域性），③共通の絆を持つもの，としている。
(4) なお Putnam（2000）は，第22章「社会関係資本の暗黒面（ダークサイド）」で社会関係資本の負の外部性とは異なった事象（社会関係資本と社会の寛容性と自由は両立するか，社会関係資本は，平等性と相容れないか）を扱っており，かつこうした意味での暗黒面はないとする議論を展開している。
(5) ただし，パットナムは社会関係資本が健全な民主主義を育み効率的な政府を生むとしているが，民主主義が社会関係資本を健全化するという考えには必ずしも賛同しているわけではない。この点については Putnam（2000）第21章を参照されたい。
(6) アメリカの州別データでは州別の腐敗認識度は，一般的信頼が高いほど低く，1990年の経済的不平等度が高いほど高いという，「不平等の罠」と矛盾しない結果であるが，アメリカの場合は，格差が拡大し，一般的信頼が低下したなかで，腐敗の水準が安定的に推移しているので，不平等→腐敗→信頼の低下，という因果関係が立証されたわけではないとしている。
(7) これらの2点は Portes（1996）の「個人の自由と企業家精神への制約」と「人々を底辺にとどまらせようとする圧力」と共通である。
(8) 『広辞苑　第4版』によれば「しがらみ」とは「水流を堰きとめるために杭をうちならべて，これに竹や木を渡したもの…（中略）…転じて，柵。また，せきとめ

(9) ただし，このケースは談合への参加者には雇用の維持，将来の昇進などのリターンが期待されるとして，物理的投資のアナロジーとしての解釈も可能である。
(10) Putnam（2000＝2006：27-28）では，ボウリングを通じて知り合った二人の間で腎臓移植をするケースが美談として紹介されているが，これが有償であればこの美談の価値は半減してしまうであろう。
(11) 詳細については，「朝日新聞」2008年9月4日付夕刊13面『「もらったら捕まる」元参事ら罪状認める　大分教員汚職，初公判』参照。
(12) 詳細については，藤田（2003）参照。
(13) 本節は稲葉・吉野（2016）に依拠している。
(14) 本調査の記述統計については稲葉（2014）を参照されたい。
(15) アスレイナーは，図4-2のモデルでは6変数に加えて，法の公平さ，民族間の緊張，特定化信頼の3変数を所与としている。また，信頼を一般的信頼と特定化信頼に分けているが，推計では信頼はTrustとして一般的信頼と特定化信頼を分けていない。
(16) 世界銀行アフリカ担当局長であったピーター・アイゲン氏が，1993年ドイツのベルリンで創設した反汚職・腐敗に関するシンクタンク。腐敗指数はビジネスマン，専門家へのアンケート調査に依拠している。(http://www.transparency.org/，2015年8月30日アクセス)
(17) TIによれば，彼らの腐敗指数は小口の腐敗よりも大口の腐敗を反映したものとしている。付表4-1に示すように，TI腐敗指数は「資格がないのに国の年金や医療給付などを要求」「公共交通機関の料金をごまかす」との相関係数がそれぞれ0.492，0.46と高いが，「脱税」と「収賄」についてはそれぞれ0.167，0.129と低く，TI腐敗指数は本節で扱う四つの不正許容度に関する限り，主に日常化した腐敗と些細な腐敗に対応している。
(18) 平成25年7月23日付承認番号25-11-0。
(19) 分析ソフトはカテゴリカル回帰についてはSPSS version 19，その他の分析ではSPSS version 22を用いた。
(20) 分析手法の詳細については稲葉・吉野（2016）を参照されたい。
(21) ただし，しかし，カテゴリカル回帰分析では，学歴が高い者は学歴の低い者より四つの不正すべてに寛容であったのに対し，マルチレベル分析では学歴の説明力は弱く，かつ一部ではカテゴリ回帰分析と逆の結果となっている。
(22) また，統計的に有意ではないが，年金や医療費給付の不正要求については，住民一人当たりの地方債残高が高いほど，逆に不正を許容しないという関係がみられた。
(23) 本節は稲葉（2017）を加筆修正したものである。

㉔　社会関係資本と格差との関連については稲葉（2008：171-181）参照。
㉕　規範はより具体的には Ostrom & Ahn（2009）のようにルールや制度と捉える論者と，パットナムのように互酬性を強調する論者がいる。社会関係資本の定義については，稲葉（2008：11-18），稲葉（2011：1-39）参照。
㉖　これは統計数理研究所の国民性調査が1978年調査以来用いている設問であるが，世界価値観調査を含む他の多くの調査でも一般的信頼の設問として類似の問が用いられている。
㉗　内閣府2003年調査（内閣府国民生活局編 2003）は WEB 調査（n = 2000）と郵送法調査（n = 1878）を併用しているが，本章では郵送法調査の結果を用いている。
㉘　有意差検定については稲葉（2014），稲葉（2016：134-144）参照。
㉙　中村ら（2015）によれば，一般的信頼の問である「たいていの人は信頼できると思いますか。それとも用心するに越したことはないと思いますか？」という問いに対し「信頼できる」と答えた比率が2013年調査では36％と2008年調査の30％を上回っている。また，「他人はスキがあれば，あなたを利用しようと思いますか，それとも，そんなことはないと思いますか？」に対し，「そんなことはないと思う」が2013年調査では67％と1978年以来過去最高となっている。
㉚　たとえば「ひとびとの生活は，豊かになるとおもいますか，貧しくなると思いますか？」に対し2008年調査では「豊かに」，「貧しく」がそれぞれ11％と57％であったが，2013年調査では「豊かに」が23％に倍増し，「貧しく」が40％に減少している。
㉛　「努力しても報われない」は1993年の調査の38％から2013年調査では50％へ，「いらいらしたことがある」が，1988年の17％から2013年には26％へ増えた。
㉜　毎年2月1日現在の大卒予定者の内定率は，2017年は90.6％となっており，2011年の77.4％から6年連続改善している。
㉝　単峰的選好とは「選択肢を一直線上に並べることができるときに，あるベストな点（「峰」）があってそこから左へ遠ざかるほどより悪く，またそこから右へ遠ざかるほどより悪い，というような場合を言う。ちなみにこれは左端が峰となるケース，右端が峰となるケースも許容する」（林 2013：457）。右端，左端が峰となるケースでも全体からみれば単峰となることを提唱者のダウンズは想定していなかったようである（Downs 1956 = 1980：118-145）が，単峰的選択は選択肢の順序づけが左翼→中道→右翼といった明白な順序づけができない場合は成立しない。言い換えれば，社会関係資本の毀損は人々に合理的な選択をする判断力を失わせて，その結果，民主主義を対立的なものへと変化させる。「動乱の前兆として，かつては中央に集中していた（政治選考の）分布は抑圧されている気持ちの人びとから現政権がますます反感を買うにつれ，両極へと分極化がはじまる。分布があまりに乖離して，一方

の過激主義者が他方の過激主義者の嫌悪する政策を強引に押し付けるようになると，あからさまな戦いが突発し負け犬であった1党が政権を奪取する」(Downs 1956 = 1980：124，括弧内は筆者付記) という記述は2016年のアメリカ大統領選にそのままあてはまる。

付表4-1

	ジニ係数 2010年	資格がないのに国の年金や医療給付などを要求	脱　　税	仕事に関連して賄賂を受け取る	公共交通機関の料金をごまかす	2014年 TI腐敗指数
ジニ係数2010年	1					
資格がないのに国の年金や医療給付などを要求	−0.338	1				
脱　　税	0.0795	0.360	1			
仕事に関連して賄賂を受け取る	−0.312	0.518	0.567	1		
公共交通機関の料金をごまかす	−0.221	0.724	0.699	0.695	1	
2014年 TI 腐敗指数	−0.505	0.492	0.167	0.129	0.460	1

参考文献

池田謙一編著（2016）『日本人の考え方　世界の人の考え方——世界価値観調査から見えるもの』勁草書房。

稲葉陽二（1996）『「中流」が消えるアメリカ——繁栄のなかの挫折』日本経済新聞社。

稲葉陽二（2005）「ソーシャル・キャピタルの経済的含意——心の外部性とどう向き合うか」『計画行政』28(4)，日本計画行政学会，17-22頁。

稲葉陽二編（2008）『ソーシャル・キャピタルの潜在力』日本評論社。

稲葉陽二（2009）「社会関係資本からみた腐敗の構造——アスレイナーの『不平等の罠』」『政経研究』46(3)，日本大学法学会，269-281頁。

稲葉陽二（2010）「社会関係資本のダークサイドに関する一考察」『政経研究』47(3)，日本大学法学会，97-110頁。

稲葉陽二（2011）『ソーシャル・キャピタル入門——孤立から絆へ』中公新書。

稲葉陽二（2014）「日本の社会関係資本は毀損したか——2013年全国調査と2003年全国調査からみた社会関係資本の変化」『政経研究』51(1)，日本大学法学会，1-30頁。

稲葉陽二（2016）「社会関係資本，経済的不平等と不正許容度——不平等の罠は存在

するか」『経済社会学会年報』38, 95-108頁。
稲葉陽二・吉野諒三（2016）『ソーシャル・キャピタルの世界——学術的有効性・政策的含意と統計・解析手法の検証』（叢書ソーシャル・キャピタル①）ミネルヴァ書房。
稲葉陽二（2017）「社会関係資本からみた日本の社会」『ECO-FORUM』32(2), 統計研究会, 1-7頁。
倉沢進（2004）「コミュニティの社会理論」倉沢進・小林良二『改訂版　地方自治政策Ⅱ自治体・住民・地域社会』日本放送出版協会, 38-56頁。
警察庁（2016）「平成26, 27年の犯罪情勢」(https://www.npa.go.jp/toukei/seianki/h26-27hanzaizyousei.pdf, 2017年1月10日アクセス）。
厚生労働省（2017）「自殺の統計：各年の状況　平成26年」(http://www.mhlw.go.jp/stf/seisakunitsuite/bunya/hukushi_kaigo/shougaishahukushi/jisatsu/jisatsu_year.html, 2017年1月30日アクセス）。
滋賀大学・内閣府経済社会総合研究所（2016）『ソーシャル・キャピタルの豊かさを生かした地域活性化——滋賀大学・内閣府経済社会総合研究所共同研究地域活動のメカニズムと活性化に関する研究会報告書』(http://www.esri.go.jp/jp/prj/hou/hou075/hou075.html, 2016年3月20日アクセス）。
内閣府国民生活局編（2003）「ソーシャル・キャピタル——豊かな人間関係と市民活動の好循環を求めて」日本総合研究所。
中村隆・土屋隆裕・前田忠彦（2015）「国民性の研究第13次全国調査——2013年全国調査」統計数理研究所調査研究リポート, No.116。
林貴志（2013）『ミクロ経済学　増補版』ミネルヴァ書房。
藤田正幸（2003）『エンロン崩壊』日本経済新聞社。
文部科学省（2016）「平成28年度大学等卒業予定者の就職内定状況調査（10月1日現在）について」(http://www.mext.go.jp/b_menu/houdou/28/11/__icsFiles/afieldfile/2016/11/18/1379525_1.pdf, 2018年1月10日アクセス）。
Adaman, F. & M. Odabaş (2014) "Furthering the link between social capital and corruption" in Christoforou, A. & J. B. Davis (eds.) *Social Capital and Economics: Social values, power, and social identity*, Routledge, pp. 82-97.
Bourdieu, P. (1986) "The Forms of Capital" in Richardson, J. G. (ed.) *Handbook of Theory and Research for the Sociology of Education*, Greenwood Press, pp. 241-258.
Deci, E. L. (1971) "Effects of Externally Mediated Rewards on Intrinsic Motivation" *Journal of Personality and Social Psychology* 18(1), pp. 105-115.
Downs, A. (1956) *An Economic Theory of Democracy*, Harper & Row.（=1980, 古田精司監訳『民主主義の経済理論』成文堂。)

Eloire, F. (2014) "The Effects of Social Capital on Economic and Symbolic Profits: An Analysis of the Field and Networks of Restaurant Owners" in Christoforou, A. & M. Laine (eds.) *Re-Thinking Economics-Exploring the work of Pierre Bourdieu*, Routledge, pp. 174-191.

Field, J. (2003) *Social Capital*, Routledge.

Graeff, P. (2009) "Social Capital: the dark side" in Svendsen, G. T. & G. L. H. Svendsen (eds.) *Handbook of Social Capital: The Troika of Sociology, Political Science and Economics*, Edward Elgar, pp. 143-161.

Grootaert, C. & T. van Bastelaer (2002) "Conclusion: Measuring Impact and Drawing Policy Implications" in Grootaert, C. & T. van Bastelaer (eds.) *The Role of Social Capital in Development: An Empirical Assessment*, Cambridge University Press, pp. 341-349.

Heidenheimer, A. J. (2002) "Perspectives on the Perception of Corruption" in Heidenheimer, A. J. & M. Johnston (eds.) *Political Corruption: Concepts & Contexts*, Transaction Publishers, pp. 141-154.

Inaba, Y., Y. Wada, Y. Ichida & M. Nishikawa (2015) "Which part of community social capital is related to life satisfaction and self-rated health? A multilevel analysis based on a nationwide survey in Japan" *Social Science & Medicine* 142, pp. 169-182.

Johnson, S. (2016) "What Is Social Capital?" in Greenberg, A. G., T. P. Gullotta & M. Bloom (eds.) *Social Capital and Community Well-Being: The Serve Here Initiative*, Springer, pp. 53-66.

Loury, G. C. (1977) "A Dynamic Theory of Racial Income Difference" in Wallace, P. A. & A. M. LaMond (eds.) *Women, Minorities, and Employment Discrimination*, Lexington Books, pp. 153-186.

Ostrom, E. & T. K. Ahn (2009) "The meaning of social capital and its link to collective action" in Svendsen, G. T. & G. L. H. Svendsen (eds.) *Handbook of Social Capital: The Troika of Sociology, Political Science and Economics*, Edward Elgar, pp. 17-35.

Portes, A. (1996) "Unsolved Mysteries: The Tocqueville Files II" The American Prospect, May-June 1996. (http://prospect.org/article/unsolved-mysteries-tocqueville-files-ii-1, 2017.2.10.)

Putnam, R. D. (1993) *Making Democracy Work: Civic Traditions in Modern Italy*, Princeton University Press.

Putnam, R. D. (2000) *Bowling Alone: The Collapse and Revival of American Community*, Simon & Schuster. (=2006, 柴内康文訳『孤独なボウリング――米国コミュニティの崩壊と再生』柏書房。)

Putnam, R. D. (2015) *Our Kids: The American Dream in Crisis*, Simon & Schuster. (＝2016, 柴内康文訳『われらの子ども——米国における機会格差の拡大』創元社。)

Savage, M. (2015) "Social Capital: Networks and personal ties" *Social Class in the 21st Century*, Penguin Random House, pp. 129-161.

Subramanian S. V. & I. Kawachi (2004) "Income Inequality and Health: What Have We Learned So Far?" *Epidemiologic Reviews* 26, pp. 78-91.

Uslaner, E. M. (2002) *The Moral Foundations of Trust*, Cambridge University Press.

Uslaner, E. M. (2008) *Corruption, Inequality, and the Rule of Law*, Cambridge University Press. (＝2011, 稲葉陽二訳『不平等の罪——腐敗・不平等と法の支配』日本評論社。)

Warren, E. M. (2008) "The Nature and Logic of Bad Social Capital" in Castiglione, D., J. W. van Deth & G. Wolleb (eds.) *The Handbook of Social Capital*, Cambridge University Press.

（稲葉陽二）

第5章 社会開発の持続可能性を高めるものは何か
―― ネパールの女性グループの活動事例から

　本章では、コミュニティを基盤としたネパールの女性グループによるマイクロファイナンス（Microfinance：小口金融、以下、MF）の活動とソーシャル・キャピタル（社会関係資本）との関係が、社会開発にどのような役割を果たし、個々人のエンパワメント(1)につなげることができるのか、明らかにする。すなわち、カースト制度の文化の残る階層社会の中で、MF活動とソーシャル・キャピタルとのシナジー（synergy：協働、相乗）効果が、所得向上や生活面で生ずる不安定さの軽減のためにどのように活用され、貧困削減、差別構造の解消にどのように寄与しているのか、また、女性の地位向上、人権や平等意識を醸成することにどのように役立っているのか、実証的な事例分析により明らかにする。

1　ソーシャル・キャピタルの醸成がもたらす効果

（1）社会開発とソーシャル・キャピタルに関する研究の動向
　ソーシャル・キャピタルの概念が注目されてきたのは1990年代の後半であるが、その大きな契機となったのは、アメリカの政治学者ロバート・パットナムの2つの著作（『哲学する民主主義』と『孤独なボウリング――米国コミュニティの崩壊と再生』）である。パットナムは「ソーシャル・キャピタルとは、人々の協調行動を活発にすることによって、社会の効率性を高めることのできる、『信頼』、『互酬性の規範』、『ネットワーク（絆）』といった社会組織の特徴」と定義した（Putnam 1993＝2001：206-207）。
　社会開発や開発援助の分野でソーシャル・キャピタル概念をいち早く取り上げ、ソーシャル・キャピタルに関する実証的あるいは理論的な研究を世界的に推進してきたのは、世界銀行（以下、世銀）である（佐藤編 2001：4）。パットナ

ムの定義を狭義とし,「ソーシャル・キャピタルとは社会的なつながりの量・質を決定する制度,関係,規範であり,社会構造全般と対人関係にかかわる個人の行為を規定する規範全体」という非常に幅広い意味に解釈できる定義をしている(世銀ホームページ,内閣府国民生活局編 2003)。世銀は,1996年にワーキング・グループである SCI(Social Capital Initiative)を組織し,ソーシャル・キャピタルの「指標化」と「計測」の方法論の形成に大きく貢献し,その概念を開発事業の活用に展開していった(坂田 2002:9-12)。

また,OECD(経済協力開発機構)は,「ソーシャル・キャピタルとはグループ内部もしくはグループ間での協力を容易にする共有された規範や価値観,理解を伴ったネットワーク」と定義(OECD 2001:41)し,「人間総体としての人間的福利は,天然資本や生産関係の資本だけでなく,制度的な配置と連関する人的資本とソーシャル・キャピタルの要素が不可欠である(OECD 2001:12,辻中 2003:276)」と述べている。

Fukuyama(2000)は「ソーシャル・キャピタルは信頼が社会全体あるいは社会の特定の部分に広く行き渡っていることから生じる能力」としている。

(2) マイクロファイナンスとソーシャル・キャピタルに関する研究の動向

MF は貧困層や低所得層を対象に貧困緩和を目的として行われ,無担保で小額の事業資金を貸し付ける小口金融支援制度である(岡本ら 1999:5-10)。

ネパールでは女性グループを中心に MF 活動が地域に応じて様々なかたちで展開されている。MF 活動は,グループ内での毎月の集金による貯蓄や貸出活動を通して,養鶏,養豚などの家畜の飼育や野菜の栽培,店の開設等による所得創出や不測の事態(災害,家族の事故や病気)時の費用,生活費(食費,教育費,冠婚葬祭の費用,出稼ぎの支度金)など,生活不安を軽減する目的で活用されている(青木 2015:177)。

MF 活動は,現在では先進国も含め,銀行,協同組合銀行,NGO,グループ内でのお金の管理等で様々に運用されている。ソーシャル・キャピタルとMF に関する研究では,吉田(2002:251-253)が MF の実施機関のアプローチの面からの研究を行っている。また,Dowla(2001)は貧困女性への資金の貸し出し過程において,持続的な制度確立には返済の規範やグループの結束など

のソーシャル・キャピタルの役割が重要であることを明らかにした。MF 活動は、「借りた資金を自分や家族の力で返済していくことが基盤になっていることから、『施し』による依存関係から脱出し、対等な人間関係を構築し、自尊心につながる活動」（川村 2012：263）として期待されている。

さらに、フェミニストエコノミーの分野では、貧困削減のための MF 開発政策は、女性たちを結束させ、ジェンダーイデオロギーの構築にもつながると示唆に富んだ結論を導いている（Rankin 2002：1-24）。Basargekar（2010：25-43）は、ソーシャル・キャピタルの構築は、MF 活動を通して組織が人材育成や意思決定能力の向上を図る政策を実践することが重要であると指摘している。

MF とソーシャル・キャピタルとの関係については、グラミン銀行の例を出して、佐藤・足立（2002：28）が「ミクロレベルの制度的ソーシャル・キャピタル及び、認知的ソーシャル・キャピタルの形成・蓄積が確認され、"貧困層には融資の返済能力がある"という認識が広まり、マクロレベルのソーシャル・キャピタルにも影響を与え、MF の法整備に至った」と述べている。

（3）どのような協調行動への働きかけが効果的か──考察の論点

本章では、こうした先行研究を踏まえ、ソーシャル・キャピタルの定義を「心の外部性を伴った信頼・規範・ネットワーク」（稲葉 2007：4-5）とし、ネパールの女性グループによる MF 活動に関する、フィールドワークで得た調査結果を基に、社会的・文化的文脈を背景に、ソーシャル・キャピタルが MF 活動にどのような役割を果たしているか、また、MF 活動がソーシャル・キャピタルの醸成にいかに寄与しているか、実証的な考察から検証する。

図5-1では、MF 活動におけるアウトプットに向けたインプット─プロセスとソーシャル・キャピタルとの関係を示す。それは、MF 活動における目標（アウトプット：貧困削減、差別構造の解消、女性の地位向上）達成に向けたインプット（人材、サービス、活動の場など）とプロセス（MF 活動）に関して、ソーシャル・キャピタルの概念を位置づけたものである。様々な形でアクター（女性グループのメンバー等）が関わるが、この時、人々の心に MF 活動に対する協調行動への働きかけをいかにするかで、ソーシャル・キャピタルの質や量が変わ

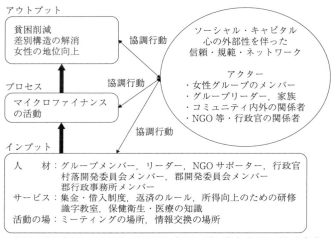

図5-1 女性グループによるマイクロファイナンスの活動とソーシャル・キャピタルとのインプット―アウトプットの関係

出所:結城 (2003:111-112), UNESCO (2002:81), 青木 (2015:26) を参考に筆者作成。

り,結果としてMF活動の効果(アウトプット)や効率性・持続性の改善に影響があるのではないかというのが,本研究の関心である。

2 相互扶助システムとコミュニティ活動

(1) 地域社会における相互扶助システム

「日本の伝統社会には助け合いという慣行が根付いており,『お互いさま』という言葉には他者への奉仕の気持ちと,将来,他者が助けてくれるかもしれないという期待が込められている」と山内・伊吹編(2005:1)が述べている。このように日本では,危機の後に相互扶助システムが機能したこと,すなわちソーシャル・キャピタルが構築されてきたことを指摘している。さらに結や頼母子講・無尽について,「結は,田植え,稲刈り,屋根葺き等,人手が必要な時に労働力を融通し合う仕組みであり,頼母子講や無尽は,講員(加入者)が共同で積み立てた資金を講員に貸し付ける小口金融制度で,不測の事態に備える保険としても機能していた」と述べている(山内・伊吹編 2005:3)。日本をは

じめインドネシアのアリサン（齊藤 2009：293），ネパールの互助組織（青木 2013：15-16）など世界の地域社会で相互扶助システム，すなわち，MF 活動に類した活動が存在していることが知られる。

（2）ソーシャル・キャピタルとコミュニティ活動との関係

コミュニティ活動は，「単に経済効果だけでなく，①人間性の回復，②地域コミュニティ内の社会問題の解決，③地域と住民の新たな経済的基盤の確立と雇用の創出，④生活文化の継承・創造，といった効果が期待される」と細内（2010：45-46）が述べている。ネパールの女性グループのコミュニティを基盤とした MF 活動は，他者との関わり合いのあり方，すなわちソーシャル・キャピタルが地域コミュニティ内の生活の質に影響を及ぼしている。

NPO とソーシャル・キャピタルとの関係について，稲葉（2002：177-189）は，「NPO が社会構成員間の信頼と規範を高めるソーシャル・キャピタルの提供者としての機能を有し，NPO の活動自体がソーシャル・キャピタルを醸成すると同時に，セクターとしての NPO が総体としてソーシャル・キャピタルを育む」と提示している。また，三浦（2015：139-152）は，「NPO などによる市民活動を支援する中間支援組織活動が，地域の中でソーシャル・キャピタルを生み出すことに大きな役割を果たしている」と述べている。さらに，辻中ら（2009：21）は，「市民がさまざまな組織に積極的に参加することにより，そこでの活動を通して信頼や互酬性の規範意識が形成される」ことを指摘している。

3　SOCAT による分類・類型化と概念整理

（1）ソーシャル・キャピタルの分類・類型化

パットナム以降，開発途上国の開発問題を解く一つの重要な鍵として，ソーシャル・キャピタルの概念は多くの援助機関，NGO/NPO，あるいは開発問題の研究者らの関心をひきつけたが，問題はソーシャル・キャピタルを如何にして測定するかである。

開発政策においては，ソーシャル・キャピタル概念の的確な整理に加えて，信頼性・正確性，共通した包摂範囲，比較可能性，交差文化的な測定の妥当性

を有したソーシャル・キャピタルの測定が大きなテーマとなると,辻中(2003：275-276)が指摘している。前述の世銀のSCIやOECDが,計量分析の手法を用いてソーシャル・キャピタルの役割を論じている。

　Uphoff (2000)は,ソーシャル・キャピタルを社会組織・制度の存在に関連したネットワーク,組織での役割,ルール,手続きなどの「構造的(structural)ソーシャル・キャピタル」と,個人の心理的な変化プロセスや態度に直接影響を与える規範,価値観,信条などからなる「認知的(cognitive)ソーシャル・キャピタル」とに分類し,それぞれの要素を指標化するインデックスを作り,計測するという方法論を提唱している(佐藤編 2001：21)。

　また,ソーシャル・キャピタルの影響が及ぶ範囲については,コミュニティ,あるいは小集団内における情報チャネル,民間の協調行動の枠としての組織やネットワークの「ミクロ(micro)なソーシャル・キャピタル」と,より広範な住民を含む社会・政治的環境に関する制度や法の支配などを指す「マクロ(macro)なソーシャル・キャピタル)」とに分類している(坂田 2011：116)。

　さらに,ソーシャル・キャピタルの多様性,多義性に関連して,ソーシャル・キャピタルは内向きで同質なもの同士が結びつく「内部結束型(bonding)ソーシャル・キャピタル」,外向きで異質なもの同士を結びつける「橋渡し型(bridging)ソーシャル・キャピタル」,そして権力,社会的地位や富に対するアクセスが異なる社会階層の個人や団体をつなぐ「階統的結合型(linking)ソーシャル・キャピタル」に分類される。すなわち,「内部結束型」は,家族,民族集団など同質的な集団のネットワーク,「橋渡し型」は,多様な集団をクロスするネットワーク,そして「階統的結合型」は,階統的組織内でのネットワークのことを言う(OECD 2001：42；辻中 2003：278；稲葉 2011：31・165)。

（2）SOCATによる概念整理の枠組み

　ソーシャル・キャピタルの概念整理の枠組みとして,世銀は調査における調査項目や質問例からなる社会関係資本の計測ツールであるSocial Capital Assessment Tool (SOCAT/SCAT)を開発し,実証研究でこれらの活用を推奨している。

　SOCATは,多面的にソーシャル・キャピタルを把握することを目的として

表5-1 山岳地域や都市部から離れている地域のMF活動とソーシャル・キャピタルの関係（ドティ郡，バルディア郡，ジュムラ郡，ルパンデヒ郡など）

ソーシャル・キャピタルの分類		ソーシャル・キャピタルの具体例
マクロ		・郡開発委員会や村落開発委員会など，行政機関との連携活動。 ・DNF（ダリットNGO連合）やDWO（ダリット福祉組織）などの組織との連携活動。 ・現地NGO（FEDO, SAFE等）や国際NGO（Save the Children）などとの連携活動。
ミクロ	認知的	・市場までの交通事情が悪い場合，カースト・民族の混合グループでも，住民の共同体意識は強固。 ・伝統的な慣習（チャウパディシステムや幼児婚，ダウリー，グムトゥ：本文参照）を，規範として固守する負のソーシャル・キャピタルが大。 ・自己主張や意思決定が向上。自信と尊厳を獲得。 ・貯蓄，貸し出し，返済の活動がグループ内部の規範を醸成し，自主管理能力を育成。 ・メンバー同士の横のつながりが，人々の協調行動を活発にし，ソーシャル・キャピタルを構築し，農村での豊かな人間関係を醸成。
	構造的	・MFは主に生活上の不安を取り除く目的（病気・災害・冠婚葬祭・出稼ぎ・子どもの教育に必要な費用の借入等）で運用。 ・メンバーは，居住地から移動することが少ない既婚者で構成。 ・集金額／月が平均20 Rs（Rs：ルピー，1 Rs＝1.29円：2009年）と比較的少額。 ・他からお金を借りることができない女性は，返済意識が高く，返済のルールをグループ内で相談して決定し，遵守。 ・月1回の定期的なミーティングを開催。

出所：吉田（2002），Dowla（2001）を基に筆者作成。

デザインされたものであり，収集されるデータは，量的，および質的データの両方とされるが，こうしたデータの収集によって，ソーシャル・キャピタルの認知的側面，および構造的側面の両者が把握可能になるとされている。

Krishna & Shrader（1999）は，ソーシャル・キャピタルをマクロとミクロに大別し，マクロレベルは，公式な法制度，政策過程への参加の度合い，ミクロレベルでは，構造的なものと認知的なものに分けている。本章では，このソーシャル・キャピタルの概念整理の枠組みを準用してMF活動の記述的事例分析を行った（表5-1，5（1）参照）。

4 ネパールの女性グループによるマイクロファイナンス活動に対する記述的事例分析——フィールドワークから

(1) ネパールにおける社会開発と社会的・文化的背景

1) 地形的特徴と地域格差

ヒマラヤに位置するネパールは、インドと中国に陸地で囲まれ、インドとの国境をなすタライ平原地帯、中国との国境沿いの山岳地帯、そしてその中間の丘陵地帯からなる。ネパールの多様な民族と文化は、こうした地形的特徴と気候的環境との違いから育まれたが、それは文化の宝庫であると同時にまた、政治・経済をはじめ教育など多くの面で地域的格差を増大する原因ともなってきた（畠 2007：422-431；南 1997：316-321）。

2) ヒンドゥー文化とカースト制度

ネパールでは、2008年に240年間続いた王制から制憲議会に政治が代わったが、今なお政治的混迷は続いている。また、国民の81.3%がヒンドゥー教徒であり、カースト制度（1963年に差別条項は法で廃止）という世襲的な身分による階層制（青木 2015：33）や慣習に基づく社会規範や、「マヌ法典」の女性蔑視の思想（女性の劣等性や不浄性を説く）等が、現在も生活文化の中に根強く息づき、女性たちは不利な状況に置かれている（渡瀬 1990）。貧困は、カースト制度による階層性、人種や民族および、性に基づく、社会的不平等の問題が関与している。

結婚については文化や慣習が同じであるインナーカースト結婚（内婚制）を原則とし、インターカースト結婚（異カースト間結婚）をタブー視している。内婚制の維持は、カースト制の存続を維持すると考えられるが、宗教上の信条や規範から、どの階層もそれを変えようとしない。これらの因習は、日常的な生活を営む上で、「仕方なしに」であっても「戦略的に」選びとられており（佐藤編 2001：206）、世襲的な身分による階層性の維持という「内部結束型ソーシャル・キャピタル」の負の側面（ダークサイド、個人の自由の制限と不寛容さ）を表出している。

ヒンドゥー社会には、このほかにもチャウパディシステム（chhaupadi system）や、タライ地域（ネパール南部に広がる平原地帯一帯）に住むダリットや

マデシ（タライに住むインド系の出自集団に属する人々の総称）の貧困層の間にみられる，ダウリー（dowry：結婚時の持参金）や幼児婚（child marriage），そしてグムトウ（ベールで髪を隠す義務づけ）などの慣習が存続している。チャウパディシステムとは，出産，月経の際の出血に対する怖れ，不浄観，穢れなどから，生理中の女性を日常生活から隔離するという慣習である。ネパール最高裁判所は，2007年に「チャウパディ慣習根絶令」を発令し（伊藤 2010：105-126），2017年には法で禁止しているが，ネパールでは広く「当たり前」として受け入れられ，「規範」として認知されている。幼児婚は，早く結婚すればよい報いが得られるという言い伝えと同時に，嫁入り先へのダウリーが少なくて済むという理由から継続している慣習である。

健康面からは，ユテラス・プロラプス（uterus prolapse：子宮脱）に罹患している女性が多いことが，注目される。この病気は，子宮が膣外に出てきてしまう病気であり，その原因は，妊婦検診に行けないこと，多産であること，出産後の日が浅いうちから水や家畜の飼料運びなどの重労働をすること，さらに早婚で身体的に成長する前に妊娠することなど，生活習慣に起因する病気として問題視されている。

これらの陋習ともいえる慣習や習慣は，ヒンドゥー文化の伝統的価値規範の中に埋め込まれており，女性に抑圧的に働き，健康問題，人権問題にもかかわっている。この問題の解消・根絶にはミクロな「認知的ソーシャル・キャピタル」のみでなく，マクロレベルでの階層全般にわたる「ネットワーク」を活用して，男女共に知識を共有し，廃止・改善の体験を積み上げ，制度や価値規範の転換を図っていく必要がある。

3）ネパールの社会開発

1990年の民主化以降，ネパール政府は地域住民を開発プロセスに参加させ，地域のニーズを政府の政策に反映させることを目指し，NGOを「開発のパートナー」として位置づけた。また，「ジェンダー主流化」という国際社会の動きの中で，2000年から女性児童社会福祉省が，女性やジェンダー問題に関して政策を立案し，関係諸機関との連携と調整を行い，モニタリングと評価を行っている。

このようにネパールの社会開発は，行政，NGO，地域住民が一体となり，

「ミクロ・マクロなソーシャル・キャピタル」の環境の中で進められている。中間支援組織のNGOのサポートを得て、女性たちはMFグループの組織に積極的に参加し、活動を通して、「信頼」や「規範」「ネットワーク」のソーシャル・キャピタルを構築し、育んでいる。

(2) ダリット女性を中心とした聞き取り調査

MF活動とソーシャル・キャピタルに関する聞き取り調査を実施した。調査対象者はダリット女性を中心とした女性グループのリーダーならびにそのメンバーである。「ダリット（Dalit：抑圧された者の意）」とは、アウトカーストとして、カースト制度の最底辺に置かれた被差別集団である。ダリットは、ネパールの人口の約13％（2011年国勢調査）を占め、伝統的な職業を持つ職業集団であり、社会の底辺の労働を担っている。

しかし、今ではカーストが定める伝統的職業だけで生計を立てている人は1～2割程度と少なく、67％が農業従事者（外務省 2016年8月）である。ダリットは耕作可能な土地を所有しているものが少なく、上位カーストの農地で働いているが、ここでの報酬だけでは家族の食糧をまかなうことができないため、コミュニティ内の男性の大半が11月～3月の農閑期に国内の都市部やインド、マレーシア、カタールなど海外に出稼ぎ（海外送金がGDP比で27.7％：外務省 2016年8月）に行っている。その間、女性の労働によって食糧獲得の6割以上がまかなわれており、女性は、農繁期には男性とほぼ同じ時間農作業に従事するほか、家事労働の大半を負担する（梅村 2003：77）。

ダリットの女性たちは、ダリットであることと女性であることのゆえに複合差別を被り、人間の基本的な権利や、国や社会から公平に扱われる権利も得られないできた（Kisan 2008：10）。

調査地域の選定については、ネパール政府が経済格差を是正する目的で区分している5つの経済開発区で行った。調査は西部から東部に至る24の地域（グループ）で実施した（図5-2参照）。調査期間は、2009～2018年である。調査にあたり、サポートNGO団体（FEDO, DNF, DWO, SAFE, NTNC, CARE, PLAN, DALMAK, NCDC, SB）の協力を得て実施した（青木 2015：75-190）。調査方法は、女性グループのリーダーやメンバーに集合してもらい、MF活動と

図5-2 ネパールの経済開発区と女性グループによるマイクロファイナンスの活動調査地

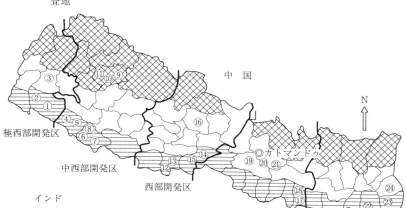

注：①②カイラリ郡，③ドティ郡，④⑤バルディア郡，⑥⑦⑧バケ郡，⑨⑩⑪ジュムラ郡，⑫⑬ルパンデヒ郡，⑭⑮ナワルパラシ郡，⑯カスキ郡，⑰⑱ダヌーシャ郡，⑲マクワンプール郡，⑳㉑ラリトプール郡，㉒モラン郡，㉓ジャパ郡，㉔イラム郡
出所：外務省海外安全ホームページ（ネパール）を参考に筆者作成．

ソーシャル・キャピタルに関する聞き取り調査を行った．

（3）マイクロファイナンス活動の実態
1）グループ人数，結成年数，マイクロファイナンスの集金・返済利子

ネパールの MF 活動のグループメンバーは，地域を問わず，比較的コミュニティから移動することが少ない既婚女性で構成されていた．大江（2006：137）も指摘しているように，これは MF の貸出金獲得後の持ち逃げ，返済率の低下を防止するためである．しかし，2016年の調査では未婚女性でも加入を許可しているグループも出現しはじめている．それは，これまでに蓄積されてきた母親世代の強い「信頼」関係が定着し，活動を通して「認知的ソーシャル・キャピタル」が醸成され，家族やコミュニティ間の良好な人間関係が構築されたためと思われる．

グループ人数は，20人前後の規模で行っているところが多い．人数が増加し

た場合は，毎月の集金・貸出やミーティングなどの諸活動の運用がしやすいように，グループを分割して活動している。互酬性の「規範」が行き届きやすく，メンバーの意見が活動に活かされやすい工夫がなされている。グループの結成年数については，2009年時点で2～4年というところが圧倒的に多かった。

集金額は，1カ月当たり5～1,000 Rs（Rs：ネパール通貨，ルピー。1 Rs≒1.23円，2009年）とグループにより大きな差があるが，20～50 Rsが最も多かった。所得向上を目的としているところは，集金額も大きい。返済利子額は，1カ月当たり2 Rs/100 Rsがほとんどであった。返済については，メンバーが返済可能な金額で，「1カ月ごと」が基本原則となっている。お金を借りる際，返済方法をミーティング時に相談して決めるため，これまでにどのグループも返済に関するトラブルは発生していない。他に資金獲得の機会が少ない女性にとって，MF活動の貸出と返済（「規範」）は，活動を継続する基本になっており，その経験・蓄積により体得した「信頼」感は，グループメンバー間にさらに良好な「ネットワーク」を構築している。

2）マイクロファイナンス活動によるグループ資金の活用使途

ネパールのダリット女性グループのMF活動が，一般的に所得創出（income generation）よりも，貯蓄活動を通して，災害や家族の事故，病気などの不測の事態に備えたり，食費，子どもの教育費，冠婚葬祭の費用や出稼ぎに充てたり等，生活上の不安を取り除く目的で行われていることが多かった。

地域別に，平野地域や都市部に近い地域（バケ郡，モラン郡，ジャパ郡，カスキ郡，ラリトプール郡など）では，交通のアクセスが整備され，市場にも近く，ビジネスチャンスに恵まれているため，個人で店を開設するなど所得向上の目的で，MF活動によるグループ資金を活用している。一方，山岳地域や都市部から離れている地域（ドティ郡やバルディア郡，ジュムラ郡，ルパンデヒ郡など）では貧困ゆえに生ずる生活不安を解消するために，グループ資金を活用することが多い。ダリットの40.9％が貧困ライン以下で生活しているという[7]，そうした経済状態を反映しているといえる。

（4）経済開発区別に見たマイクロファイナンス活動と
　　ソーシャル・キャピタルの特徴
1）極西部開発区

　一般に西部方面の方が東部に比べてヒンドゥー教の伝統文化をより遵守した生活をしており，西部方面の方がカーストとジェンダーの問題が顕在化している。高位カーストのバフンやチェトリ（ブラーマン，クシャトリアに相当するネパール語）が，ダリットの触れたものを食べないという差別問題や，ダリット同士間でも身分や職業で階層化されている。すなわち，カースト内での「内部結束型ソーシャル・キャピタル」が極めて強く，相互扶助システムが内向きに働き，差別問題の解決には負のソーシャル・キャピタルとして作用している。

　NGO FEDO（Feminist Dalit Organization：本部は首都カトマンドゥにあり，56の支部を持つ）は，ダリットの女性たち自身により設立した唯一のNGOであるが，カイラリ郡支部のFEDOスタッフは，女性グループのMF活動を通して，バフン，チェトリに差別しないよう働きかけたり，関連する記事を掲載したりして，啓発活動やルール整備（差別した場合の罰金制）を推進している。NGOが外向きで異質なものを結びつける「橋渡し型ソーシャル・キャピタル」や異なる階層をつなぐ「階統的結合型ソーシャル・キャピタル」の働きかけを行い，地域の中でソーシャル・キャピタルを生み出すことに大きな役割を果たしている。

2）中西部開発区

　タルー（Tharu：タライ平原の原住民）のスクンバシ（sukumbasi：土地不法占拠民）の集落群があり，カマイヤ（債務労働者）から聞き取り調査を行った。20数年前に政府が制度を廃止したため，現在は債務を負っている人はいない。この地区の女性グループは，バフン，チェトリをはじめタルー，マガルなどカーストや民族を超えて混合グループで活動している（青木 2015：89-111）。MF活動で得た資金を協同組合に預けることで，利子による資金の増額が見込まれ，また，金銭管理も公平に扱われるので，グループ内の安心した「信頼」「規範」が醸成されている。定例ミーティングの参加により，カーストや民族を超えて情報交換を共有しており，人権意識の向上にも寄与している。

　山岳地帯のジュムラ郡では，ダリットがCDO（Chief District Officer：郡長官行

政事務所長）に土地改革（Land Reform）により，肥沃な川沿いの公共地を供与してくれるよう，要求している。その要求を受けて，CDOはバフンに対し，ダリットに土地を与えるよう説得している。さらに，これまでダリットは寺院で参拝できなかったが，NGO FEDO等が郡開発委員会（DDC：郡における開発プログラム策定・実施，モニタリング等を行う地方行政機関）や村落開発委員会（VDC：村レベルの開発プログラム策定・実施を担う地方行政機関）等の行政機関に抗議活動を行い，2006年頃から寺院に参拝できるようになった。このように，行政や社会的地位が異なる社会階層の個人や団体との連携がみられ，「階統的結合型ソーシャル・キャピタル」が差別構造の解消へ道を切り拓いている。コミュニティの範囲を越えて，公的機関から資源や情報を活用する能力が醸成されている。

3）西部開発区

ルパンデヒ郡では前述の幼児婚やダウリー，グムトゥの慣習が続き，人身売買や少女売春の問題も深刻である（青木 2015：38-53）。人身売買の廃絶には，周辺各国との連携，人権やジェンダーの視点からの関係法令の適切な運用と取り締まりの強化などのマクロレベルでの「構造的ソーシャル・キャピタル」をはじめ，若年層への教育による啓発活動などの「認知的ソーシャル・キャピタル」の促進などが求められる。女性グループと多様な集団と連携をはかり「橋渡し型ソーシャル・キャピタル」や，「階統的結合型ソーシャル・キャピタル」の「ネットワーク」強化により，改善が期待される。

ナワルパラシ郡の女性グループは，放牧中のヤギの糞を堆肥として売り，年間4,500 Rsの収益を上げている。グループ全員で堆肥拾いに行くが，行けない場合は，25 Rs罰金を払うことになっている。グループ内の公平なルール作りとそれを遵守することで，「信頼」や「規範」が醸成されている。女性グループに入って良かったことは，知識が向上したこと，高利貸しを通さず，緊急時にお金を借りられることなどを挙げている。

4）中央部開発区

ムサハルは，ネズミ肉やネズミが蓄えた米を食するダリットであるが，寝食ともに厳しい状況下にあり，ネパールの貧困の実態の底の深さを示している。コミュニティ内の共同体意識が強く，生活を支え合うという「内部結束型ソー

シャル・キャピタル」が極めて強い。

一方，カトマンドゥ近郊のコミュニティでは，NGO FEDO のフィールドスタッフが現場で，グループメンバーと話し合い，FEDO 本部と連携を取りながら MF 活動を効率的に実践している。彼女たちは，ファシリテーター（facilitator）[8]のように専門家ではないが，開発援助に関わっている。たとえば，様々な機関のダリトの予算を探し，そのプログラムを女性グループに伝え，「橋渡し型ソーシャル・キャピタル」を行うことにより，プロジェクト資金を得るための申請書等のサポートを行っている。

NGO は，グループリーダーの育成にも力を入れており，話し合いによるルール（ミーティング遅刻者の罰金制，共同作業における同一労働・同一分配金制，5年ごとにグループ資金の利益分配制，新入会員の入会金制，研修参加者の交代制等）の作成や実践を奨励している。

5）東部開発区

男女ともネパールの中で平均識字率が高く，しかも男女の格差が小さいという特徴がある。東部開発区のタライ平原では幼児婚やダウリー，グムトゥの慣習もなく，結婚も20歳以上に変わってきている。

村落開発専攻の女子大学院生9名が女性の地位向上に向けて，午前中は院生として勉学に励み，午後は小学校の教員として，また夕方には女性グループのMF 活動のサポーターとして活躍している。コミュニティ内の識字率の向上や，DV の防止の啓蒙活動という「認知的ソーシャル・キャピタル」の意識向上にも寄与してきた。コミュニティ全体の教育力が上がることで，それぞれのもつ「潜在的な力」が結集され，因習に対する改革エネルギーになることが，明らかになった。

5 マイクロファイナンス活動の実績は何か
―― 貧困削減・差別構造解消への貢献

（1）地域格差からみた有用性

MF 活動におけるソーシャル・キャピタルの概念整理の枠組みを準用して，MF 活動の記述的事例分析を行い，表5-1に山岳地域や都市部から離れている地域の MF 活動とソーシャル・キャピタルの関係を示した。ソーシャル・

キャピタルの作用する範囲については，まず，マクロとミクロに区分し，マクロは行政，NGO等の関係諸機関という大きな範囲で作用するもの，ミクロはMF活動グループなどの範囲で作用するものとする。また，ソーシャル・キャピタルの構成要素として，社会組織・制度における役割，ルール，手続きなどの「構造的ソーシャル・キャピタル」と，個人の規範，価値観，信条などからなる「認知的ソーシャル・キャピタル」とに分類している。紙幅の関係から，表5-1のみを示したが，このように概念整理の表を用いソーシャル・キャピタルの要素分析をすることで，多面的にソーシャル・キャピタルを把握することができる。

1）コミュニティ内の共同体意識

地方の市場までの交通手段が発達しておらず，物流が少ない地域では，「内部結束型ソーシャル・キャピタル」が強く，共同性が強い傾向がみられた。日常の生活レベルの相互扶助システムが機能している。逆に，都市では1960年代以降様々な地域から人々が移住してきたため，カースト・民族構成が複雑に入り組んでいて共同性の構築には時間が必要であることがわかった。ソーシャル・キャピタルは必ずしも普遍的に蓄積されるわけではなく，それぞれの地域環境や文化の中で，その内容も強さも多様であることを示唆している。

2）倫理観や価値規範

山岳地域等の地理的に厳しい生活環境を余儀なくされているところは，コミュニティ内での規範と内部結束が強く，閉塞的なソーシャル・キャピタルが更新されず，蓄積されてきた。前述の通り，このようなソーシャル・キャピタルは伝統的な慣習（チャウパディシステムや幼児婚，ダウリー，グムトゥなど）をメンバー内での「規範」として踏襲し続けるというソーシャル・キャピタルの負の側面（ダークサイド）がみられた。

Rose（1998）は「ソーシャル・キャピタルは常に価値が一定で，同じ方向に正に作用するわけではない」ということを指摘し，稲葉（2011：165-168）は「ボンディング（結束型）ソーシャル・キャピタル」と「しがらみ」は表裏一体の場合が多いと述べている。負に作用する認知的ソーシャル・キャピタルは，水平的な人間関係だけではなく，社会構造・制度も含めて，様々なネットワークを通じて，「橋渡し型ソーシャル・キャピタル」や「階統的結合型ソーシャ

第5章 社会開発の持続可能性を高めるものは何か

ル・キャピタル」によって，客観的に認知され，排除されねばならない。

（2）バディカーストのコミュニティでの取り組み
1）コミュニティ内の結束

　バディ（Badi）は，ダリットの最下層に位置づけられ，売春をカーストの職業としている。バディコミュニティは極西部・中西部地区に集中している（青木 2013：101-122）。ネパール政府は2010年9月にすべてのバディに対して，「売春の仕事を禁ずる」という通達をしたが，本項では現在も売春の仕事を一部継続しているコミュニティの事例を取り上げる。禁止の発令後，警察の監視が厳しく，売春の仕事をコミュニティ内でできず，インドや近隣の町で行っている。バディコミュニティでは，カースト制度による社会の階層化と差別的処遇が人々の意識の中に共通して，深く刷り込まれており，それゆえコミュニティ内での助け合い精神，信頼関係，紐帯が強く，「内部結束型ソーシャル・キャピタル」が極めて強い。このような内部で同質なもの同士が強く結びついている状態を凝集性と呼ぶが，「閉じたネットワークは凝集性が高い」と稲葉（2011：45）が指摘している。このような閉塞的な負のソーシャル・キャピタルは開発の妨げになるので，様々な組織と積極的にネットワークを構築して，新たな価値規範を構築することが望まれる。

2）マイクロファイナンスの活動とソーシャル・キャピタル

　筆者との話し合い（グループに原資の貸与／支給を含む）で，2012年よりMF活動を開始した。最初は養鶏プロジェクト，2013年より養豚プロジェクトも開始している。2018年現在，グループ資金が35万ルピー（1 Rs≒1.02円，2018年）となり，軌道にのり始めた。飼育にあたり，飼料の与え方，病気の予防・治療などの研修が必要であるが，こうした研修を受けるためには，郡行政事務所（DAO）にグループ登録をしなければならない。登録には，グループメンバー（最低25人必要）の名前，それぞれのナガリタ（身分証明書にあたるもの）と結婚証明書，および規約書の提出が義務づけられている。バディで結婚証明書を持っているものが少なく，登録に時間を要したが，中間支援団体の協力を得て，2017年に登録が完了した。

(3) 女性の地位向上と自立支援——マイクロファイナンス活動の意義

　MF 活動の最大の利点は何か。ネパールのダリット女性たちは口をそろえて言う。1つ目は，外出がままならなかった（これまでは夫や舅，姑の許可が必要）女性たちにとって，外出が自由にでき，ミーティングで家族や個人の悩みや問題を話し合い，情報交換の場ができたことであるという。グループ内の「ネットワーク」が「信頼」を基盤に協調行動を高めるインセンティブになっていたのである。

　2つ目には家庭や地域で一人前の人間として扱われ，自己主張や意思決定ができ，グループ内の活動のルール作りに関与し，それを実践できるようになったことを挙げている。「構造的ソーシャル・キャピタル」を実践することで，互酬性の「規範」が醸成され，人権意識の芽生えや個々人のエンパワメントにつながったと考えられる。

　3つ目には MF 活動を通して，グループ外の他のカースト集団，NGO や政府などのフォーマルな制度・組織と連携し，外部の情報・機会へのアクセスが増加したことを挙げている。「橋渡し型ソーシャル・キャピタル」や「階統的結合型ソーシャル・キャピタル」による「ネットワーク」の強化が，グループの交渉能力の向上を促し，MF 活動の効率性やそれぞれの持つ潜在能力を引き出したと考えられる。セン（2002：167-169）は「潜在能力」の機能の拡大こそが，発展の究極的目標かつ，自由の拡大を意味すると主張している。2017年にはグループメンバーが女性議員にも選出された。

　ソーシャル・キャピタルの協調行動を基盤にした MF 活動は，男性社会で弱い立場に追い込まれやすい女性を精神的，経済的にも支え，女性の家庭や地域における地位向上と自立の支援にも大きく貢献していることが明らかになった。

　ネパールの女性グループによる MF 活動においては，このように NGO との「橋渡し型ソーシャル・キャピタル」や「階統的結合型ソーシャル・キャピタル」の「ネットワーク」が，活動の中枢になっている。バディコミュニティのように MF 活動は，売春の仕事からディーセントワーク（働きがいのある人間らしい仕事，厚生労働省）に移行する原動力ともなり，貧困削減や差別構造の解消にも貢献しているといえる。細内（2010：45-46）が指摘する「コミュニティで

の活動は，人間性の回復，経済的基盤の確立と雇用の創出に効果がある」ことが，事例から実証された。

6　協調行動の働きかけと持続可能な開発

　ネパールにおけるコミュニティと社会構造の問題は，カースト制度による階層性やジェンダーに基づく差別や貧困の問題と深く関連しており，持続的なコミュニティ開発には，参加型の MF 活動を通してソーシャル・キャピタルの役割が大きいことが明らかになった。

　女性グループによる MF 活動は，貯蓄活動を基盤にした貸出・返済のルールでグループ内の「規範」が醸成され，その経験・蓄積により体得される互恵性を通して，グループメンバー間に安定的な「信頼」関係が構築され，「ネットワーク」による情報・機会のつながりから様々な絆が展開されている。この時，参加型開発の担い手として協調行動の働きかけをいかにするかで，ソーシャル・キャピタルの質や量が変わり，MF 活動の効率性などに影響が出てくることが，事例から明らかになった。すなわち，MF の積極的活動とソーシャル・キャピタルの培養は，互いに他を高めていくようなシナジー（協働，相乗）関係にあることが実証された。

　持続可能な開発には，グループ内の「ネットワーク」を起動させるキーパーソンの存在が重要であり（稲葉 2011：107-108），リーダーの資質が，組織強化の上でも開発の鍵を握る。MF 活動において「橋渡し型ソーシャル・キャピタル」や「階統的結合型ソーシャル・キャピタル」の横断的・縦断的連携のソーシャル・キャピタルが特に重要である。具体的には，女性グループはネパール政府の村落開発委員会や郡行政事務所の行政担当者，国際 NGO や現地 NGO のカウンターパート他のグループなどの制度・組織との連携を強めることが不可欠である。そのためにも交渉能力を有し，リーダーシップを発揮できる人材の育成が喫緊の課題である。

　コミュニティにおいてソーシャル・キャピタルが維持・醸成されれば，それによって形成される豊かな人間関係により，MF 活動が積極的に推進されることになる。こうした活動から引き出される潜在能力の拡大は，生活改善，貧困

削減，女性の地位向上，さらには人権や平等意識を醸成し，社会的排除や差別構造の問題を解消の方向に促し，社会開発への道を切り拓くものと考えられる。

注
(1) 「エンパワメント」とは，人間の潜在能力が発揮できるような平等で公平な社会の構築を目指そうとする概念（太田 2007：157）であり，社会集団の一人ひとりが，その力をつけることである。
(2) 外務省＞国・地域＞アジア＞ネパール連邦民主共和国＞基礎データ（http://www.mofa.go.jp/mofaj/area/nepal/data.html，2018年5月29日アクセス）。
(3) チャウパディシステムとは，チャウ（chhau）が娘，パディ（padi）が外を意味し，生理期間中お祈りはできず，メンストレーションハウスや物置，家畜小屋などで過ごすという慣習である。
(4) 幼児婚とは，18歳以下の子ども同士の結婚を言う。タライのマデシの幼児婚は5〜10歳で結婚し，その後少女は一旦実家に戻り，初潮を迎える頃に婚家に戻る。
(5) ベールで髪を隠すことを義務づけている慣習。結婚して3年間は家から出られず，ベールで髪を隠さねばならないという地域もある。
(6) ジェンダー主流化とは，ジェンダーと開発（GAD）を開発の重点課題とし，ジェンダー平等の視点を全ての政策・施策・事業の企画立案段階から組み込んでいくことをいう（田中 2004：1-12）。
(7) Government of Nepal, Central Bureau of Statistics. 2012. Poverty in Nepal 2010/11.Kathmandu.
(8) ファシリテーターとは，開発援助において住民がもてる力を顕在化する過程（エンパワーメント）を支援し，その効果や持続性を促進する人である（太田 2007：157）。
(9) 山岳・丘陵地帯の民族は，本来はカースト制度を持たなかったが，ヒンドゥー化によりカースト的な枠組みに組み込まれ，高カーストと低カーストの中間に配置された（畠 2007：48-49）。
(10) カウンターパート（counterpart）とは，国際協力の場において現地で受け入れを担当する機関や人物を指す。

参考文献
青木千賀子（2013）『ネパールの女性グループによるマイクロファイナンスの活動実態——ソーシャル・キャピタルと社会開発』日本評論社。
青木千賀子（2015）「ネパールの女性グループによるマイクロファイナンスの活動と

ソーシャル・キャピタルに関する研究」日本大学(博士論文,国際関係)。

伊藤ゆき(2010)「『チャウパディ慣習根絶令』を巡るネパールの女性たち——月経慣習と法の間」『文京学院大学外国語学部文京学院短期大学紀要』10, 105-126頁。

稲葉陽二(2002)「エピローグ——再び信頼の再構築に向けて」稲葉陽二・松山健士編『日本経済と信頼の経済学』東洋経済新報社, 177-189頁。

稲葉陽二(2007)『ソーシャル・キャピタル——「信頼の絆」で解く現代経済・社会の諸課題』生産性出版。

稲葉陽二(2011)『ソーシャル・キャピタル入門——孤立から絆へ』中公新書。

梅村尚美(2003)「ジェンダー」『ネパール国別援助研究会報告書——貧困と紛争を越えて』国際協力事業団・国際協力総合研修所, 77-82頁。

大江宏子(2006)「地域社会活性化に向けた社会ネットワーク活用のための実証的研究」早稲田大学(博士論文,国際情報通信学)。

太田美帆(2007)「ファシリテーターの役割」佐藤寛編『テキスト社会開発——貧困削減への新たな道筋』日本評論社, 153-175頁。

岡本真理子・粟野晴子・吉田秀美(1999)『マイクロファイナンス読本——途上国の貧困緩和と小規模金融』明石書店。

川村暁雄(2012)「マイクロファイナンス(マイクロクレジット)——貧困解決のためのイノベーション」神野直彦・牧里毎治編著『社会起業入門——社会を変えるという仕事』ミネルヴァ書房, 260-268頁。

齊藤綾美(2009)『インドネシアの地域保健活動と「開発の時代」——カンポンの女性に関するフィールドワーク』御茶の水書房。

坂田正三(2002)「ソーシャル・キャピタルとは何か」『ソーシャル・キャピタルと国際協力——持続する成果を目指して(総論編)』国際協力事業団・国際協力総合研修所, 7-19頁。

坂田正三(2011)「開発論」稲葉陽二ら編『ソーシャル・キャピタルのフロンティア——その到達点と可能性』ミネルヴァ書房, 109-127頁。

佐藤寛編(2001)『援助と社会関係資本——ソーシャル・キャピタル論の可能性』アジア経済研究所。

佐藤寛・足立佳菜子(2002)「開発援助とソーシャル・キャピタル」『ソーシャル・キャピタルと国際協力——持続する成果を目指して(総論編)』国際協力事業団・国際協力総合研修所, 21-33頁。

セン,アマルティア/大石りら訳(2002)『貧困の克服——アジア発展の鍵は何か』集英社新書。

田中由美子(2004)「国際協力におけるジェンダー主流化とジェンダー政策評価——多元的視点による政策評価の一考察」『日本評価研究』4(2), 1-12頁。

辻中豊（2003）「政策過程とソーシャル・キャピタル――新しい政策概念の登場と展開」足立幸男・森脇俊雅編著『公共政策学』ミネルヴァ書房，271-283頁。

辻中豊・ロバート・ペッカネン・山本英弘（2009）『現代日本の自治会・町内会――第1回全国調査にみる自治力・ネットワークガバナンス』（現代市民社会叢書①）木鐸社。

内閣府国民生活局編（2003）「ソーシャル・キャピタル――豊かな人間関係と市民活動の好循環を求めて」。

畠博之（2007）『ネパールの被抑圧者集団の教育問題――タライ地方のダリットとエスニック・マイノリティ集団の学習阻害／促進要因をめぐって』学文社。

細内信孝（2010）『コミュニティ・ビジネス』学芸出版社。

三浦一浩（2015）「地域自治，市民活動とソーシャル・キャピタル――くびき野の事例から」坪郷實編著『ソーシャル・キャピタル』（福祉＋α⑦）ミネルヴァ書房。

南真木人（1997）「"ビカス"をめぐって」石井溥編『暮らしがわかるアジア読本――ネパール』河出書房新社，316-321頁。

山内直人・伊吹英子編（2005）『日本のソーシャル・キャピタル―― SOCIAL CAPITAL IN JAPAN』大阪大学大学院国際公共政策研究科 NPO 研究情報センター。

結城貴子（2003）「国際協力におけるソーシャル・キャピタルの概念の有用性――世界銀行支援イエメン基礎教育拡張プロジェクトの事例分析」『国際教育協力論集』6(1)，広島大学教育開発国際協力研究センター，111-121頁。

吉田秀美（2002）「貧困削減におけるマイクロファイナンスとソーシャル・キャピタル」『ソーシャル・キャピタルと国際協力――持続する成果をめざして（事例分析編）』国際協力事業団・国際協力総合研修所，251-260頁。

渡瀬信之（1990）『マヌ法典――ヒンドゥー教世界の原型』中公新書。

Basargekar, P. (2010) "Measuring Effectiveness of Social Capital in Microfinance: A Case Study of Urban Microfinance Programme in India" *International Journal of Social Inquiry* 3(2), pp. 25-43.

Dowla, A. (2001) "Building Social Capital by Grameen Bank" *Grameen Dialogue* 48, pp. 1-3.

Fukuyama, F. (2000) *Social Capital and Civil Society*, IMF Working Paper No. 74, pp. 1-18.

Kisan, Y. B. (2008) "A Study of Dalits' Inclusion in Nepali State Governance" *Social Inclusion Research Fund (SIRF)/SNV-Nepal*, pp. 1-110.

Krishna, A. & E. Shrader (1999) "Social Capital Assessment Tool" *Prepared for the Conference on Social Capital and Poverty Reduction*, The World Bank, pp. 1-21.

OECD (2001) "Centre for Educational Research and Innovation" *The Well-being of Nations: The Role of Human and Social Capital*, OECD.

Putnam, R. D. (1993) *Making Democracy Work : Civic Traditions in Modern Italy*, Princetone University Press.（＝2001，河田潤一訳『哲学する民主主義──伝統と改革の市民的構造』NTT出版。）

Putnam, R. D. (2000) *Bowling Alone: The Collapse and Revival of American Community*, Simon & Schuster.（＝2006，柴内康文訳『孤独なボウリング──米国コミュニティの崩壊と再生』柏書房。）

Rankin, K. N. (2002) "Social Capital, Microfinance, and the Politics of Development" *Feminist Economics* 8(1), pp. 1-24.

Rose, R. (1998) "Getting Things Done in an Anti-Modern Society : Social Capital Network in Russia" *Social Capital Initiative Working Paper No. 6*, The World Bank, pp. 1-23.

UNESCO (2002) *Education For All Global Monitoring Report 2002: Is The World On Track?*, UNESCO.

Uphoff, N. (2000) "Understanding Social Capital: Learning from the Analysis and Experience of Participation" in Dasgupta, P. & I. Serageldin (eds.) *Social Capital: A Multifaceted Perspective*, The World Bank, pp. 215-249.

（青木千賀子）

第6章　地域課題とNPO・市民活動

1　ソーシャル・キャピタルとNPO・市民活動

　ソーシャル・キャピタルとNPO・市民活動について，その関係はとても深い。ソーシャル・キャピタルとは，Putnam（2000）によると，「人々の協調行動を活発にすることにより，社会の効率性を改善できる，信頼，規範，ネットワークといった社会組織の特徴」である。そのようなソーシャル・キャピタルの定義を踏まえて，両者の関係性を考えた時，NPOや市民活動とは，ソーシャル・キャピタルを醸成させる面もあるだろうし，ソーシャル・キャピタルの豊かな地域（コミュニティ）では，市民活動・NPOの活動は盛んになり，その活動自体も効率的な面もあるだろう。

　ここで，まずはNPOという用語について確認をしておこう。NPOとは，Nonprofit-organizationもしくは，Not-for-profit organizationの略で，日本では非営利組織と訳される。非営利組織の非営利とは，厳密に利益を得ることを目的としないという意味ではなく，得られた利益を創業者などの資本家に分配しないという意味である。そのため，非営利組織では，得られた収入から必要経費（人件費，事務所費，交通費など）を引いて残った利益は，その社会的な事業に再投資しなければならない。また，その団体が解散する場合にも創業者や団体の構成員等で残った資産等を分配してはならず，他の非営利組織か国，地方公共団体に寄付しなければならない。

　日本でソーシャル・キャピタルと市民活動・NPOとの関係について定量的に捉えようと試みられたのは，内閣府国民生活局編（2003）が初めてである。この調査では，ソーシャル・キャピタルの各要素と市民活動の間には正の相関関係にあることを指摘した上で，ソーシャル・キャピタルの培養と市民活動の活性化には，互いに他を高めていく（ポジティブ・フィードバック）関係がある

図6-1 ソーシャル・キャピタルと市民活動の関係

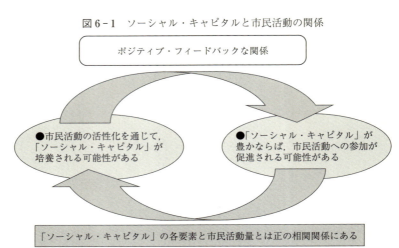

出所:内閣府国民生活局編 (2003)。

可能性を指摘している。また，同調査では，独自に算出した統合指数を用いて，ソーシャル・キャピタルが豊かな地域と低失業率，高出生率の関係性を指摘している(図6-1)。

さらに，近年では内閣府と滋賀大学の合同調査として，滋賀大学ら(2016)が公表されている。この調査では，「まちづくりの推進をはかる活動」「農山漁村又は中山間地域の振興を図る活動」を活動内容とするNPO法人に対してのアンケート調査を通じて，NPO活動の活発化とそれによる地域課題の解決のためには，ソーシャル・キャピタルの蓄積と行政によるNPOへの関与が重要であると指摘している。

加えて，金谷(2008)は，国内外の市民社会の特性とソーシャル・キャピタルの関係についての先行研究を整理した上で，伝統的な地縁ネットワーク(地縁団体，老人クラブなど)や行政系ボランティア(民生委員，消防団員など)とソーシャル・キャピタルとの関係について実証的に分析・考察を加えた上で，伝統的地縁組織と行政支援の関係性についてソーシャル・キャピタル醸成の点からその有用性について述べている。

また，角野(2013)は，山内(2003)を参考に，非営利組織指数，寄付指数，ボランティア指数の3つの指数からなる，都道府県ごとの市民社会インデック

スの作成を試みている。そこでは，総合得点の高い都道府県がすべての指数が高いわけではなく，それぞれの強みを持っていることを指摘した上で，日本において市民社会の活動が西高東低の傾向を示すことを明らかにしている。

次節では，より本章での議論について理解を進めるために，まず日本における市民活動とNPOについて述べていくこととする。

2　日本における市民活動——NPO法をふまえて

日本において，市民活動について議論を進めていくために，市民活動と市民運動の違いから，その歴史について見ていきたい。第2次世界大戦後の日本における市民運動の源泉は，澤村（2017）によると高度経済成長期に発生した反公害運動とベトナム反戦運動にみることができる。反公害運動には公害の被害を受けた人々の活動を地理的にも離れた地域の人々が支援し，ベトナム反戦運動に対しては自らの利害には関係のない問題への対応として，それまでの市民運動とは一線を画すとされている。しかし，市民運動の形式としては，デモを行い，意見広告を出し，知識人が講演会をするといった活動が主であり，その活動の向けられる対象は誰かと言えば，政府であり，企業であった。その過程を通じて，企業や政府に要求を行うのではなく，自分たちで行動を起こすという意味で市民運動ではなく市民活動という言葉が生まれ定着していったとされる。

そのようにして，生まれた市民活動ではあったが，日本では長らく法人格さえ持たない草の根の小規模団体がその主体を担ってきた。しかし，6万人超の死者・行方不明者，住家への多大な被害を生じさせた1995年1月の阪神・淡路大震災は，その状況を大きく変化させた。この震災の被災者支援等を通じて，市民の間では民間ボランティアの存在を強く認識するようになり，市民活動団体への関心も高まった。また，この年は「ボランティア元年」と呼ばれるようになっている。

当時の市民活動団体，この場合はボランティア団体と呼ばれていた団体の多くは，法人格などは持たず任意団体として活動をしていた。任意団体は，自分たちの意思で自由に活動をできるという面（大学のサークルなどと同じく，「ボラ

ンティアグループです」と宣言すれば済む）がある一方で、法人格を持たないことで様々な制約を受ける。その最たるものは、団体名で銀行口座を開くことができないということである。そうなると、多くの場合、団体の代表者が個人で口座を開いたりしなくてはならず、活動資金を借りるのも代表者個人、寄付金の受け入れ口座も個人名ということになっていた。このような状況は、ボランティア団体の活動を大きく制限しており、資金調達に制約を受けたり、不要なトラブルの原因となったりしていた。

　特に、阪神・淡路大震災後は、その役割の重要性が認識されるようになると同時に、活動規模もそれまでよりも大きくなっていった。そこで法人格を持たないボランティア団体の中では、法人格の取得を必要とする団体が増えていった。そのような市民活動を取り巻く環境や、市民活動自体の質的・量的変化を受けて、市民活動団体（ボランティア団体）の法人格について、制度化されたものが特定非営利活動促進法（NPO法）である。その主な中身は、今までのボランティア組織（広義のNPO）に法人格を与え、特定非営利活動法人（NPO法人）と呼ばれる新たな法人格を設けるということである。NPO法では、①特定非営利活動を行うことを主たる目的とすること、②営利を目的としないものであること（利益を社員で分配しないこと）、③社員の資格の得喪に関して、不当な条件を付さないこと、④役員のうち報酬を受ける者の数が、役員総数の3分の1以下であること、⑤宗教活動や政治活動を主たる目的とするものでないこと、⑥特定の公職者（候補者を含む）又は政党を推薦、支持、反対することを目的とするものでないこと、⑦暴力団でないこと、暴力団又は暴力団の構成員等の統制の下にある団体でないこと、⑧10人以上の社員を有するものであることの[1]8つの基準に適合した上で、申請書類の一部を縦覧に供さなければならないと定められている。NPO法人設立の際には、準則主義に則っており、縦覧という手続きを通じて、反社会的勢力の排除や公益性の有無等を行政だけではなく、一般市民がチェックできる方法をとっている。

　日本におけるNPO法人数は、5万1,518法人（2017年4月1日時点）であり現在でも増加を続けている（図6-2）。また、NPO法を所管する内閣府では、定期的に調査を行っており、日本におけるNPO法人の実態について把握している。「平成27年度特定非営利活動法人に関する実態調査」（内閣府 2016a）では、

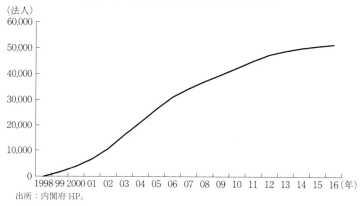

図6-2 日本におけるNPO法人数の推移
出所:内閣府HP。

「保健,医療又は福祉の増進を図る活動」を主な活動として挙げている法人が最も多くなっており,その次に「子どもの健全育成を図る活動」「学術,文化,芸術又はスポーツの振興を図る活動」と続いている(図6-3)。

さらに,NPO法人については2001年度の税制改正において,NPO法人のうち表6-1の要件を満たすものとして,国税庁長官の認定を受けた法人に対して行った寄付を寄付金控除等の対象とする税制上の特例措置が講じられた。この認定を受けた法人は認定NPO法人と呼ばれる。この制度は,2012年4月施行の改正NPO法以降は国税庁長官ではなく,所轄庁(都道府県の知事または指定都市の長)によって認定される制度となっている。さらに,設立後5年以内のNPO法人のうち,運営組織及び事業活動が適正であって特定非営利活動の健全な発展の基盤を有し公益の増進に資すると見込まれるものについては,認定要件からパブリック・サポート・テスト(PST)を免除した,「特例認定(旧名称:仮認定)」を1回に限り受けることができる。なお,この認定及び特例認定を受けていないNPO法人に対しては,寄付金控除等の税制上の優遇処置を受けることはできない。

なお,NPO法は,成立時から2017年10月時点で3回の改正が行われているがそのすべてが超党派の議員立法によるものであり,政党の垣根を越えて与党野党すべての政党が関与し,原則として全会一致で可決成立している。

さらに,日本には表6-2で示すように非営利組織はNPO法人以外にも多

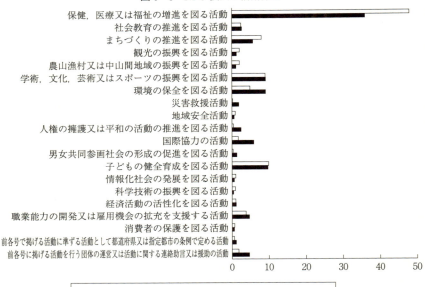

図 6-3 NPO 法人の活動分野

□ 認定・仮認定を受けていない法人　■ 認定・仮認定法人

出所：内閣府（2016a）。

表 6-1 認定 NPO 法人の認定要件

1. パブリック・サポート・テスト（PST）に適合すること（特例認定は除く。）
2. 事業活動において，共益的な活動の占める割合が，50％未満であること
3. 運営組織及び経理が適切であること
4. 事業活動の内容が適切であること
5. 情報公開を適切に行っていること
6. 事業報告書等を所轄庁に提出していること
7. 法令違反，不正の行為，公益に反する事実がないこと
8. 設立の日から1年を超える期間が経過していること

出所：内閣府 HP。

くの法人形態が存在する。なお，この表とは別に一般法人（社団法人または財団法人）の中にも，定款に非営利性を掲げている非営利組織が存在する。

それぞれの法人について，その概要について少し述べていきたい。まず公益法人についてであるが，その始まりは1898年施行の旧民法によるものであり，現在の公益法人制度は2008年に全面施行された公益法人制度改革関連3法（一

表6-2　日本の非営利組織

法人形態	根拠法
公益法人（社団法人または財団法人）	公益法人認定法
学校法人	私立学校法
医療法人	医療法
宗教法人	宗教法人法
社会福祉法人	社会福祉事業法

般法人法，公益認定法，整備法）に依っている。現在の制度では，旧制度での主務官庁制が廃止され，非営利性の有無にかかわらず一般法人については登記のみで設立することが可能となった。また，一般法人が非営利性も含めた公益性を有していること，公益的事業を行うガバナンスを有していることを内閣総理大臣，都道府県知事に認定された場合に公益法人となり，寄付金控除などの対象となるなどの優遇が受けられるようになる。

　次に，学校法人は，私立学校の設置運営を目的とした法人である。学校法人の認可は，所定の事項（寄付行為，名称，所在地など）を定めた上で，大学・私立高等専門学校を設置する場合は文部科学大臣，高等学校以下の学校をのみを設置する場合は都道府県知事の認可を受けなければならないとされており，私立学校法において残余財産の配分が禁止されている。

　医療法人は，「病院，医師若しくは歯科医師が常時勤務する診療所又は介護老人保健施設を開設しようとする社団又は財団」と定められており，都道府県知事，厚生労働大臣（複数の都道府県において病院等を開設する場合）によって認可を受けることになっている。また，医療法人の中で，その事業が医療の普及及び向上，社会福祉への貢献その他公益の増進に著しく寄与し，かつ，公的に運営されていると国税庁長官に承認を受けたものは，特定医療法人制度として法人税の減税が受けられる。その一方で，法令上は民間による病院の開設は必ずしも，医療法人である必要はないが，医療法では「営利を目的として，病院，診療所又は助産院を開設しようとする者に対しては，許可を与えないことができる」とされており，個人以外では多くが医療法人となっている。宗教法人は，宗教法人法に基づき「宗教団体」が都道府県知事，もしくは文部科学大臣の認証を経て法人格を取得したものである。

最後に，社会福祉法人とは，1951年の社会福祉事業法（現・社会福祉法）によって創設された法人であり，その事業は，障害者支援施設，重症心身障害児施設，養護老人ホーム等の経営などの第1種社会福祉事業と，保育所の経営，ホームヘルプ，デイサービス，相談事業などの第2種社会福祉事業とに分けられている。社会福祉法人は規制・監督が他の法人と比べて厳しい一方で，税制上の優遇だけではなく，退職手当共済制度や補助金等の手厚い支援が設けられている。

　これらの非営利組織（法人格を持たない広義のNPOも含めて）はそれぞれの社会的活動（学校教育，地域医療，地域の祭りなどの宗教活動，社会福祉事業やその他の公益事業）を通じてソーシャル・キャピタルの醸成等に大きく影響を及ぼしていると考えることができる。

3　市民活動参加者の特徴
―「暮らしの安心・信頼・社会参加に関するアンケート調査」から

　この節では，日本大学稲葉陽二研究室が実施した「暮らしの安心・信頼・社会参加に関するアンケート調査」[6]の個票を用いて，ソーシャル・キャピタルとボランティア・NPO・市民活動への参加の関連性について見ていくこととしたい。なお，日本における非営利組織は，先にみたように多様であることから，本節から本章では特に断りのない限りNPO法人を中心としてNPOの議論を進めていくこととする。

　表6-3は，ソーシャル・キャピタルの各要素に関する変数とボランティア・NPO・市民活動への参加状況との関係を整理したものである。これによると，ソーシャル・キャピタルの要素である，「一般的信頼」「特定化信頼」「社会的な交流」「社会参加」に関わる項目でその程度が高いと回答した人々が，回答者の全サンプルでの平均的な割合に対して，相対的に高い割合となっており，そのようなソーシャル・キャピタルの高い人々は，ボランティア・NPO・市民活動への参加の割合が高いことが伺える。その一方で，近隣での付き合いには，そのような傾向はみられなかった。これは，内閣府国民生活局編（2003）とは異なっている。その点について，この調査と内閣府国民生活局編（2003）で用いられたデータとの比較を行った稲葉（2014）では，この間にボラ

第6章 地域課題とNPO・市民活動

表6-3 ソーシャル・キャピタルの各要素とボランティア・NPO・市民活動との関係

			サンプルサイズ	ボランティア・NPO・市民活動（％）
				参加している
			3,575	30.0
一般的信頼	一般的な信頼	ほとんど信頼できる	1,046	34.6
	旅先での信頼	ほとんど信頼できる	1,036	31.0
特定化信頼	近所の人々	頼りになる	1,038	48.5
	家　　族	頼りになる	1,033	89.7
	親　　戚	頼りになる	1,040	67.2
	友人・知人	頼りになる	1,041	69.9
	職場の同僚	頼りになる	917	36.4
近隣での付き合い	程　　度	生活面で協力	1,068	29.2
	人　　数	かなり多い・ある程度	1,068	24.8
社会的な交流	友人・知人	日常的・ある程度	1,067	63.4
	職場の同僚	日常的・ある程度	1,067	43.2
	親　　戚	日常的・ある程度	665	33.5
社会参加	地縁活動	参加している	1,074	85.3
	スポーツ・趣味・娯楽活動	参加している	1,074	82.0

注：網掛けは，全サンプルでの平均と比べて高いもの。

ンティア・NPO・市民活動への参加率が上昇したのに対し，近所付き合いの程度は減少していることを指摘している。そこから考えると，近隣との付き合いの減少の割合と，ボランティア・NPO・市民活動参加の増加の割合に大きな差があることが類推される。

　さて，このような傾向は，性別，年齢や所得といった個人属性をコントロールしても見られるのであろうか，またソーシャル・キャピタルの各要素の中でその影響力に違いがあるのであろうか。そこで，次にどのような要因が市民活動の有無に影響を与えているのか要因分析を行う。

　回帰分析における被説明変数は，ボランティア・NPO・市民活動への活動の有無（活動している＝1，活動していない＝0）である。説明変数としては以下のものを導入する。

① ソーシャル・キャピタル要素

表6-3でみた,一般的信頼(一般的な信頼,旅先での信頼),特定化信頼(近所の人々,家族,親戚,友人・知人,職場の同僚),近隣での付き合い(程度,人数),社会的な交流(友人・知人,職場の同僚,親戚),社会参加(地縁活動,スポーツ・趣味・娯楽活動)についてダミー変数を用いる。

② 個人属性

市民活動への参加に影響を与えると考えられる個人属性として,性別(男性=1,女性=0),年齢,最終学歴(大学以上=1,それ以外=0),世帯所得(200万円未満=1,200万円~400万円未満=2,400万円~600万円未満=3,600万円~800万円未満=4,800万円~1,000万円未満=5,1,000万円~1,200万円未満=6,1,200万円以上=7)を用いる。

分析に用いた2,015人の各変数の記述統計量は表6-4に示した通りである。

主な変数についてみていくと,29%の分析対象者が,市民活動に参加している。また,対象者に占める53%が男性であり,その平均年齢は48.83歳,約3分の1の最終学歴が大学以上である。社会参加について見ると,約半数が地縁活動に参加しており,スポーツ・趣味・娯楽活動への参加率は約57%である。

この変数を用いて,ロジスティック回帰分析を行う回帰式は次のようになる。

$$y_i^* = SC_i\beta + X_i\gamma + u_i$$
$$\begin{cases} y_i = 1 \text{ if } y_i^* \geq 0 \\ y_i = 0 \text{ if } y_i^* < 0 \end{cases}$$

ここで,SC_iは市民活動への参加y_i^*に影響を及ぼすソーシャル・キャピタル要素のベクトル,X_iは個人属性に関する変数のベクトルである。y_i^*は潜在変数であり,実際に観察できるのは「参加しているかどうか」という2値変数である。

この回帰式について,ロジスティック回帰分析を行った結果が表6-5に示すとおりである。

分析結果について見てみると,一般的信頼では,旅先での信頼が市民活動への参加に正の影響を与えていた。また,平均的な割合で見た際にはそのような

表6-4 記述統計量

		平均値	標準偏差	最小値	最大値
	ボランティア・NPO・市民活動	0.29	0.45	0	1
一般的信頼	一般的な信頼	0.30	0.46	0	1
	旅先での信頼	0.24	0.43	0	1
特定化信頼	近所の人々	0.29	0.45	0	1
	家族	0.88	0.32	0	1
	親戚	0.60	0.49	0	1
	友人・知人	0.66	0.47	0	1
	職場の同僚	0.41	0.49	0	1
近隣での付き合い	程度	0.15	0.36	0	1
	人数	0.12	0.33	0	1
社会的な交流	友人・知人	0.43	0.49	0	1
	職場の同僚	0.31	0.46	0	1
	親戚	0.27	0.44	0	1
社会参加	地縁活動	0.50	0.50	0	1
	スポーツ・趣味・娯楽活動	0.57	0.50	0	1
個人属性	性別（男性ダミー）	0.53	0.50	0	1
	年齢	48.83	13.79	20	80
	最終学歴（大学以上ダミー）	0.33	0.47	0	1
	世帯所得	3.47	1.55	1	7

注：サンプルサイズはすべて2,015人。

傾向の見られなかった，近隣での付き合いについては，他の要因をコントロールすると正の影響があることが示された。さらに，社会的な交流では，友人・知人との付き合いの頻度が高い方が市民活動への参加が盛んであることが示され，地縁活動や，スポーツ・趣味・娯楽活動などの参加も市民活動への参加に正の影響を与えていた。

以上の結果から，市民活動に参加する人たちは，それに限らず，地縁活動など社会参加に積極的であるという傾向が明らかになったといえる。また，近隣住民との付き合いが深く，旅先での信頼も高いような外に開いた関係性を持っている人は，市民活動にも積極的に参加していると考えることができるかもしれない。その一方で，特定化信頼との間には有意な関係を認めることはできなかった。これは，閉じた関係性での信頼が，外に開いた市民活動への参加とは関係がないことを示していると理解できるかもしれない。

表6-5 分析結果

		オッズ比	標準誤差	95%信頼区間
一般的信頼	一般的な信頼	1.02	0.17	0.74 — 1.41
	旅先での信頼	1.53**	0.27	1.09 — 2.17
特定化信頼	近所の人々	1.05	0.15	0.78 — 1.40
	家　族	1.12	0.25	0.72 — 1.75
	親　戚	0.97	0.14	0.73 — 1.29
	友人・知人	1.24	0.20	0.91 — 1.69
	職場の同僚	0.99	0.14	0.75 — 1.31
近隣での付き合い	程　度	1.42**	0.24	1.02 — 1.98
	人　数	1.63***	0.29	1.16 — 2.31
社会的な交流	友人・知人	1.57***	0.21	1.21 — 2.03
	職場の同僚	1.15	0.15	0.89 — 1.49
	親　戚	0.85	0.12	0.65 — 1.13
社会参加	地縁活動	6.24***	0.85	4.77 — 8.15
	スポーツ・趣味・娯楽活動	3.70***	0.51	2.83 — 4.85
個人属性	性別（男性ダミー）	1.17	0.15	0.91 — 1.50
	年　齢	1.02***	0.00	1.01 — 1.03
	最終学歴（大学以上ダミー）	1.08	0.15	0.82 — 1.43
	世帯所得	0.96	0.04	0.89 — 1.04
サンプルサイズ		2015		
尤度比検定量		435.07***		
疑似決定係数		0.27		
対数尤度		-887.401		

注：***，**，*はそれぞれ有意水準1％，5％，10％で統計的に有意。

　もちろん，この分析は相関関係を見ていることから，その影響は一方的なものではなく，ソーシャル・キャピタルの培養と市民活動の活性化には，互いに他を高めていく（ポジティブ・フィードバック）関係があると考えると，相互に作用し合い，市民活動の参加に積極的な人の周りには，その機会が多く訪れていることも十分に考えることができる。

4　新たなNPO・市民活動に向けて

　さて，最後にソーシャル・キャピタルとNPO・市民活動との新しい関係について触れたいと思う。ここまで，NPO・市民活動とソーシャル・キャピタ

ルとの関係を見てきて，それぞれの影響の程度については，差があるかもしれないが，それぞれが深く関係し合っており，相互に影響を与えていることは強く示唆された。そこで，少し視点を変えて，NPOや市民活動が何のために活動しているのかについて，ソーシャル・キャピタルの点から一度捉え直してみたい。

　NPOや市民活動は本章の最初の項で述べたように，営利を目的としない団体のことでありその活動である。もちろん，災害時や国際協力の場面などそれぞれの団体は多様なミッションに基づいて活動を行っている。しかし，一般的に何を目的として活動していると言えるのであろうか。それを捉えようとした取り組みが，「社会的インパクト評価」というアプローチである。それについてまとめられた内閣府（2016b）は，共助社会づくり懇談会の下に作られた，社会的インパクト評価検討ワーキング・グループによって取りまとめられており，NPO・市民活動などの目的をアウトプット（やったこと）志向からアウトカム（成果）志向に変化することの必要性について述べている。

　そこでの議論を踏まえて考えると，NPO・市民活動とソーシャル・キャピタルの関係について，NPOや市民活動の重要な成果として，その活動を通じてソーシャル・キャピタルが醸成されるということを捉えることができる。たとえば，宮城県仙台市と石巻市で活動している特定非営利活動法人Switchは，図6-4のロジック・モデルを作成し，若年者の就労支援を通じて，2011年の東日本大震災以降の，被災地特有の就労課題に対して，団体の事業が，どのようなインパクトを出しているか，という部分について，評価を行っている。ここでのアウトカムである，地域人材の育成などはまさにソーシャル・キャピタルの一部として捉えることができる。

　もちろんこの手法は，NPO法人単独の活動に限ったことではなく，地方自治体との関係においても独自の取り組みが行われている。先進的な取り組みを行っている兵庫県豊岡市では，自治体の経営改革に住民参加型の「協働型プログラム評価」を活用している。豊岡市では，重点課題について，ワークショップを通じて戦略体系図を作成し，その手段について市民向けのニーズ調査を行った上で，それらを政策評価指標として活用している（図6-5）。

　豊岡市に限らず，住民参加型の政策評価は，地域の課題を当事者として捉え

図6-4 ロジックモデル

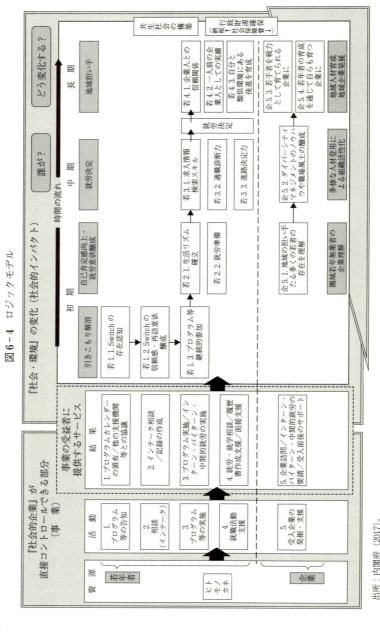

出所：内閣府（2017）。

178

図6-5 戦略体系図

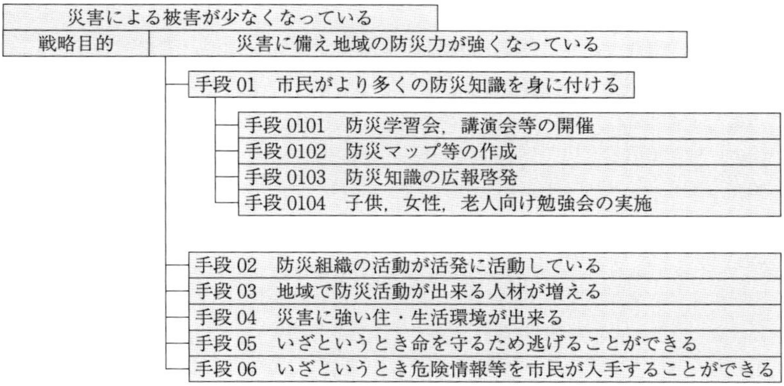

戦略目的	災害による被害が少なくなっている
	災害に備え地域の防災力が強くなっている

- 手段01　市民がより多くの防災知識を身に付ける
  - 手段0101　防災学習会，講演会等の開催
  - 手段0102　防災マップ等の作成
  - 手段0103　防災知識の広報啓発
  - 手段0104　子供，女性，老人向け勉強会の実施
- 手段02　防災組織の活動が活発に活動している
- 手段03　地域で防災活動が出来る人材が増える
- 手段04　災害に強い住・生活環境が出来る
- 手段05　いざというとき命を守るため逃げることができる
- 手段06　いざというとき危険情報等を市民が入手することができる

出所：真野（2015）。

る機会となる。そこに，いままで取り組んできたNPOや市民活動団体の貢献が期待される。もちろん地域課題が可視化されることによって新たな団体等が生まれる可能性も考えられる。

　この時，地域課題に関する施策について，市民が参加し，その問題点や課題について検討を行う際に重要となるのがソーシャル・キャピタルであり，地域で市民活動等が盛んでないと施策の効果的な見直しにはつながらない。また，評価に取り組むことそれ自体にもソーシャル・キャピタルを醸成する効果が期待される。このように，NPO・市民活動（さらに加えるならば，それらと行政との協働）とソーシャル・キャピタルの関係には，その活動の成果を明らかにすること，それに加えて地域活性化・地方創生の下で，その地域で目指すべき方向性について住民自身の手によって，考えを明らかにしその目標を定めることにもつながっていくことが期待される。

　日本の地域社会が抱える多くの今日的課題に取り組む，NPO・市民活動にソーシャル・キャピタル研究の蓄積は多くの気づきを与えてくれることを指摘して本章のまとめとしとしたい。

注
(1)　近年では，山間部や若者を中心として，10人の社員を集めるのが難しい場合には，

(1) 最低3名の理事によって設立が可能な，非営利型の一般社団を設立するケースも多くなっている。
(2) PST の判定に当たっては，「相対値基準（実績判定期間における経常収入金額のうちに寄附金等収入金額の占める割合が5分の1以上であること）」「絶対値基（準実績判定期間内の各事業年度中の寄附金の額の総額が3,000円以上である寄附者の数が，年平均100人以上であること）」「条例個別指定」のうち，いずれかの基準を選択できる。
(3) 2016年の法改正により，2017年4月1日から，仮認定 NPO 法人は特例認定 NPO 法人という名称に改められた。
(4) 詳しくは，非営利性が徹底されている法人と共益的活動を目的とする法人とがある。より詳細は，国税庁資料参照（https://www.nta.go.jp/shiraberu/ippanjoho/pamph/hojin/koekihojin/pdf/01.pdf，2019年1月31日アクセス）。
(5) 医療法人以外に，公益法人や学校法人，社会福祉法人といった非営利法人による病院経営も行われている。
(6) この調査は，全国21大都市，その他の市，町村から100地点を無作為抽出し，20～79歳までの住民を母集団として，各地点の住民基本台帳から無作為に各地点100人，計1万人を抽出して郵送法により3,575人から有効回答（回答率35.8％）を得た。なお，本調査の詳細については稲葉（2014）を参照されたい。

参考文献

稲葉陽二（2014）「日本の社会関係資本は毀損したか——2013年全国調査と2003年全国調査からみた社会関係資本の変化」『政経研究』51(1)，日本大学法学会，1-30頁。
金谷信子（2008）「市民社会とソーシャル・キャピタル」『コミュニティ政策』6，124-142頁。
澤村明（2017）『はじめての NPO 論——一緒に役割を考えよう』有斐閣。
角野隆則（2013）「市民社会インデックス」山内直人・奥山尚子・田中敬文『NPO2013』NPO 研究情報センター，155-159頁。
滋賀大学・内閣府経済社会総合研究所（2016）『ソーシャル・キャピタルの豊かさを生かした地域活性化——滋賀大学・内閣府経済社会総合研究所共同研究地域活動のメカニズムと活性化に関する研究会報告書』。
内閣府（2016a）「特定非営利活動法人に関する実態調査」。
内閣府（2016b）「社会的インパクト評価の推進に向けて——社会的課題解決に向けた社会的インパクト評価の基本的概念と今後の対応策について」社会的インパクト評価検討ワーキング・グループ。
内閣府（2017）「社会的インパクト評価の実践による人材育成・組織運営力強化調査」

最終報告書，新日本有限責任監査法人。

内閣府国民生活局編（2003）「ソーシャル・キャピタル——豊かな人間関係と市民活動の好循環を求めて」日本総合研究所。

内閣府 HP（https://www.npo-homepage.go.jp/about/npo-kisochishiki/ninteiseido, 2019年1月31日アクセス）。

真野毅（2015）「プログラム評価による自治体戦略の協働マネジメント——豊岡市における新しいガバナンス体制の試み」『日本評価研究』15(1)，日本評価学会，69-81頁。

山内直人（2003）『市民活動インデックスによる地域差測定の試み』ESP economy society policy 456，経済企画協会，40-44頁。

Putnam, Robert D.（2000）*Bowling Alone: The Collapse and Revival of American Community*, Simon & Schuster.（＝2006，柴内康文訳『孤独なボウリング——米国コミュニティの崩壊と再生』柏書房。）

（立福家徳）

第7章 地域コミュニティとソーシャル・キャピタル

1 地域コミュニティへの関心と実態

（1）地域コミュニティへの関心の高まり

　コミュニティとソーシャル・キャピタルの関係が現代社会の重大な関心事になってから久しい。このことは，グローバル経済がもたらした格差社会に対する不安，政府の能力に対する失望などを背景に，コミュニティの役割に改めて注目する動きが世界的に広がってきたことと連動している。

　ただコミュニティという用語は多義的であり，立場により異なる意味で使われることが多い。社会集団を，①地域的境界をもつ地縁や血縁による伝統的な共同体や集団を意味するコミュニティ（community）と，②企業や学校などのように特定の目的を持つ近代的な集団を意味するアソシエーション（association）に分類する考え方があるが，コミュニティはアソシエーションを含むという考え方もある。国家と個人の間にある中間団体の一つがコミュニティという考え方もある。このため議論を進めるには何らかの前提を必要とする。

　一般的な理解を知る参考として英語辞書を参照すると，コミュニティは，①居住地域あるいは何らかの共通性（文化，歴史など）を持つ人々が形成する社会，②共通の利害や関心を持つ人々の集まりなどと説明され，大きさは様々とされている（*Oxford Dictionary*）。一方，日本語辞書の場合は「①一定の地域に居住し，所属意識を持つ人々の集団。地域社会。共同体。②以下略」（『広辞苑 第7版』）となっている。

　いずれも共通性を持つ人々の集団と説明されているが，日本語のコミュニティは，居住地域を縁にした共同体が第1に想定されていることがわかる。これらを参考に本章では，地縁を中心とした地域コミュニティとソーシャル・キャピタルの関係を考えていくこととしたい。

(2) 日本の地域コミュニティ——地縁団体とソーシャル・キャピタル

ソーシャル・キャピタルとは, Putnam (1993) によると「人々の協調行動を活発にすることにより, 社会の効率性を高めることができる『信頼』『規範』『ネットワーク』といった社会組織の特性」とされている。そして人々のつながりや助け合いを育む場であるコミュニティが社会や地域の様々な課題を解決するカギとなるという期待が広がっている。

日本の地域コミュニティでまず挙げられる組織は, 一定の地域内に住む住民が構成する地縁団体だろう。地縁団体という用語は総称であり, 一般的には自治会・町内会また区・部落会・区などと呼ばれている。

地縁団体の特徴は, ①世帯単位であること, ②自動加入であること, ③多機能であること, ④行政の末端を補完していること, ⑤地域独占（一地域一団体）であることとされる（倉沢・秋元編 1990）。2013年時点で全国におよそ30万団体あり, 換算すると人口400人あたり1団体, また世帯数160当たり1団体が存在する。今日でも全国に網の目のように広がっている。

地縁団体が多機能であることは, 活動内容に表れている。地縁団体の活動で多いのは, 自治体のごみ収集場所の管理・清掃, 地域の公園や街路の清掃, 防犯・防火・防災の啓発・訓練などであろう。盆踊りなどの祭や運動会などの地域挙げての行事やリサイクル活動が行われることもある。地域の集会所を所有し管理運営することもある。地方では神社の管理運営に関わることも少なくない。

また地縁団体は自治体からの依頼により, 行政情報を回覧したり, 福祉, 環境, 防災, まちづくりなど様々な政策の協力者・実施者となったりすることが多く, 行政との関係が深い団体である。それは当該地域を網羅する唯一の団体という地縁団体の性格に由来する。

このほか地域コミュニティでは, 高齢者の食事会や見守り, 子どもの登下校の見守りや子育てサロンの運営, スポーツや文化のサークル・教室の実施なども実施されている。農村地域では, 加工品生産や集落営農または集客施設の運営に関わることなどもある。これらの活動は, 地縁団体と併存している婦人会, 老人会, 子ども会, あるいは行政委嘱型ボランティアである民生委員や消防団などと連携したり, 有志が組織するグループの下で運営されたりすることも多

い。こうした活動を下支えするのも地縁団体の役割である。

　住民の地縁団体への参加は任意が原則である。代表者は住民が選出することが基本だが，輪番制や同一の地域のリーダーが長年勤める地域もあり様々である。各々の活動には担当役員が置かれ，まとめ役あるいは実質的な担い手になることが多い。住民の参加は，義務的な場合，自発的な場合，依頼・懇願される場合など様々である。

　このように地縁団体を核とした多彩な地域コミュニティは政府や企業とは異なる市民社会の一部と考えられる（辻中ら 2009）。そしてソーシャル・キャピタルを醸成する土壌になっていることは想像に難くない。輪番で清掃などの当番や役員を引き受けたり，サークル活動や祭などで交流することは，ソーシャル・キャピタルを形成する場を提供しており，こうした住民の協力体制が長年継続してきた背景には，住民同士が築いてきた信頼関係があると考えられるためである（ペッカネン 2008）。

　ただ地縁団体は年々弱体化し形骸化してきたというのが今日の多くの見方だろう。地域コミュニティは時代とともに活動や評価が変遷してきた。ただ地縁団体の実像は共有されているとは言い難い。このため本章ではまず，地域コミュニティの変遷過程を紹介しその特性と可能性について議論した上で，ソーシャル・キャピタルとの関係を議論していきたい。

2　日本における地域コミュニティの発展と3つの危機

（1）地縁団体の確立と第1の危機

　前近代社会において，日本の農村社会は，農地・山林や用水を共同で管理し生産を行う生産共同体であり，神社や寺院を守り文化を共有し，治安や貧困者の救済などを自治的に行う共同体であった。地域の住民が生産活動や生活・文化を維持し守るために，住民が協力し共同して活動してきた歴史が，地域コミュニティの原型であると考えられている。

　ただ今日のような地縁団体の姿が表れてきたのは，明治時代以降とされている。近代政府は公共分野の事業を徐々に広げていくが，初期の頃には住民による共同活動が共存していた。たとえば，行政が学校や道路などを整備する際に

地域住民が資材の提供や労力を提供したことなどが知られている（鳥越 1994）。

また伝染病予防のために住民が衛生組合を作ることが奨励されたり、また納税推進のために納税組合の設立が奨励されたり、関東大震災後に自警団が結成されたりすることが増えた。大正時代には、都市部では全世帯が加入する町内会の組織化が進んだ。かつて町内会は地主などの有力者が参加する組織であったが、大正デモクラシーの影響を受けて、住民が平等に参加できる町内会に変化していったためである。（倉沢・秋元編 1990）。

このように地域共同体は、様々な形で行政のパートナーとなり組織化が進んでいった。1940年には地方自治法が改正され、地域共同体は部落会・町内会として行政の末端組織に位置づけられた。そして日本が戦時体制に入ると、部落会・町内会は挙国一致体制を支える草の根の戦争協力機関となった。

このような経緯がコミュニティをめぐる第1の危機につながる。第2次世界大戦後、GHQは日本の民主化を阻む組織として、1947年のポツダム政令により、部落会・町内会を禁止する。部落会・町内会という組織は解体されることになった。

しかし戦後の混乱期を生き抜くため、名称や形態を変えて地域共同体は生き延びた。1952年にはポツダム政令が失効し、部落会・町内会は徐々に復活していくことになる（吉原 1989）。戦後の新しい地域共同体では、自治会という名称を用いることが増えていった。

（2）**コミュニティ第2の危機**

第2の危機は、住民組織をめぐる政策転換である。国民生活審議会（1969）では、新旧の共同体を次のように解説している。

> 「農村社会に普遍的に存在していた生産構造および生活構造を軸とする村落共同体や都市の内部に存続して来た伝統的隣保組織は、新しい生活の場に対して適合性を欠くことが漸次明らかとなってきた。」
> 「これらの地域共同体においては古い家族制度を基盤とした閉鎖的な全人格的運命共同体的性格を特色としており、構成員である住民の自立性は表面化しなかった。」

「今後は，生活の充実を目標として目覚めた『市民型住民層』に支持をうけたコミュニティが成立しなければならない。」

　戦後の高度経済成長期から，地方の若者が仕事を求めて都会へ大量に流出し，農村社会は大きく変化した。都会では，人々のつながりが希薄な生活が普通になった。一方，社会が豊かになり行政サービスが拡大していくにつれ，問題があると行政に解決を委ねることが増えた。地域が共同で行ってきた冠婚葬祭などの行事は，産業化・商業化されていった。こうした中で生産活動や生活・文化を維持するための地域共同体の役割が徐々に弱体化していった。そこに政府から提起されたのが，新しい「コミュニティ」であった。

　以来，全国の市町村では新しいコミュニティを形成するための政策が始まり，古い地域共同体の意義は暗に否定された。ここで新しいコミュニティとは「部会制や実行委員会制などを設け，住民個人の活動の場を広げつつ，未来志向的に地域の発展に取り組むことを主目的にするもの」とされ，自治会等は「地域行事への参加が主な活動で，行政と協力して地域の共同事務を行うもの」と区別された。

　しかしその後，新しいコミュニティの実質的な担い手は，自治会・町内会という旧来の組織であることが次第に明らかになっていった。自治会・町内会を中心として婦人会，老人会，PTA，地域によってはボランティア団体などが加わるというのが，新しいコミュニティの実態であった（日本都市センター[(2)]2004）。

（3）コミュニティ第3の危機

　第3の危機は，NPO・市民活動政策の影響である。1995年に発災した阪神・淡路大震災において，災害ボランティアの目覚ましい活躍があったことから，自発性に基づくボランティア・市民活動に対する世間の関心が高まった。行政の機能には確実に限界があり，複雑化し多様化した現代社会の問題に柔軟に対応できるのは，政府でもなく企業でもない民間の非営利組織あるいは市民社会であるという言説が流布していく。

　行政の側では大きな政府から小さな政府へ，官から民への掛け声の下，行政

事務をスリム化して，民間に委ねられることは委ねるという風潮が高まっていった。こうした中で行政のパートナーとなる民間団体として注目されるようになったのが市民活動団体・NPO と呼ばれる集団である。たとえば内閣府『国民生活白書　平成16年版』(127頁)では，次のように解説されている。

> 「新たな地域づくりの担い手として近年地域とのかかわりを持ち始めている NPO は，特定の目的の下に集まった専門性の高い団体である。他方，町内会・自治会などの地縁型団体は従来より地域とのかかわりが深く，行政と住民との橋渡し的な役割を果たしているなど地域内での人的ネットワークを持つ団体である。」

独自の使命と自発性を旨とする市民活動団体は，国際協力やまちづくりなどの分野で1980年代から活発化してきた。しかし市民活動団体は，政策を巡って行政と対立することもあった。また長年，行政が民間のパートナーと位置づける組織は，行政が関与する公益法人や地域を代表する自治会・町内会などに限定されていた。このため市民活動団体は，公共分野に正当な居場所を得ることに苦慮し続けてきた。その突破口となったのが，1998年に制定された特定非営利活動促進法（NPO法）である。以後，行政と民間の協働事業が全国に広がっていったが，新しい主役は市民活動団体・NPO であった。こうした経緯が，前述のような NPO＝専門家集団，町内会・自治会＝行政と住民の橋渡し（下請け）という評価につながっていると考えられる。

こうした中で地縁団体は，一時影が薄くなっていった。NPO を推進する立場の論者には，地縁団体は機能不全に陥った古い行政協力型の民間団体だという立場の人が少なからずいた。一方，地縁団体側からみると，NPO は関心を持つ特定の活動だけに従事する活動であり，地域に必要な仕事を好悪なく引き受けてきた地縁団体のような代表制はないと考えられた。このように地縁団体と NPO はすれ違う関係になった地域もある。

しかし2000年を超えた頃から，再び地縁団体の存在意義が注目されるようになる。一つには大災害の救援・復興支援にはボランティア・NPO が力を発揮したことが広く認識された一方で，事前の防災のためには地域コミュニティの

力が重要という認識が高まったことが挙げられる（吉原編 2011）。これには，希薄な人間関係の中で高齢者などが孤立していく「無縁社会」が大きな話題になったことなどの影響も考えられよう。⁽³⁾⁽⁴⁾

さらに2011年の東日本大震災以降，人々の助け合いや「地域の絆」が強調される場面が一層増えてきた。そこでは地域共同体にまつわる因襲的なイメージへの批判が語られることはほとんどなく，古き良き社会の資産としてコミュニティ礼賛が社会に広がっていった。現代社会のコミュニティには，現状と将来に不満や不安をいだく人々の過剰ともいえる期待が託されているという見方もある（伊豫谷ら 2013）。

こうした中で，地縁団体を核とする地域コミュニティは，政府でも企業でもない市民社会あるいは非営利セクタの一員と位置づける議論も展開されるようになる（辻中ら 2009；吉原編 2011）。そして近年の様々な政策においては，コミュニティの役割を重視することが増え，たとえば自主防災組織の育成，高齢者福祉のための地域包括ケアシステム，子育てのための地域見守り，農地・水・環境保全の取り組み，地域参加型の公園・道路など公共施設の運営管理，地域参加型の学校運営，自主防災組織の結成など，地域コミュニティの参画を求める事例は枚挙にいとまがない。

3　日本の地域コミュニティにおけるソーシャル・キャピタルの影響

（1）地縁団体の持続性と可能性

このように地縁団体を中心とする地域コミュニティは，社会や人々の意識が激変してきた中で，何度も批判され存在意義が否定されてきたにもかかわらず，今日まで持続してきた。日本人が参加するネットワークやボランティア活動の面では，今日においても地縁団体は最も大きなプレゼンスを示している。明るい選挙推進協会（2018）によると，2018年時点で自治会に加入している人は24.8％であるのに対して，NPO・地域づくり団体は1.5％である（表7-1）。同様に総務省（2017）のボランティア活動の参加者でも町内会などの組織での活動者が11.6％であるのに対して，ボランティア・市民団体などは3.6％，NPOは0.8％となっている（図7-1）。つまり日本のソーシャル・キャピタルを考え

表7-1 団体の加入状況

	2006	2010	2013	2015	2018
自治会	46.1	34.5	24.7	24.7	24.8
同好会・趣味のグループ	13.9	12.8	15.8	15.0	13.8
住民運動・消費者運動・市民運動	1.1	0.9	1.1	0.5	0.7
NPO・地域づくり団体	―	1.8	1.7	1.8	1.5

出所:明るい選挙推進協会(各年)から筆者作成。

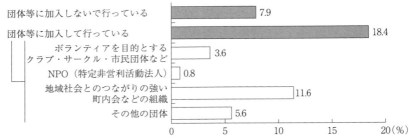

図7-1 「ボランティア活動」の形態別行動者率

注:複数回答あり。
出所:総務省(2017)を基に筆者作成。

る上では最もインパクトがあると考えられる活動と考えることができる。

　また地縁団体の活動は,一般に大都市では衰退の一途である一方,地方では活動が根づいている地域も多い。2000年以降に始まった市町村大合併の動きの中で,地方の町村では合理化が進み,公共サービスの再編を余儀なくされている。こうした公共サービスの不在に対して,地域の住民組織が高齢者のための生活支援サービス,集い場の運営,コミュニティ交通,買物支援,福祉施設の運営などに取り組む地域も見られる。地域活性化のために空き校舎を利用した宿泊施設や飲食店を開設したり,特産品の製造や市場・店舗の運営を行う地域もある。こうした地域に根差した新しい活動をどこかで支えているのが地縁団体,というのが多くの構図である(総務省 2015)。

　ソーシャル・キャピタルの役割に対する注目が高まってきたことに連動して,地域コミュニティの意義を再検証する議論も増えている(金谷 2008)。たとえば超高齢社会における重大な関心事である高齢者の健康・医療に関連して,地域コミュニティが育むソーシャル・キャピタルが高齢者の健康に影響するとい

う研究が進んでいる（近藤編 2007）。さらに地域に根差した神社などの宗教活動の役割も見直されている。日本人は無宗教と言われ，特定の宗教の熱心な信者は少ないが，地域の住民が神社の氏子また寺院の檀家として，祭や伝統行事また冠婚葬祭などでつながり助け合うという文化が広く存在する。地域によっては神社や寺が地域の人々の集会所や拠り所となり，ソーシャル・キャピタルを醸成しているという議論もある（大谷・藤本編 2012；金谷 2013）。

（2）縮むコミュニティ

ただ，こうした政府や社会の期待とは裏腹に，地域コミュニティは衰退の一途を辿っているのも事実である。総務省の地縁団体の全国調査によると，1980年以降，地縁団体の数はおよそ30万団体程度でほぼ一定している[(1)]。しかし明るい選挙推進協会（各年）によると，2000年頃までは50％以上が自治会・町内会に加入していたが，2013年調査以降は25％程度に激減している。つまり地縁団体は外形的には存続し続けているが，内実は空洞化しつつある。「あるけど，ないコミュニティ」という表現されるゆえんである（西山 2013）。

また前近代的な自治会・町内会に対する批判は強くある。近所づきあいの緊密さは，常に監視されているような息苦しさと背中合わせであるため，それをストレスと感じる人もいる。ゴミ当番や地域の清掃は行政の仕事にすべきという考えの人もいる。前例踏襲型でマンネリ化した地縁団体の活動は現代人にはそぐわないと考えて加入を拒む人々も増えている。「地域の絆」が大切という声がある一方で，学校現場ではPTAの担い手不足が課題になっているし，騒音などを理由に保育所の設置に反対する人々も顕在化している[(5)]。

他方で地域コミュニティの役割に対する期待に乗じて，地縁団体に対する行政からの依頼事項は増える一方である。このため現代の地縁団体の役員は疲労困憊しているという問題もある。

このように地域コミュニティに対する住民の意識や行動は年々多様化しており，地域コミュニティを巡る環境も変化しており，その将来を楽観することは容易ではない。しかしソーシャル・キャピタルを考える上で，地域コミュニティのあり方が様々な面で私たちの生活環境・健康・地域の活性化に影響する最も重要なファクターであり続けることは，今後も大きく変わらないと考えられ

る。こうした認識の下で，次はソーシャル・キャピタルに重心をおいて地域コミュニティの分析について検討し，調査データを用いた分析から示唆を得ることとしたい。

4 地域コミュニティにおけるソーシャル・キャピタルの存在

(1) ソーシャル・キャピタルの視点

ここまでにも挙げてきたように，地域内の人々のつながりや地域の人々と地域外の人々とのつながり，あるいは地縁団体との関係といったものを，ソーシャル・キャピタルの視点から研究しているものは数多くある。しかし一言にソーシャル・キャピタルといっても，先行する研究で必ずしも同様な捉え方をしているわけではない。

Putnam (1993) は，信頼，規範，そしてネットワークという3つをいわゆるソーシャル・キャピタルの構成要素であるという見方を提示している。しかし，この3つを基本的な構成要素とすることについても合意があるわけではなく，信頼を重視して分析するものもあれば (Hamano, et al. 2010)，むしろ信頼を外して規範とネットワークをもって分析するものもある (Woolcock & Narayan 2000)。

また違う視点からは，ソーシャル・キャピタルを地域という面で見るのか，あるいは個人に帰するものかという論点もあり，地域単位で分析するものもあれば (石田・藤澤 2014)，個人の行動をソーシャル・キャピタルで説明しようとするときには個人がそれを有するものであるとして分析するものもある (Paik & Navarre-Jackson 2011)。また，両方を加味して分析するものも多く，個人単位で集計したものを評価した上で，個人を対象にとったデータを基に地域単位で再度集計し，地域間の比較を行っているものもある (内閣府国民生活局編 2003)。類似の視点になるが，面で見たときの人同士がつながっている導線そのものをソーシャル・キャピタルとして捉える議論や (Szreter & Woolcock 2004)，導線を基礎にどのような資源が活用されるかという視点から活用される資源をソーシャル・キャピタルとする議論もある (Lin 2008)。

そのように理論的・実証的に様々な視点があるものの，地域コミュニティや

社会における政策を意識してソーシャル・キャピタルの存在やその影響について分析する上では，結束型ソーシャル・キャピタルと橋渡し型ソーシャル・キャピタルという識別が最も重要であるとする指摘もある（Castiglione 2008）。たとえば，日本の地域防災のあり方を検討するため，藤澤・石田（2014）は，結束型と橋渡し型のソーシャル・キャピタルの状態がどうなっているか，町丁目単位までブレイクダウンして分析している。また，地域コミュニティに影響を与えた政策と現在のあり方，またこれからの可能性について分析をしようと思うと，全国を対象にした一律の設問による調査では限界もある。しかし石田（2015）が試みているように，いくつかの地区を選定し，インタビューとアンケート調査によってそれぞれの開発過程や住居形態をはじめ，どのような活動を住民らが行っているかといった地区の特性を分析した上で，つながりづくりについて論じることで具体的な政策を検討することも可能であろう。

　ソーシャル・キャピタルの議論では，社会に負の影響も与えうるとするダークサイドの議論はあるものの全般的には肯定的であり，社会に正の影響を与えるとされる。定義は前述のように差があるが，どの定義にしても地域コミュニティのソーシャル・キャピタルは一朝一夕に増大するような急激な変化を遂げるような性質はもたないといえる。しかしながら，通常その地域コミュニティでは見ない外的なショックが与えられた時に急激に変化する可能性は秘めている。

　たとえば，災害時がそれに相当する。地震や津波によって地域コミュニティを含む地域全体が甚大な被害を受けるとき，そこに住む人々は散り散りとなって避難所に駆け込むことになり，その後も長い場合には数年にわたって仮設住宅で生活をすることになる。災害救助法が定めているところでもあり，阪神・淡路大震災をはじめとする近年の災害の教訓にもなっているが，災害時に従来の地域コミュニティを維持することは難しい。端的に言い換えれば，そこにあったソーシャル・キャピタルはなくなってしまうか少なくとも毀損が進んでしまう。時には結束型ソーシャル・キャピタルが一部の人々の復興を妨げたり，あるいは復興にかかる施策を地域の結束による抵抗が妨げることもある（Aldrich 2012）。しかし，それを含めても災害からの生活復興においてソーシャル・キャピタルは欠かせないものとなるため，いかにソーシャル・キャピタ

ルを醸成するかが問われる。

　外的なショックの中には，地域に正の影響を与えるものもある。面的に見ると小さなものではあるが，それまで地域になかったNPOが地域に誕生し，そこでボランティア活動を行う人々が出てくることによる地域内の関係の増大や，地域通貨のような仕組みで，支援者と被支援者の関係ができるだけでなく，経済的な側面で関与する商店などを含めた地域の関係構築がなされる。概して言えば，具体的なまちづくりというショックが地域に放り込まれた時に，地域コミュニティのソーシャル・キャピタルは変化する。次に，近年全国的に増えているアートフェスティバルという外的ショックを取り上げ，地域のソーシャル・キャピタルの変化について考えてみたい。

（2）アートフェスティバルと住民——広島県尾道市百島を事例に
1）アートフェスティバルの展開

　現在，地域のまちづくりという観点も含め，アートフェスティバルが注目されている。アートという性格からアーティストや作品に依存する面もあり，どの地域でも即座に開催へとこぎつけられるものではないが，規模の大小を問わなければ全国で数多く見られるようになっているといえる。2000年以降に開催されたものが多いが，規模の大きなもので見ると，大地の芸術祭・越後妻有アートトリエンナーレや横浜トリエンナーレ，神戸ビエンナーレや瀬戸内国際芸術祭などがある。また，震災復興という観点を含めたものには宮城県石巻市を中心として開催されたReborn Art Festivalがある。

　本章では，広島県尾道市百島で2011年より旧百島中学校の再利用を通じた芸術活動として進められ，2012年11月に公開された「ART BASE 百島」を事例として取り上げる[6]。この活動は，現代アート作家である柳幸典氏をはじめ関係者らが主催し，実施されているものである。まちづくりよりはむしろ芸術そのものを目的としており，その点では前述で挙げた比較的規模の大きなフェスティバルとは異なる立ち位置をとっていると言える。

　この事例を基に，アートフェスティバルが地域活性化に資するものであるか，また事象の前後でどのように住民の意識や行動が変化したかを明らかにするための調査が実施されている（金谷 2013）。調査は百島に居住する住民を対象に

行われており，地域の協力を得て実施されている。事前調査は342世帯，事後調査は290世帯に調査票が配布され，有効回答数がそれぞれ72.2％と76.6％となっている。調査項目は，旧百島中学校の再利用を中心とする芸術活動の認知と活動への関心や参加に加え，地域の日常のつながりや活動への参加などとなっている。ここでは，その調査データを用いて分析を行うことにしたい。

2）イベント開始前の住民

事前の調査では「地域づくりや地域の活性化に関心」があるかどうかを問うており，「関心がある」が76.6％（n＝231）と地域のあり方への関心が全体として高いことがうかがえる。「芸術活動に期待」するかどうか（5件法）については「大いに期待」と「ある程度期待」を合わせて67.4％となっており，住民にとっては地域づくりの一つの手段として捉える側面もあることもうかがえる。

この地域づくりや芸術活動への関心や認知の高さは日頃のソーシャル・キャピタルの蓄積を通じた地域への関心や情報の流通が関与していると考えられる。島嶼では空間的な制約があることからつながりが強くなりやすい傾向があると言える。近隣のつきあいと地縁団体への参加について簡潔に見てみたい。

「あなたと近隣・地域の人たちのおつきあい」については，「気軽に話し合えるようなつきあい」が55.2％と最も多く，次に「何かにつけ相談したり，助け合えるようなつきあい」の26.5％が多い（n＝230）。また「つきあいはほとんどない」という回答者は0.4％のみである。項目が同一ではないが類似している稲葉（2011）による全国調査と比較すると，つきあいの程度は全国平均に比べると深い地域であるといえる。

「地域の活動に参加」しているかについて見ると，「自治会」では63.7％（n＝190）が「あり」と回答している。そのうち43.4％が「積極的に参加」し，52.5％が「つきあいとして参加」しており，「名前だけで参加」は4.0％と少数となっている（n＝99）。地縁団体の活動が縮小することが指摘される中で，いまだ地域の団体を場としたつながりの強さがあることがデータからも推察される。かたや「地域で開催されるイベント」への参加となると，「積極的に参加」は11.2％に留まっているものの，それでは過半数は「可能な範囲で参加している」（61.6％）と回答している（n＝232）。ART BASE 百島の「芸術活動の準備や運営」については積極性の如何は問うていないが，66.8％が「参加・協力し

たい」と回答しており，外部者の主催とはいえ，地域の盛り上がりに寄与するものに対する期待だけでなく，行動面でも貢献の可能性を示している。

3）イベント終了後

　イベントが終わった後にもアンケート調査が実施されている。これによれば，「この芸術活動に参加・協力した」というのが56.2%であり，概ね半数が何らかの形で関わったことになる。事前の調査では，参加・協力の意欲があったのが66.8%であるので，実際の行動ではその数値を若干下回っている。参加と協力を分けて述べ人数で見ると，「芸術活動を見に行ったりイベントに参加した」という関わり方をもった人がそのうち8割程度であり，そのほか何かしらの形で直接に協力した人が4割程度となっている。さらに3割程度の人が広報役として「島外の親戚や知人に来島をすすめた」と回答している。

　「アートベース百島を何によって知りましたか」という問い（複数選択可）について，ツールと合わせて，人のネットワークに関する項目が含まれている。何か1つの情報経路を選択した回答者が49.8%であり，2つ以上の情報経路を選択したのが24.4%，経路を1つも選択しなかったのが25.8%であった（n=225）。そして最も情報経路として多かったのは「チラシ」（26.3%）であったが，それに続くのが「自治会」（20.4%）と「近隣の人」（15.0%）という居住に依拠する人のつながりである（n=167）。他の項目は，「知人・友人」（11.4%），「新聞・テレビ」（11.4%），「市の関係機関」（10.2%）などとなっている。

　2年間を通じて「アートベース百島の展覧会を見ましたか」という点については，いずれの年でも見たという人が28.2%，いずれかの年で見たという人が31.3%，いずれの年も見ていないという人が40.7%となっている（n=182）。「普段，地域で開催されるイベント」への参加程度との関係を見ると，いずれの年かあるいはいずれの年でも見たというのを1つのグループとして集計すると，展覧会を見た人のうち85.3%は普段の地域のイベントに「積極的に」，あるいは「可能な範囲で」参加している（n=140）。かたや，展覧会を見ていない人については普段のイベントにも「あまり参加していない」か「全く参加していない」という人が57.8%となっている。また見方を変えて，普段の地域活動には参加していない人のうち35.0%がこの芸術活動に参加したと回答している。地域のイベント参加への新しい流れを作り出しているということも見て取

図7-2 地域の変化に関する住民意識

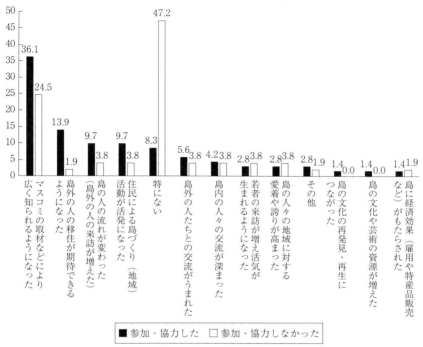

出所：中島ほか（2014）調査データを基に筆者作成。

れる。

　この芸術活動が，地域の活性化に資するものであったか，あるいはソーシャル・キャピタルの視点から新たなネットワークの形成に寄与したのかという点については，この活動に「参加・協力」したかどうかが鍵となっているようである。この芸術活動の開催によって「（地域にとって）どのような成果あった」かの回答を，参加・協力したかどうかを軸に集計したものが図7-2である。「マスコミの取材などにより広く知られるようになった」（36.1％）が最も多いが，それに続く上位の項目には，「島外の人の移住」への期待（13.9％）をはじめ，「人の流れが変わった」こと（9.7％）や「住民の島づくり活動が活発になった」こと（9.7％）が並んでおり，関与した住民にとっては新しい風が吹いていることを実感していることがうかがえる。かたや，参加・協力しなかった住

民にとっては、マスコミに百島が露出していることは認識しているものの、効果が「特にない」(47.2%) と感じていることも示されている。

また芸術活動の開催が「自身に変化」を与えたかという点について、「地域の人たちとの日常的な付き合い」に注目すると、参加・協力していない人のうち「増えた」と回答したのは1.8%である一方、参加・協力した人のうちでは18.1%が地域住民との日常の付き合いが増加したと回答している。

(3) 地域活性化行動と地域コミュニティのソーシャル・キャピタルの関係

前項で広島県尾道市百島における芸術活動が開催される前後の住民の意識を見るとともに、芸術活動への参加・協力と地域の活性化や自身の変化についてクロス集計をもとに傾向を見た。ここでは、その関係を他の関係する要因を同時に考慮して、地域コミュニティのソーシャル・キャピタルが地域活性化に向けた行動に寄与しているかどうかについて、計量分析を行う。

前述した意識調査のうち、2回開催した後に実施している調査データを用いて分析を行う。この調査の中で、芸術活動への参加やおもしろいと思える姿勢、また活動協力を示す変数3つを選び、それぞれをダミー変数に変換し、単純加算による合成変数を作成した。

説明変数としては、性別や年齢、また居住歴などの個人属性とともに、地域コミュニティでのソーシャル・キャピタルを表すものとして、近隣住民とのつきあい状況、地域活動団体への参加状況また複数団体加入による複合効果をみるために参加団体数を変数とした。分析に用いる被説明変数および説明変数の一覧と概要は表7-2に示す通りである。また、それらの変数の記述統計量を表7-3に示している。

被説明変数を順序カテゴリーとしたことから、ここではその被説明変数をうまく説明できる計量分析のモデルとして、順序プロビットモデルを採用する。推定結果を表7-4に示している。統計的に有意な結果の得られた変数を中心に見てみたい。年齢についてはサンプルサイズの制約から60歳未満を1つのグループとし、基準変数とした。60歳未満に比べると、60～70代は地域活性化行動が弱まる傾向にある。80代以上ではさらに弱まる。年齢は身体的・体力的な面を表していると考えられることから、地域活性化の意識や行動を平均的に高

第7章 地域コミュニティとソーシャル・キャピタル

表7-2 分析に用いる変数の概要

変数	形式	内容	構成要素
被説明変数			
地域活性化行動	カウント	低い＝0～高い＝3	以下3項目の合成変数（単純加算） 展覧会：見た（1），見ていない（0） 芸術活動：おもしろかった（1），それ以外（0） 参加・協力：した（1），していない（0）
説明変数			
性別	ダミー	男性＝1，女性＝0	
年齢（60歳未満）	ダミー	60未満＝1，そのほか＝0	（基準変数）
年齢（60-70代）	ダミー	60～70代＝1，そのほか＝0	
年齢（80代-）	ダミー	80代～＝1，そのほか＝0	
居住歴（ずっと）	ダミー	生まれて以来ずっと＝1，そのほか＝0	
居住歴（Uターン）	ダミー	Uターン＝1，そのほか＝0	
居住歴（他所から）	ダミー	他所の出身＝1，そのほか＝0	（基準変数）
経済状況	順序カテゴリー	かなり苦しい＝1～余裕がある＝5	
近隣つきあい（全面的）	ダミー	全面的＝1，そのほか＝0	何かにつけ相談したり，助け合えるようなつきあい（基準変数）
近隣つきあい（部分的）	ダミー	部分的＝1，そのほか＝0	気軽に話し合えるようなつきあい
近隣つきあい（形式的）	ダミー	形式的＝1，そのほか＝0	会った時にあいさつする程度のつきあい
近隣つきあい（なし）	ダミー	なし＝1，そのほか＝0	つきあいはほとんどない
地域活動団体参加（自治会）	ダミー	自治会＝1，そのほか＝0	活動に参加しているか
地域活動団体参加（ボランティア団体）	ダミー	ボランティア団体＝1，そのほか＝0	活動に参加しているか
地域活動団体参加（数）	カウント	参加なし＝0～すべて参加＝5	自治会，老人会，ボランティア団体，サークル団体，スポーツ・レクリエーション団体

表7-3 記述統計量

変　数	サンプルサイズ	平均値	標準偏差	最小値	最大値
地域活性化行動	76	1.54	1.14	0	3
性別（男＝1）	76	0.43	0.50	0	1
年齢（60-70代）	76	0.54	0.50	0	1
年齢（80代-）	76	0.21	0.41	0	1
居住歴（ずっと）	76	0.46	0.50	0	1
居住歴（Uターン）	76	0.28	0.45	0	1
経済状況	76	3.05	0.59	1	5
近隣つきあい（部分的）	76	0.46	0.50	0	1
近隣つきあい（形式的）	76	0.26	0.44	0	1
近隣つきあい（なし）	76	0.05	0.22	0	1
地域活動団体参加（自治会）	76	0.59	0.49	0	1
地域活動団体参加（ボランティア団体）	76	0.39	0.49	0	1
地域活動団体参加（数）	68	1.60	1.56	0	5

く維持できるのは一定の年齢までであるといえる。居住歴については，推定結果2つ目の地域団体数モデルにおいては，ずっと百島に居住している人の方が地域活性化行動に関与しうる結果となっている。

　ソーシャル・キャピタルを示す変数については，近隣のつきあいがないと地域活性化の行動をとるのが難しいことが示されている。双方のモデルで統計的に有意な結果は得られていないが，形式的な近隣つきあいの関係も負に有意であることが示されている。近隣のつきあいが一定以上あることが地域活性化行動に寄与しうるといえる。地域団体を媒介とした影響については，自治会は正に有意な結果が示されているが，ボランティア団体については有意にならなかった。また，団体に複数参加することによるネットワークの広がりが与える影響を見るために，参加団体数を変数とした。これについては正に有意な影響を与えうることが示されている。この事例，ひいてはこのような地域では自治会の影響が依然として大きい可能性があること，また地域の複数の団体に参加し，活動することによって，地域のあり方に関心を持ったり，行動として地域に貢献しようと考えるに至る可能性があることが示唆された。

表7-4 推定結果（順序プロビット）

[地域活性化行動]	モデル (1): 自治会・ボランティア団体参加有無		モデル (2): 地域団体参加数	
	係数	標準誤差	係数	標準誤差
性別（男=1）	-0.41	0.34	-0.44	0.33
年齢（60-70代）	-0.61*	0.33	-0.70**	0.36
年齢（80代-）	-1.73***	0.47	-1.92***	0.49
居住歴（ずっと）	0.49	0.36	0.64*	0.36
居住歴（Uターン）	0.45	0.38	0.55	0.41
経済状況	0.03	0.24	-0.02	0.24
近隣つきあい（部分的）	-0.38	0.34	-0.55	0.37
近隣つきあい（形式的）	-0.70*	0.40	-0.65	0.41
近隣つきあい（なし）	-1.39**	0.68	-1.30*	0.69
地域活動団体参加（自治会）	0.75**	0.30		
地域活動団体参加（ボランティア団体）	0.14	0.37		
地域活動団体参加（数）			0.25**	0.11
	-1.18	0.89	-1.43	0.92
	-0.49	0.88	-0.75	0.91
	0.51	0.88	0.21	0.90
サンプルサイズ	76		68	
対数尤度	-88.64		-80.69	
カイ二乗検定量	31.15***		25.34***	
擬似決定係数	0.15		0.14	

注：***, **, *はそれぞれ1％, 5％, 10％水準で有意であることを示す。

5 危機を乗り越えて——ソーシャル・キャピタルを考慮した政策展開の可能性

　本章は，地域コミュニティにおけるソーシャル・キャピタルをテーマに大きく2つの点から分析を行った。一つは，日本の地域コミュニティの状況と展開を自治会・町内会を中心に整理し，今後のあり方を検討した。もう一つは，その上で，近年注目されているアートフェスティバルの一つを題材に，その地域の住民がいかに関与し，今後の地域活性化につなげうるかについて調査データを基に集計と計量モデルによる分析を行った。

　地域コミュニティに対する社会の関心は常にある。経済が好調のときも不調のときもどのような状況においても，地域コミュニティのありようが問われる。

また，阪神・淡路大震災や東日本大震災，また熊本地震など甚大な被害をもたらした災害によって，人々の「つながり」の重要性が再認識されている。しかし，つながりを形成し，うまく活用できているというストーリーはなかなか出てこない。生活圏と地域のつながりの重なりが薄くなっているといったこともあるが，居住地には地域コミュニティがある。しかし，その地域コミュニティにあるソーシャル・キャピタルにつながっているかの有無を問わなければならないであろう。

　本章では，地縁団体を中心とするコミュニティの3つの危機を示したが，それでもなお内閣府の調査データなどを参考にすると自治会・町内会は日本のソーシャル・キャピタルを考える上では最も影響力の大きい団体であることを指摘した。そしてそれは，広島県尾道市百島のアートフェスティバルを題材としたアンケート調査データによる分析でも同じことが示された。今回取り上げた地域特性を加味するならば，地方部の人口減少や少子高齢化の著しい地域では，まず第1に外部の力を得てでも地域活性化に資する活動を据え置くことが必要であるといえる。それに対して活動を行える人材は地域コミュニティのソーシャル・キャピタルが豊かな人々となるので，ソーシャル・キャピタルをどのように醸成するかがやはり課題となる。

　同じくこの調査データでは，アートフェスティバルに参加・協力した住民のうち2割は地域のつながりが増えたと回答していることから，イベントがソーシャル・キャピタルの醸成に一役買っている面もある。イベントの誘致が先か，ソーシャル・キャピタルの形成が先かという点は決められないといえるが，双方を的確にはめこむ活動や政策支援が期待される。

　最後になるが，全国のアートフェスティバルはまちづくりとしての性格を有するものの，すべてが順調というわけでもない。補助金や寄付金を得て開催しているものが多く，その資金源の動向によっては開催も難しくなる。たとえば神戸ビエンナーレは企業からの寄付金の獲得が十分に行えなくなったことから2015年の開催を最後に終了することとなった。地域コミュニティのソーシャル・キャピタルだけでなく，それに合わせて地域で支出できる資金が循環する仕組みもまた重要であることに留意しなければならない。

注

(1) 総務省調査によると2013（平成25）年4月1日現在の自治会・町内会等は29万8,700（地域自治組織のあり方に関する研究会 2017：66）。なお1980年には27万4,738，1992年には29万8,488であった（東海自治体問題研究所編 1996：30）。地縁団体は行政から独立した民間団体であるが，財産を所有する地縁団体に付与される認可地縁団体の法人格の規定は，地方自治法に置かれている。

(2) 全国の市・特別区対象のアンケート調査（2003年）によると，各自治体においてコミュニティ活動の主たる担い手となっている組織は，(1)自治会・町内会等の地縁団体を中心とした住民組織（79.0％），(2)概ね小・中学校区単位に，地域の諸団体（自治会・町内会，老人会・婦人会・PTA等の地域組織及びボランティア組織等）から構成されるコミュニティ組織（18.7％），(3)地域福祉やまちづくりなどの特定のテーマごとに活動するテーマ型市民活動組織（0.8％）であった（日本都市センター 2004：235）。

(3) 自己の選択で加入するNPO／市民活動は，多くの人には参加のハードルが高いが，地域コミュニティは選択制の少ない共同体であるため，加入のハードルが低い。現代は，個別化が進み共通の利害のために団結することが困難な液状化した社会であること（バウマン 2008）を考えると，「無縁社会」を緩和する装置としては地域コミュニティの方が有効と考えられるかもしれない。

(4) 政権交代の影響も考えられる。1990年代の後半に市民活動団体を積極的に支援する政策を主導したのは自民党以外の政党であった。

(5) 森健（2016）「50年後の『ずばり東京』②保育所反対を叫ぶ人たち」『文芸春秋』9月特別号，358-369頁。

(6) ART BASE 百島（http://artbasemomoshima.jp）。

参考文献

明るい選挙推進協会（各年）「第44/45/46/47回衆議院議員選挙全国意識調査結果の概要」（発行平成18・22・25・27・30年）。

石田光規（2015）『つながりづくりの隘路——地域社会は再生するのか』勁草書房。

石田祐（2012）「高年齢者の社会貢献活動を促進する地域特性に関する実証分析」『高齢者の社会貢献活動に関する研究——定量的分析と定性的分析から』労働政策研究報告書142，第6章。

石田祐・藤澤由和（2014）「新たな地域防災政策への可能性——防災関連調査データを用いたコミュニティ・レジリエンスの測定」『ESTRELA』246，14-19頁。

稲葉陽二（2011）「全国社会関係資本調査にみる認知的社会関係——資本と構造的社会関係資本の変化」『日本NPO学会ディスカッションペーパー』2011-002-J。

伊豫谷登士翁・齋藤純一・吉原直樹（2013）『コミュニティを再考する』平凡社。
大谷栄一・藤本頼生編（2012）『地域社会をつくる宗教』ミネルヴァ書房。
金谷信子（2008）「ソーシャル・キャピタルの形成と多様な市民社会――地縁型 vs. 自律型市民活動の都道府県別パネル分析」『ノンプロフィット・レビュー』8(1), 13-31頁。
金谷信子（2013）「日本の伝統宗教とソーシャル・キャピタル――神社活動を事例に」『宗教と社会貢献』3(2), 1-25頁。
金谷信子・瀋俊毅・高橋広雅・中島正博（2013）「旧百島中学校における芸術活動に関する島民の意識調査から――アートプロジェクトを用いた地域再生の可能性と課題」『広島国際研究』19, 51-66頁。
倉沢進・秋元律郎編（1990）『町内会と地域集団』ミネルヴァ書房。
国民生活審議会（1969）「コミュニティ――生活の場における人間性の回復」。
近藤克則（2007）『健康格差社会――介護予防に向けた社会疫学的大規模調査』医学書院。
総務省（2015）「暮らしを支える地域運営組織に関する調査研究事業報告書」。
総務省（2017）「平成28年 社会生活基本調査」。
地域自治組織のあり方に関する研究会（2017）「地域自治組織のあり方に関する研究会報告書」。
辻中豊・ロバート・ペッカネン・山本英弘（2009）『現代日本の自治会・町内会』木鐸社。
東海自治体問題研究所編（1996）『町内会・自治会の新展開』自治体研究社。
鳥越皓之（1994）『地域自治会の研究』ミネルヴァ書房。
内閣府（2004）『国民生活白書 平成16年版』国立印刷局。
内閣府国民生活局編（2003）「ソーシャル・キャピタル――豊かな人間関係と市民活動の好循環を求めて」。
中島正博・金谷信子・高橋広雅・瀋俊毅（2014）「アートベース百島に対する百島住民の意識調査（事前事後調査の比較）」広島市立大学国際学部地域と芸術活動研究会。
西山志保（2013）「あるけど，ないコミュニティ」吉原直樹・近森高明編『都市のリアル』有斐閣，103-120頁。
日本都市センター（2004）『近隣自治の仕組みと近隣政府――多様で主体的なコミュニティの形成をめざして』日本都市センター。
バウマン，ジグムント／奥井智之訳（2008）『コミュニティ――安全と自由の戦場』筑摩書房。
藤澤由和・石田祐（2014）「新たな地域防災政策への可能性（1）――コミュニテ

ィ・レジリエンスの地域間比較」『ESTRELA』246, 8-13頁。
ペッカネン, ロバート／佐々田博教訳 (2008)『日本における市民社会の二重構造——政策提言なきメンバー達』木鐸社。
吉原直樹 (1989)『戦後改革と地域住民組織——占領下の都市町内会』ミネルヴァ書房。
吉原直樹編著 (2011)『防災コミュニティの基層』御茶の水書房。
Aldrich, D. P. (2012) *Building Resilience: Social Capital in Post-Disaster Recovery*, Chicago University Press. (=2015, 石田祐・藤澤由和訳『災害復興におけるソーシャル・キャピタルとは何か——地域再建とレジリエンスの構築』ミネルヴァ書房。)
Castiglione, D. (2008) "Introduction: Social capital between community and society" in Castiglione, D., J. W. Van Deth & G. Wolleb (eds.) *The Handbook of Social Capital*, Oxford University Press, pp. 555-567.
Hamano, T., Y. Fujisawa, Y. Ishida, S. V. Subramanian, K. Ichiro & K. Shiwaku (2010) "Social capital and mental health in Japan: A multilevel analysis" *PLoS ONE* 5(10): e13214.
Lin, N. (2008) "A network theory of social capital" in Castiglione, D., J. W. Van Deth & G. Wolleb (eds.) *The Handbook of Social Capital*, Oxford University Press, pp. 50-69.
Paik, A. & L. Navarre-Jackson (2011) "Social Networks, Recruitment, and Volunteering: Are Social Capital Effects Conditional on Recruitment?" *Nonprofit and Voluntary Sector Quarterly* 40(3), pp. 476-496.
Putnam, R. D. (1993) *Making Democracy Work: Civic Traditions in Modern Italy*, Princeton University Press. (=2001, 河田潤一訳『哲学する民主主義——伝統と改革の市民的構造』NTT出版。)
Szreter, S. & M. Woolcock (2004) "Health by association? Social capital, social theory and the political economy of public health" *International Journal of Epidemiology* 33(4), pp. 650-667.
Woolcock, M. & D. Narayan (2000) "Social capital: Implications for development theory, research and policy" *World Bank Research Observer* 15(2), pp. 225-249.

(石田　祐・金谷信子)

第8章 防災・災害復興で求められる地域コミュニティの機能

1 地域コミュニティの内抱する力への着目

　ソーシャル・キャピタル（社会関係資本）[1]は，企業を中心とした経済活動，地域社会の安定，国民の福祉・健康，教育，政府の効率などに影響を及ぼすとされ（稲葉 2011），国内においてもその実態や働きの有効性について，様々な実証が試みられてきた（たとえば，内閣府国民生活局編 2003；日本総合研究所 2008など）。

　しかし，防災・災害復興との関係性が問われるようになったのは比較的新しい。近年，国内外で大規模な自然災害や人為的災害（事故）が頻発しており[2]，こうした災害において，私たちは住民相互の助け合い，合意形成，協議・調整などの重要性と難しさを，教訓として学んできたことが背景にあると思われる。

　1995年の阪神・淡路大震災では大規模な建物破壊や高速道路の倒壊などに加え，被災者の生活面の課題（仮設住宅での孤立や生活困難など）に注目が集まり，地域の「コミュニティ」の重要性が再認識された（兵庫県編 2009）。2011年の東日本大震災では津波被害や原発事故などの一方で，消防団の献身的な活躍や地域の人々の間での協力，多方面からの支援など「絆」が注目された。

　防災・災害復興では，広域的に見ると，安全なまちをつくるためのハード整備や，復旧・復興に向けた政府による資金的な支援などが重要となるが，地区レベルで見ると，同じ規模の災害に遭いながらも，被害程度や復興速度に差が生じることもある。それにはハードや外力的な要因とは別に，地域や社会集団の内部に蓄積された結束力やコミュニケート能力，問題解決能力が機能した可能性がある。[3]

　また，防災や災害復興は，「災害サイクル」といわれる連続したサイクルの中で捉えることができ（図8-1），大災害が起こると，緊急段階，応急段階，

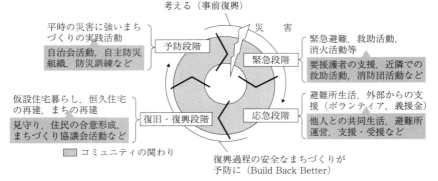

図8-1 災害サイクルと各段階でのコミュニティの関わり

復旧・復興段階，予防段階の各段階で様々な地域住民による相互協力や合意形成などの協調行動が必要となってくる。復興過程では，地域コミュニティの持つ資質・能力の様々な側面（情報収集能力，内部の結束力，対外的な交渉力等々）が試されることとなる。

本章では地域コミュニティに焦点を絞り，ソーシャル・キャピタルが防災・災害復興プロセスの中で，地域自らの内発的な対応力の形成を促して，復興を推進し，安全なまちを創っていく上で重要な役割を担うことを，既存文献のサーベイを基に見ていく。その上で，東日本大震災からの生活復興を具体的な事例として取り上げ，近所付き合いの変化や共助活動の実態に着目して，ソーシャル・キャピタルの災害対応力向上の働きを確認するとともに，その政策への展開可能性について考えることとする。

2　防災・災害復興における地域の対応力——コミュニティ・レジリエンス

（1）レジリエンスとは

近年は災害に強いまちづくりをレジリエンス（resilience：回復力）の向上として捉えることが世界の防災・減災分野での主流となっている。

UNISDR（2009）によると，「レジリエンスとは，ハザード（災害の原因となる台風，地震などの物理的な外力のこと）にさらされたシステム，コミュニティある

第8章 防災・災害復興で求められる地域コミュニティの機能

図8-2 レジリエンスの概念図

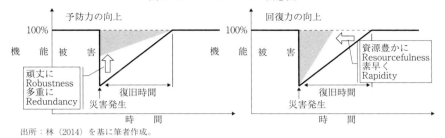

出所：林（2014）を基に筆者作成。

いは社会が，基本的な機構及び機能を保持・回復することなどを通じて，ハザードからの悪影響に対し，適切なタイミングで，効果的な方法で抵抗し，それを吸収・受容し，またそこから復興する能力」と定義される。

　元来，防災は，事前の備え（予防）を基本とし，被害を出さないための「抑止」と，被害が出てもそれを「軽減」するための対策が中心となってきた。ところが，2001年のアメリカの同時多発テロ以降，世界では予測できないことが起こることを前提として，壊れた後の対処「復元」「回復」が必要との考え方が広がった（林 2013）。国内でも2011年の東日本大震災では，想定外の高さの津波が発生するという事態に直面した。

　予防には予想できないハザードが発生するという問題と，想定を越えた外力には対応できないという二重の問題がある。ハザードごとの「予防力」は，必ずどこかに限界があり，カバーできない部分が出てくる。そこで「回復力」が重要となってくる。「予防力」と「回復力」をベストミックスとすることがレジリエンスのポイントになる（林 2013）。

　図8-2を基にレジリエンスを考えると，災害が起こると社会システムは機能不全が生じるが，構造の堅牢化やシステムの多重化などにより予防力を高め，被害による機能低下を最小限に食い止める（図8-2左）。一方，機能不全が発生すると，地域における支援力・受援力を活用したり，リスクファイナンスを事前に整備しておくなどにより回復速度を高める（図8-2右）。こうした対応によって，全体として機能不全による悪影響を最小限にとどめる（図8-2の網掛け部分の三角形の面積を小さくする）のが，レジリエンスの向上といえる。

（2）コミュニティ・レジリエンスの資源

　林（2012：2014）は，被害を出さないようにする予防の多くは「物の力」であるが，被害が出てしまったときにそれをできるだけ小さくする力は主に「人の力」であるとした上で，コミュニティのレジリエンスには，地域住民がお互いに助け合って，力を合わせて対応することが重要であるとしている。そして，多様な主体の参画，「縁」の多重化による回復力の向上が目指されなくてはならないとしている。

　地域防災では，かつては，地縁・血縁の結束力がこのレジリエンスの源だった。地域に息づく「互助」の伝統的な助け合い精神があり，惣・講・結といった組織が機能していた。近代化，都市化が進んで，伝統的なコミュニティが変遷し，こうしたコミュニティを現代都市で回復することは不可能とも言える。これからは，隣，近所，自治会，自主防災組織等が主体となった「共助」を推進しなくてはならず，また，「ルール遵守」「自己決定」「自己責任」に基づく，地域に縛られない，様々な主体による協働も求められる。「ソーシャル・キャピタル」を資源として，レジリエンスをいかに高めていくかが大きな課題となるといえる。

　また，Norris et al.（2008）もコミュニティのレジリエンスを，災害後，適応可能な「資源」を組み合わせながら，機能再生化や再適応化していく動的な過程と捉えている。そして，数多くの文献レビューを基に，コミュニティ・レジリエンスを構成する「資源」として，「経済的発展と平等性」「ソーシャル・キャピタル」「情報とコミュニケーション」「コミュニティの能力」の4つを提示した。このうちの一つ「ソーシャル・キャピタル」については，①コミュニティ内外のネットワークの状況，②支援・受援とその期待，③コミュニティの一員であることの意識やコミュニティへの愛着，④地域活動への住民参画などがレジリエンスと関わってくるとしている。

　さらに，Norrisらは，レジリエンスは，以前の状態への回復のみならず，新たな状態への適応でもあるとし，自らを再構築する能力として，取り巻く環境の変化に対するコミュニティや組織の柔軟性，適応・学習能力も含めて考えている。[7]

　以上のように，関連文献からは，レジリエンスの概要を用いて事前の予防力

表8-1　平常時と災害時におけるソーシャル・キャピタルの働き

平常時の働き	災害時の働き
強固なソーシャル・キャピタルは「ネットワーク」に属する人々へ情報や知識，また入手経路を提供する。	社会資源は，災害後の「インフォーマルな保険」として，また相互支援の仕組みとして機能する。
強い結束は，ネットワークのメンバー間に「信頼」関係をつくり出す。	強固なソーシャル・キャピタルは復興や再建の妨げとなる「集合行動の問題を克服」するための助けとなる。
ソーシャル・キャピタルはコンプライアンスや参加に関する新しい「規範」を形成する。	ネットワークは，再建に向けた「市民の声を強め」，被災コミュニティからの「退出の可能性を低下」させる。

出所：Aldrich（2011）を基に筆者作成。

と事後の回復力を一体的に捉えるとともに，レジリエンスを生み出すコミュニティの資源として，ソーシャル・キャピタルが重要な位置を占めることが示されている。

（3）信頼・規範・ネットワークとレジリエンス

Aldrich（2011）は，コミュニティの「信頼」「規範」「ネットワーク」がどのように災害復興を促進するかを説明している。すなわち，平常時には，「信頼」や「規範」は他者の行動に対する期待を形作ることができ（コンプライアンス，参加などの規範意識の向上），「ネットワーク」はそれを通じてその集団にいる人に対して，重要な事柄に関する情報や知識を提供することができるが，こうした「信頼」「規範」「ネットワーク」の働きは，災害時には，インフォーマルな保険として機能したり，復興の妨げとなる「集合行動問題」（個人の利己的で合理的な思考が結果として集団全体にとって悪い状態へと導く）を克服する助けとなるほか，被災地からの退出を食い止め，再建に向けた人々の声を強めたりすることになるとしている（表8-1）。

（4）結合型と橋渡し型の分類とレジリエンス

また，ソーシャル・キャピタルは結合型と橋渡し型の2つの分類で説明される場合がある（Narayan 1999）。これらの分類と災害復興への関わりについて，Hawkins & Maurer（2010）は2005年のハリケーン・カトリーナ後の低所得者

層の家族を対象にしたインタビュー調査から次のような実態を説明している。

結合型ソーシャル・キャピタルは家族，親類，近隣の人たちの緊密な結びつき（Closeties）として見られ，災害時や災害直後の支援に役立った。具体的には，食料・必要品の備蓄，共同での避難や救助のほか，物質的にも精神的にも集団内の被災者を支えた。一方の橋渡し型ソーシャル・キャピタルは，災害直後も役立ったが，むしろ長期の生活再建やより広い近隣・コミュニティの活性化につながるような道筋を提供するのに役立った。たとえば，マイノリティ集団には届かない重要な助成情報を得るのに役立ったり，被災地ニューオーリンズ内だけでなく，ニューオーリンズを離れて別の場所に移住した際にも，新しい人々や新しい考え方，新しい生活方法を紹介してもらうことにも役立ったりしたとしている。

結合型ソーシャル・キャピタルは集団内での安全性を提供するのに大事な役割を果たすが，困難時にはそれだけでは不十分なことがあり，橋渡し型ソーシャル・キャピタルとの組み合わせが必要となるとしている。

3　事例・実証研究にみるレジリエンスの実例と政策への応用

ソーシャル・キャピタルが地域のレジリエンスをどのように生み出すか，ここでは，Norris et al.（2008）の示したソーシャル・キャピタルの働きである，①内外のネットワーク，②支援・受援とその期待，③コミュニティの一員であることの意識，④地域活動への参画に即して，国内外の災害研究事例をみていくとともに，その政策への応用について考えていく。

（1）コミュニティ内外のネットワークの役割

コミュニティ内外のネットワークとそのネットワークを通してやり取りされる情報やサービスが，復興促進や事前の防災に役立ったことが，数多くの災害事例で示されている。

たとえば，Aldrich（2011）は，ハリケーン・カトリーナ後，他都市に避難した住民のニューオーリンズ帰還の意思決定に重要だったのは，行政からの一方的で形式的な再建計画等に関する情報ではなく，被災者の社会的なネットワー

クを通じて流される情報(たとえば,誰がいつニューオーリンズに帰還するかなど)であったとし,社会的ネットワークの状況が地区の復興(人口回復)に関係していたとしている。また,ニューオーリンズで復興の進んでいないロウワー・ナインス・ワードは,最も復興の早かった地区の一つであるビレッジ・デ・レスト地区と同様の強固な結束型ソーシャル・キャピタルを持っていたが,外部の権限を持つ人たちとの連結型のソーシャル・キャピタルを十分に持っていなかったことが,外部からの支援を十分に受けることができなかった理由であったとして,コミュニティ内外でのネットワークの重要性を説明している。

国内では,田村ら(2001),兵庫県(2002),越山ら(2003)は,阪神・淡路大震災後の生活復興調査等の分析結果から,地域の人々の「つながり」をはじめとした生活再建7要素(9)や近所付き合いの程度などが生活復興感にプラスの影響を与えたことを示している。また,川脇(2015a)は,東日本大震災被災地の住民アンケート調査の分析結果から,近所付き合いの変化が生活復興感や将来の生活変化予想などに影響を与えていることを示している。

一方,布施(2015),石橋ら(2009),藤見ら(2011),塩谷(2013)は,事前の防災活動や防災意識レベルなど地域の防災力を示す指標に対して,ソーシャル・キャピタル関連変数が有意な影響を与えていることを,モデル分析により確認している。各研究の分析結果は完全に一致するものではないが,ネットワークや付き合いはいずれの分析結果でも有意に推定され,コミュニティ・ネットワークの防災力への貢献が示唆されている。

(2) 支援・受援とその期待

次に,災害時に政府や市場が機能しなくなった際の近隣間での支援・受援や,平常時に培われた信頼関係をベースとした支援・受援への期待が,復興促進につながったことが,いくつかの事例研究で示されている。

たとえば,Moore et al. (2004) は,ハリケーン・フロイド(1999年)が襲った北東部カリフォルニアのコミュニティの災害前,災害直後,復旧復興期の社会的な状況を観察し,互酬性の規範などソーシャル・キャピタルの高いコミュニティが,その資源を活用して早く復興したことを示している。

また,Brouwer & Nhassengo (2006) は,モザンビークの洪水(2000年)で

の農村社会の生産手段の共有・預け入れの習慣を事例に，International Recovery Platform（2009）は，ジャワ島中部地震（2006年）でのゴトン・ロヨン（gotong royong）という地域に根づく相互扶助の仕組みを事例に，Ganapati（2012）は，トルコの1999年の地震での女性被災者への癒しや能力開発に対する市民ネットワークの支援を事例に，ソーシャル・キャピタルの支援・受援を通じた復興促進への有効な働きを説明している。

（3）コミュニティの一員であることの意識やコミュニティへの愛着

また，コミュニティの結束力や地域への愛着心が，災害対応力を高めることにつながったことも，事例研究で示されている。たとえば，Cox & Perry（2011）は，ブリティッシュコロンビアの森林火災（2009年）の事例を基に，復興過程で地域の人々の心理的な力を結集する上での「場所」の持つ意味の重要性を指摘している。

しかし一方で Aldrich（2011）は，インド洋大津波（2004年）の被災地，インドのタミル・ナードゥ州でネットワークを十分に持たないダリット（不可触民）や寡婦がコミュニティ支援の輪から外されていたように，元々存在していた不平等をコミュニティの結束がさらに強めてしまうことがある点に留意を促している。

また，Buckland & Rahman（1999）もカナダのレッドリバー洪水（1997年）の被災地のソーシャル・キャピタルの高いコミュニティにおいて，権力者に媚びる社会的な習慣が，意思決定場面で多くの衝突を引き起こしたり，迅速な避難の妨げになったりした事例を取り上げている。

国内でも，東日本大震災の被災地の漁村集落において，集落内の高い結束型ソーシャル・キャピタルが，災害直後の応急対応を促進した一方で，長期復興をめぐる合意形成の場面では，地縁組織の年長リーダーの大きな影響力が，若い世代の声を反映されにくくしたり，効率化を目指した集落の集約化を容易には進めなくさせたりした可能性があるなど（地元自治体へのヒアリング結果）[10]，コミュニティ結束の復興促進へのプラスとマイナスの両面が報告されている。

（4）地域活動への住民参画

さらにまた，地域活動への住民参画が復興を促進し，また平時の地域活動の活性化が防災力向上につながることも，数多くの研究で示されている。

たとえば，Nakagawa & Shaw（2004）は，阪神・淡路大震災における神戸市の真野地区とグジャラート地震（2001年）におけるインドのブジ市のオールドタウンを取り上げ，住民参画などにみられるソーシャル・キャピタルの高さと地域内でのリーダーシップは，両地域において，住民意向を集約し災害復興を推進する上で最も効果的な資源であったとしている。

また同様に，地域活動への住民参画が，復興を促進させた事例として，Weil（2011）はハリケーン・カトリーナ後のニューオーリンズの人口回復を，鈴木（2008）は阪神・淡路大震災でのまちづくり協議会の貢献を，川脇（2015b）は東日本大震災での共助活動の活発化を，また，春山・水野（2007）や山田ら（2011）は水害発生時の地域対応力の増大を取り上げて説明している。

事前段階での防災力の向上に関しても，Bihari & Ryan（2012），岡西・佐土原（2006），藤田ら（2003），松本・矢田部（2008），Bhandari et al.（2010）は，祭りやイベントなど多様な地域活動と連携して平時から防災に取り組むことの有効性を示している。

（5）政策への応用

以上，見てきたように，ソーシャル・キャピタルと地域のレジリエンスについての研究ストックは徐々に蓄積されてきているといえる。しかし個々の災害事例は国や地域の個別要因の影響が大きく，事例研究で示唆されたものを一般化し，そのまま他の災害での政策に適用していくのは難しい。事例間での比較研究やデータを用いた実証研究の成果も踏まえて政策効果を検証していく必要がある。また，実証研究には，データの制約，モデル化の複雑さなどの課題も存在しており，まだ十分にソーシャル・キャピタルのレジリエンス向上のメカニズムは解明できているとはいえない状況にある。

こうした中，ソーシャル・キャピタルを防災や災害復興の具体的な政策に活用しようとする試みもいくつか見られる。たとえば，Low & Kim（2014）は，2011年のタイの洪水後のコミュニティのレジリエンス向上に対し，国際赤十

字・赤新月社連盟（IFRC）とタイ赤十字社（TRCS）の市民ワークショップの成果を基に，タイのソーシャル・キャピタルの特性を踏まえた政策提案を行っている。また，Allen（2006）は，フィリピン赤十字社（PNRC）のコミュニティレベルでの防災プロジェクトの実践を基に，地域の脆弱性改善の成果と課題を，ソーシャル・キャピタル形成の視点から説明している。

　国内では，阪神・淡路大震災10年後の神戸市復興・活性化推進懇話会（2004）が，「復興の総括・検証」として，市民ワークショップやアンケート調査を実施し，まちづくりの持続的・総合的展開に向け，「ソーシャル・キャピタルの醸成」を市の具体的な施策に組み入れるよう提言している[13]。また，内閣府（2014），西澤ら（2014），守ら（2014）は，大災害時の公助の限界と，自助・共助の重要性に対する災害教訓を基に，新しく創設された「地区防災計画制度」において，住民主体のボトムアップ型の計画推進に向けたソーシャル・キャピタルの醸成の意義について説明している。

　地域のレジリエンスの向上は，政策的ニーズの高い分野であるが，まだ十分な研究ストックと政策実践が行われているとはいえない。南海トラフ地震や首都直下地震の発生可能性が高まる中，地域住民の潜在力を有効に引き出すためのソーシャル・キャピタルを活かした政策研究と実践が一層求められているといえる。

4　東日本大震災からの生活復興
――近所付き合いの変化・共助の実態に着目して

　これまで，世界各地の災害研究事例を基に，ソーシャル・キャピタルが，どのように防災や災害復興の推進に貢献することになるのか概観してきたが，本節では具体的な事例として，2011年の東日本大震災からの被災地の生活復興を取り上げ，近所付き合いの変化や共助の実態（支援と受援）などに着目して，ソーシャル・キャピタルのレジリエンス向上のメカニズムを詳細に見ていくとともに，その政策への適用可能性を考えていく。

（1）震災意識調査

　本節では，日本NPO学会が同学会震災特別プロジェクトの一環として，

2013年12月に実施した「震災からの生活復興と民間支援に関する意識調査」のデータを利用する。当該調査は，震災約3年後の復興の現状や民間支援に対する被災地住民の意識を把握するため，インターネット調査の手法により，被災3県（岩手，宮城，福島）の沿岸部37自治体の住民を対象に実施したものである（有効回答1,897サンプル）。（調査結果は日本NPO学会 2014参照）。

東日本大震災被災地は広域であり，市町村単位，仮設住宅単位等で復興状況を調べた調査は数多いが，当該調査のように被害の大きかった沿岸部全体を把握した調査は数少ない。また，当該調査には各住民の被害程度や生活復興感をはじめ，多くのソーシャル・キャピタル関連項目や共助関連項目のデータが含まれており，そうした利点も有効活用できることとなる。

（2）生活復興感と被災地住民の付き合いの変化

本調査においては，「被災地住民にとっての復興」を定量的に捉えるために，調査時点（2013年12月）での生活復興感と調査時点から3年後の生活予想をそれぞれ5段階で聞いている（表8-2）。

これによると，震災後約3年が経過した時点で，まだ半分程度以下しか復興していないと感じている人が約4割にも上っている。また，被災地住民の将来（3年後）の生活予想も，今より良くなっていると思う人が2～3割いる一方で，今より悪くなっていると思う人も2割近くに及んでいる。今回の調査対象者には半壊・全壊等の大きな被害を受けた被災者が全体の3割程度含まれており，多くの住民が震災3年後時点で，なおも厳しい生活状況にあるとみられる。

ところで，震災は被災地住民の様々な人間関係にも大きな影響を与えている。図8-3からは震災といった危機に直面し，被災地住民は家族付き合いなど身近な付き合いをより増加させ，仕事仲間との付き合いなど遠い付き合いをやや減少させる傾向が見られる。

本研究では地域コミュニティに着目するが，近所付き合いの変化に関しては，約1割の人が付き合いを増やす一方，同じく約1割の人が付き合いを減らしている。近所付き合いの程度に変化がなかった人は約8割であった。

被害程度別に近所付き合いの変化を見てみると（図8-4），被害が大きくなるほど近所付き合いを増やす人と減らす人がより多く出現する（原発避難指示

表8-2 生活復興感に関する質問文

質問文と選択肢	サンプル数	構成比（％）
問　現在，あなた自身の生活の復興は，どの程度進んでいると感じますか。		
・十分に復興している／震災前と変わらない	504	26.6
・概ね復興している（7〜8割程度）	632	33.3
・半分程度復興している	363	19.1
・あまり復興していない（2〜3割程度）	296	15.6
・全く復興していない	102	5.4
合　　計	1,897	100.0
問　3年後のあなた自身の生活を想像した場合，今よりも良くなっていると思いますか。		
・良くなっていると思う	115	6.1
・やや良くなっていると思う	389	20.5
・変わらないと思う	1,058	55.8
・やや悪くなっていると思う	252	13.3
・悪くなっていると思う	83	4.4
合　　計	1,897	100.0

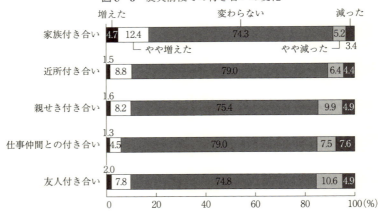

図8-3　震災前後での付き合いの変化

区域等は多くの人が居住地を移動している特殊事情があり，近所付き合いを増やす人が相対的に少なく，減らす人が際立って多い）。被害のない人，少ない人は，日常生活に変化も少ないため，近所付き合いにも変化のない人が多いが，被害の甚大化に伴って近所付き合いの活性化と停滞化という異なった変化が同時に生じて

図8-4 被害程度別の近所付き合いの変化

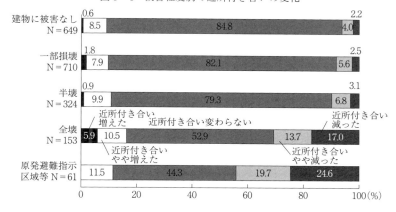

いるとみられる。

(3) 近所付き合いの変化と生活復興感との関係

次に近所付き合いの変化別に現在(調査時点)の生活復興感(十分に復興/震災前と変わらない:1,概ね復興(7,8割):0.75,半分程度復興:0.5,あまり復興していない(2,3割):0.25,全く復興していない:0とした平均値)を見てみると(図8-5),近所付き合いに変化のない人の復興感が最も高く(平均値0.68),続いて近所付き合いが増えた人の復興感であり,近所付き合いの減った人の復興感は最も低い。近所付き合いの変化別にみた生活復興感相互間には有意差が認められた(一元配置の分散分析 $F[4, 1892]=31.24$, $p=0.00$)[15]。

①被害を受けていない人,あるいは震災を過去のものとすることのできた人は近所付き合いもこれまでどおりで復興感も高く,②震災後近隣との付き合いを増やした人たちは被害を受け復興過程にあって,復興努力を続けている人たちと思われる。③近所付き合いを減らしてしまった人たちも,同じく被害を受け復興過程にあるものの近隣の相談者・協力者を持てず復興感が最も低くなっている可能性がある。

次に近所付き合いの変化別に3年後の生活予想(3年後良くなっている:2,3年後やや良くなっている:1,3年後も変わらない:0,3年後やや悪くなっている:-1,3年後悪くなっている:-2とした平均値)を見てみる(図8-5)。近所付

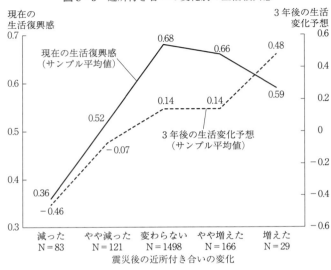

図8-5 近所付き合いの変化別の生活復興感

き合いの増えた人は3年後の生活予想が最も良く（平均値0.48），近所付き合いの減った人は3年後の生活予想が最も悪い（平均値-0.46）。近所付き合いの変化別の3年後の生活予想相互間には有意差が認められた（一元配置の分散分析 $F(4, 1892) = 12.53$, $p = 0.00$）。

近所付き合いを増やした人は，被害を受け生活再建の苦しい状況にあり現在の復興感は高くないが，将来につながる見通しを持つことができている。近所付き合いを減らした人は，現在の復興感は低く将来も悲観的な見通ししか持つことができていない。

では震災後，近所付き合いを増やした人たちは，どのようなコミュニティに属する人たちだろうか。近所の人への信頼度，地域団体への参加程度と近所付き合いの変化をクロスさせると，近所の人への信頼度の高いところで近所付き合いが増え（図8-6），地域団体への参加程度の高いところで近所付き合いが増えていることがわかった。震災後の近所付き合いの高まりと，信頼感やお互い様意識（互酬性の規範）といった地域のソーシャル・キャピタルの大きさには高い相関があるとみられる。また，近所付き合いが増えた人たちは，支援や

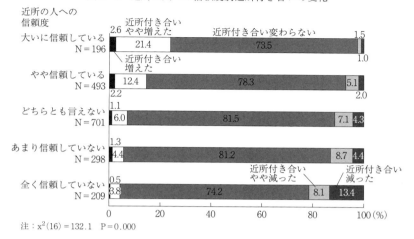

図8-6 近所の人への信頼度別近所付き合いの変化

注：$x^2(16) = 132.1$　$P = 0.000$

受援などの共助活動に携わっている人が多く，さらに近所付き合いが減った人たちと比べ心の健康状態が良い人が多い。

　災害後の困難に直面して近所付き合いが増加するということは，①地域住民間の情報流通を容易にし，②活発な共助活動（支援や受援）を誘発し，③困ったことの相談が行われたり，④精神面での好ましい効果があると考えられ，災害復興に向け近隣での努力が進展することによって将来の災害回復への実感につながっている可能性がある。

　このように，復興過程の生活をプラス方向にシフトさせていく際の基盤として，地域のソーシャル・キャピタルが重要な役割を果たしているとみられる。

（4）共助活動（支援・受援）と生活復興感との関係

　今度は，震災後の被災地での民間レベルの共助活動（支援・受援）について，当該調査を基に見てみると，震災直後から調査時点（2013年12月）までの間，自らが何らかの復興支援を行ったと回答した人（支援者）の割合（支援者比率）は34.0%であり，逆に自らまたは自らの住んでいる地域（町内・集落）が何らかの復興支援を受けたと回答した人（受援者）の割合（受援者比率）は46.5%であった。こうした住民同士の支援や受援は，身の回りの様々な課題の解決や精

表8-3 支援と受援のクロス集計

	受援した	受援していない	合計
支援した	483 54.8% (75.0%)	161 15.9% (25.0%)	644 34.0% (100%)
支援していない	399 45.2% (31.8%)	854 84.1% (68.2%)	1,253 66.0% (100%)
合　計	882 100% (46.5%)	1,015 100% (53.5%)	1,897 100% (100%)

注：Pearson c14hi2(1)＝318.46　Pr＝0.000

神的な支えをはじめ被災地の復興に効果をもたらしていると考えられる。[20]

　ここで支援と受援をクロス集計すると（表8-3），受援した人はそのうちの54.8%が支援しているのに対し，受援していない人は15.9%しか支援していない。また逆に，支援した人はそのうちの75.0%が受援しているのに対し，支援していない人は31.8%しか受援していない。支援と受援が独立であるというカイ二乗検定は1%水準で棄却され，支援と受援の正の相関が明らかになった。[21]

　すなわち，支援と受援には支援者がより多く受援し，受援者がより多く支援するという相互関係があり，地域の中で共助活動が連鎖的に行われているとみられる。復興過程においてこうした共助活動が連鎖的に活発化していくことは，地域の自律的・持続的復興には特に重要であると考えられる。

　今回の調査データを基に，家族や親せき以外の地域の知り合いで実際に手伝ってくれたり相談に乗ってくれる人の有無と，現在の生活復興感との関係をみると，図8-7の通りとなった。近隣の相談者・支援者が現在いることが復興感を高めるとは限らず，むしろ「必要ない」と回答した人の復興感が最も高い（平均値0.71）。近所付き合いの変化でみてきたのと同様に，相談者・支援者が震災後いなくなったり（平均値0.4），新たに現れたりする（平均値0.51）など身近な相互支援のネットワークが変化した場合に復興感が低下していることがわかる。

　しかし3年後の生活予想を見てみると，相談者・支援者が新たに現れた人は3年後の生活予想が良く（平均値0.2），逆に相談者・支援者がいなくなった人は3年後の生活予想が最も悪い（平均値−0.5）。

　被害の少なかった人，自力復興が可能な人など，近隣の相談者・支援者を必要としている人ばかりとは限らない（「震災前も今もいない」「必要ない」が全体の7割にのぼる）。災害対応には，緊急時やまちづくりが行われる復興過程など，

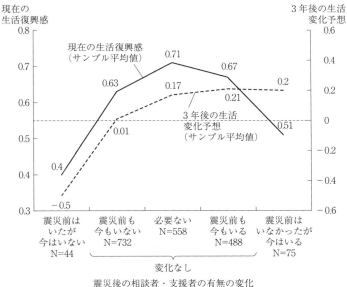

図8-7 相談者・支援者の有無の変化別の生活復興感

いざという時に必要に応じて相互協力のネットワークが活性化する仕組みこそが求められると考えられる。

(5) 災害時にレジリエンスを発揮する地域コミュニティとは

では、災害時などいざという時に、支援や受援が行われるコミュニティとはどのようなものだったのか。支援と受援の相互関係を考慮した2変量プロビットモデルを構築し（図8-8），今回の調査データを用いてその要因を分析した結果，平時の地域活動への参加程度が高いほど，災害後，支援や受援に携わる可能性が高まることが示された（図8-9）。そして，平時から自治会など地縁的な活動に参加している人ほど，災害時に受援する可能性が，ボランティアなど市民活動に参加している人ほど，災害時に支援する可能性がより高まることなどが示された[22]。

地域コミュニティが災害時においてレジリエンスを発揮するためには，平時からの地域でのソーシャル・キャピタルの醸成が重要とみられる（図8-10）。

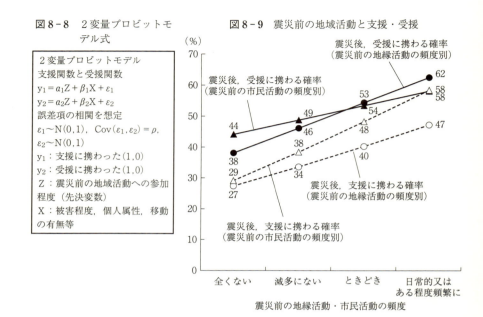

図8-8　2変量プロビットモデル式

図8-9　震災前の地域活動と支援・受援

図8-10　レジリエンスのあるコミュニティのイメージ

　ソーシャル・キャピタルの高い地域で災害が発生すると，近隣のネットワークが活性化し，集合行動がとられたり，支援と受援が連鎖的につながっていく可能性が高い。それは事前に計画された型にはまった災害対応ではなく，状況に応じて柔軟に対応する内発的な力とみられる。これは，将来に向けた個々人の復興過程の捉え方を前向きにさせたり（「退却」ではなく「再建」へ），コミュニティの集合効力感を生み出したりすることになる。こうしたコミュニティの持つレジリエンスを発揮させるためにも，平時からのソーシャル・キャピタル

の醸成と，復興過程（仮設住宅への転居やまちの再建など）におけるコミュニティや人々のつながり・ネットワークに配慮した復興政策が重要であるといえる。

注
(1) 本章ではソーシャル・キャピタルを，人々の間の協調的な行動を促すことによって社会の効率性を高めることのできる「信頼」「互酬性の規範」「ネットワーク（絆）」と定義して用いる (Putnam 1993)。
(2) 国内では，阪神・淡路大震災（1995年）や東日本大震災（2011年）をはじめとした地震災害，原発事故，台風や集中豪雨に伴う水害，土砂災害などが発生している。また，海外では，死者・行方不明者20万人以上に及ぶインド洋大津波（2004年）やハイチ地震（2010年）が発生しているほか，ハリケーン・カトリーナ（2005年），四川大震災（2008年）などの自然災害，さらにはアメリカでの同時多発テロ事件（2001年）などが発生し続けている。
(3) たとえば阪神・淡路大震災の被災地では，近接する真野地区と御蔵地区では，両地区とも神戸市の下町エリアに位置し，住宅街と工場が混在する地区であるが，ソーシャル・キャピタルの高い真野地区は，震災後の火災発生時に住民たちが消火隊を結成し長距離のバケツリレーで火災の広がりを抑えることができたのに対し，御蔵地区ではそうした行動が見られず，住民はただ茫然と職場や自宅が焼けているのを眺めるだけだったとされる (Aldrich 2011)。
(4) 2005年に国連防災世界会議で採択された「兵庫行動枠組み」のサブタイトルも "Building the Resilience of Nations and Communities to Disasters"（災害に強い国・コミュニティの構築）となっている。レジリエンス（Resilience）という言葉は，「飛び戻る」や「反動で跳ね返る」という意味を持つラテン語のResilireを語源としており，一般的には「一旦取り除かれた後に物体やシステムが元と同じ均衡状態に戻る能力」(Norris et al. 2008) という意味合いで使われている。レジリエンスは，工学や，心理学，生態学の分野等で広く用いられてきた。
(5) 東日本大震災によって，特定のリスクの予測を基にそれに対する強化を行うという対策（より頑強にするという対策）は，「予想外」のリスクに対して脆弱になり，被害をよりいっそう大きくしてしまうということが明らかになった（和泉 2015）。
(6) Bruneau et al. (2003) は，レジリエンスなシステムは，「頑健性（Robustness）」（外力に耐える力），「多重性（Redundancy）」（機能低下が起こったとき他のもので代替可能となる程度），「迅速さ（Rapidity）」（適切なタイミングで目的を達成できる能力），「資源の豊かさ（Resourcefulness）」（資源を動員する能力）の4つの特性を持っているとしている。

(7) Norris et al.（2008）の研究成果は，以降の様々な防災分野のレジリエンス研究において引用され続けており，研究発展の基盤となっている。この他にもソーシャル・キャピタルとレジリエンスについて整理したものに，Levac et al.（2012），Dynes（2005），Shimada（2014），Castleden et al.（2011），Aida et al.（2013），和泉（2015），塩崎ら（2015）などがある。いずれも，関連する先行研究を整理し，地域住民の社会的なつながりが，地域自らの復元・回復力を生み出す重要な資源になることを導き出している。

(8) 結合型とは，組織内部における人同士の同質的な結びつきで信頼や結束を生み出す。橋渡し型とは異なる組織間での異質な人や組織を結び合わせるネットワークである。

(9) 阪神・淡路大震災から5年目に，復興の検証を行うため，神戸市内で開催された市民ワークショップの結果から，生活再建を進める上で重要となる7つの要因，「すまい」「つながり」「まち」「そなえ」「こころとからだ」「景気・生業・くらしむき」「行政とのかかわり」が導き出された。このうち「つながり」は「すまい」と並んで最も重要な生活再建要素として挙げられている。

(10) さらには避難所での救援物資の配給も，全避難者に行き渡る数がなければ配給できないといった事例や，ある地区でのより良い復興施策の実施は，他地区との平等性が損なわれるため実施できない事例など，「出る杭を打つ」組織特性を醸成する結束型ソーシャル・キャピタルの一面が見られた。

(11) 数少ないが，Aldrich（2011）をはじめ，川脇・奥山（2011），川脇（2013），International Recovery Platform（2010）などの国際比較研究がある。

(12) 長期の復興過程を的確に捉えるには，5年から10年にわたり，継続的・反復的に同一の回答者を追跡するような研究が求められるが（立木ら 2004），このような研究は現時点ではほとんど行われていない。

(13) この他，立木（2007）も阪神・淡路大震災被災地の生活再建の中から出てきた自律と連帯の市民価値規範を基に，ソーシャル・キャピタルを神戸の新しい地域づくりに生かしていく取り組みを提案している。また，後藤ら（2012）は，国土交通省が所管する施設の整備・管理と連携して，地域防災力向上を図るための試みとして，行政，住民以外に中間組織が介在するモデルにおいて，地域のソーシャル・キャピタルに着目した同省の取り組みを説明している。

(14) 生活復興感は，経済指標や住宅再建戸数などマクロデータでは把握できない市民目線の復興状況を表すための指標として，阪神・淡路大震災後はじめて用いられ，多くの貴重な研究成果を生み出した。その後発生した中越地震や東日本大震災においても用いられ，被災者の復興レベルをみる指標として定着しつつある。

(15) 付き合いの変化と復興感の関係については，東日本大震災2年後の2013年2月に

実施された岩手県野田村での調査においても，付き合いの変わらない人の復興感が最も高く，次いで付き合いの増えた人の復興感が高く，付き合いの減った人の復興感は最も低いという結果が得られている（弘前大学人文学部 2013）。阪神・淡路大震災の調査結果にも類似のものが見られ，こうした傾向にはある程度の頑健性があるとみられる。

⒃　これらの詳細については，川脇（2015a）を参照。

⒄　これと類似の研究として，矢守ら（2003）は，阪神・淡路大震災後の2003年生活復興調査を基に，被災者を「復旧」（震災は人生の転機ではなく，日常が回復している），「再建」（震災が人生の転機となり，現在が肯定的に位置づけられている），「退却」（震災が人生の転機となり，現在は否定的に位置付けられている）の3類型に区分できることを示した。立木ら（2004）はこの矢守らが提示した被災者の3類型を念頭に，生活復興感の要因分析を行った結果，家族や地域におけるつながり（人間関係）の豊かさが，震災体験の主観的評価を肯定的なものへ（「退却」ではなく「再建」へ）と影響を与え，それが結果として生活復興感を高めていることがわかったとしている。

⒅　本節では，共助活動（支援・受援）を，ボランティア活動や義援金の提供，NPOなどの市民活動団体による支援活動や自治会・町内会などによる復旧・復興活動，さらには大学や民間企業による社会貢献活動とし，国や自治体などの行政による復興支援活動以外の支援活動として幅広く捉えた。

⒆　支援・受援の内容をそれに関わった人の比率でみてみると，支援では，物資等の提供，義援金の提供が共に14％と最も多く，続いて，泥だし・片づけ等の労働提供が7％となっている。一方，受援では，物資等の提供が28％と最も多く，続いて，義援金の提供23％，ふれ合い・コミュニティづくり19％，泥だし・片づけ等の労働提供18％となっている。

⒇　被災地住民が挙げた主要な受援の効果は，精神的な支え・励みとなった49.1％，日常生活が快適になった（不便が解消された）33.1％，地域のコミュニケーションが高まった31.0％，地域の一体感・結束が強まった25.3％，多様な人々との接触の機会となった24.0％であった。

㉑　支援と受援の相互関係が単に被災程度の差（被害の大きい地域において支援も受援も大きく，被害の小さい地域においてその逆となる）を反映したものかどうか確認するため，サンプルを浸水地域内に限って見てみても，やはり両者には有意な相互関係が認められる。なお，原発事故被災関連市町では，支援と受援が独立であることを棄却できなかった。原発関連市町では多くの住民が元の居住地をはなれて生活しており，支援者比率が低い上，受援者が支援し支援者が受援するという住民相互の共助活動が活発化しにくくなっている可能性がある。

⑳　この他にも，分析結果からは，支援には世帯年収の高さがプラスに，居住地を移動したことがマイナスに影響を与え，受援には被害の大きさがプラスに，居住地を移動したことがマイナスに影響を与えていた。これらモデル分析の詳細については，川脇（2015b）を参照。
㉓　集合効力感は「ある達成水準のために求められる行動を組織し実行するための共同的能力についての集団で共有される信念」（Bandura 1997）と定義され，自然災害に対する準備や災害後の回復においても重要な要因になるとの研究成果も見られる（塩谷 2013）。

参考文献

石橋絵美・糸井川栄一・熊谷良雄・梅本通孝（2009）「地域の潜在的復興力とソーシャル・キャピタルの関連分析」『地域安全学会論文集』11, 309-318頁。

和泉浩（2015）「地域のレジリエンスにおけるソーシャル・キャピタルと記憶――東日本大震災後の地域コミュニティについての議論をもとに」『秋田大学教育文化学部研究紀要　人文科学・社会科学部門』70, 9-20頁。

稲葉陽二（2011）『ソーシャル・キャピタル入門――孤立から絆へ』中公新書。

岡西靖・佐土原聡（2006）「地域防災力向上のための自治会町内会における地域コミュニティと災害対策に関する調査研究――横浜市内の自治会町内会を対象としたアンケートに基づく考察」『日本建築学会計画系論文集』609, 77-84頁。

川脇康生（2013）「災害復興と地域コミュニティ――ソーシャル・キャピタルの視点に基づく国際比較」『ECO-FORUM』28(4), 30-50頁。

川脇康生（2015a）「東日本大震災と被災地住民の近所づきあいの変化――災害回復力ある地域コミュニティの要因分析」『地区防災計画学会誌』2, 49-60頁。

川脇康生（2015b）「地域のソーシャル・キャピタルは災害時の共助を促進するか――東日本大震災被災地調査に基づく実証分析」『ノンプロフィットレビュー』14(1&2), 1-13頁。

川脇康生・奥山尚子（2011）「ソーシャル・キャピタルと災害復興」山内直人・田中敬文・奥山尚子『ソーシャル・キャピタルの実証分析』NPO研究情報センター，175-187頁。

神戸市復興・活性化推進懇話会（2004）「神戸市復興・活性化推進懇話会（平成15年度『復興の総括・検証』）」。

越山健治・立木茂雄・小林郁雄・室崎益輝・菅磨志保・福留邦洋・柄谷友香（2003）「災害復興公営住宅居住者の復興感分析――2002年兵庫県災害復興公営住宅団地コミュニティ調査報告」『地域安全学会論文集』5, 237-244頁。

後藤宏二・吉川知弘・宮武裕昭（2012）「ソーシャルキャピタルの特性に応じた地域

防災力向上方策に関する研究」『建設マネジメント技術』2012年7月号, 21-28頁。
塩崎由人・加藤孝明・菅田寛 (2015)「自然災害に対する都市システムのレジリエンスに関する概念整理」『土木学会論文集D3 (土木計画学)』71(3), 127-140頁。
塩谷尚正 (2013)「社会関係資本と地域防災の集合効力感との関連――JGSS-2012による検討」『日本版総合的社会調査共同研究拠点研究論文集13』(JGSS Research Series 10), 35-43頁。
鈴木克彦 (2008)「地域コミュニティが拓く個性ある都市環境の再生について――神戸市における『まちづくり協議会』と住宅共同再建事業を事例に」『政策科学』15(3), 89-110頁。
立木茂雄 (2007)「ソーシャル・キャピタルと地域づくり」『都市政策』127, 4-19頁。
立木茂雄・林春男・矢守克也・野田隆・田村圭子・木村玲欧 (2004)「阪神・淡路大震災被災者の長期的な生活復興過程のモデル化とその検証――2003年兵庫県復興調査データへの構造方程式モデリング (SEM) の適用」『地域安全学会論文集』6, 251-260頁。
田村圭子・林春男・立木茂雄・木村玲欧 (2001)「阪神・淡路大震災からの生活再建7要素モデルの検証――2001年京大防災研復興調査報告」『地域安全学会論文集』3, 33-40頁。
内閣府 (2014)『防災白書 平成26年版』。
内閣府国民生活局編 (2003)「ソーシャル・キャピタル――豊かな人間関係の構築と市民活動の好循環を求めて」。
西澤雅道・筒井智士・金思穎 (2014)「地区防災計画制度とICTの在り方に関する考察――東日本大震災を踏まえて」『情報通信学会誌』111, 105-116頁。
日本NPO学会 (2014)「日本NPO学会震災特別プロジェクト 震災からの生活復興と民間支援に関する意識調査報告書」。
日本総合研究所 (2008)「日本のソーシャル・キャピタルと政策――日本総研2007年全国アンケート調査結果報告書」。
林春男 (2012)「災害に強いレジリエントなコミュニティの創造を目指して」『Shake Out提唱会議による「地域防災セミナー」講演録 (2012年8月1日)』。
林春男 (2013)「"レジリエンス"とは何か? レジリエンス協会会長 林春男氏に聞く」『建設通信新聞の提案型報道 Resilient Home Land』(http://resiliencehomeland.blogspot.jp/, 2016年10月31日アクセス。)
林春男 (2014)「コミュニティがつなぐ安全・安心な都市・地域の創造――領域紹介本領域が目指すもの」『独立行政法人科学技術振興機構・社会技術研究開発センター資料』。
春山成子・水野智 (2007)「2004年福井水害にみる災害特性と地域防災力に関する考

察」『自然災害科学』26(3)，307-322頁。
兵庫県（2002）「平成13年度生活復興調査結果報告書」。
兵庫県編（2009）『伝える――阪神・淡路大震災の教訓』ぎょうせい。
弘前大学人文学部（2013）「北リアスにおける QOL を重視した災害復興研究　野田村のみなさまの暮らしとお仕事に関するアンケート調査報告」。
藤田勝・清水浩市郎・木村一裕・佐藤陽介（2003）「活発な自主防災活動と日常的な地域活動の関連性に関する研究」『都市計画論文集』38(3)，19-24頁。
藤見俊夫・柿本竜治・山田文彦・松尾和巳・山本幸（2011）「ソーシャル・キャピタルが防災意識に及ぼす影響の実証分析」『自然災害科学』29(4)，487-499頁。
布施匡章（2015）「ソーシャル・キャピタルが防災活動に与える影響に関する実証分析――震災関連3都市住民アンケートを用いて」『地区防災計画学会誌』4，26-34頁。
松本美紀・矢田部龍一（2008）「実被災者地域住民における地域防災活動継続意図の規定因」『自然災害科学』27(3)，319-330頁。
守茂昭・西澤雅道・筒井智士・金思穎（2014）「東日本大震災を受けた地区防災計画制度の創設に関する考察――災害対策基本法改正及び内閣府の『共助による支援活動調査』を踏まえて」『地域安全学会梗概集』34，35-40頁。
山田忠・柄谷友香・松本康夫（2011）「コミュニティ活動が水害対応や対策への役割分担に与える影響に関する研究」『土木学会論文集 B1』67(4)，I-661-666頁。
矢守克也・林春男・立木茂雄・野田隆・木村玲欧・田村圭子（2003）「阪神・淡路大震災からの生活復興3類型モデルの検証――2003年生活復興調査報告」『地域安全学会論文集』5，45-52頁。
Aida, J., I. Kawachi, S. V. Subramanian & K. Kondo (2013) "Disaster, Social Capital, and Health" in Kawachi, I., S. Takao & S. V. Subramanian (eds.) *Global Perspectives on Social Capital and Health*, pp. 167-187.
Allen, K. M. (2006) "Community-based Disaster Preparedness and Climate Adaptation: Local Capacity Building in the Philippines" *Disasters* 30(1), pp. 81-101.
Aldrich, D. P. (2011) *Building Resilience: Social Capital in Post-Disaster Recovery*, The University of Chicago Press.（=2015, 石田祐・藤澤由和訳『災害復興におけるソーシャル・キャピタルの役割とは何か――地域再建とレジリエンスの構築』ミネルヴァ書房。）
Bandura, A. (1997) *Self-efficacy: The exercise of control*, Freeman.
Bhandari, R. B., N. Okada, M. Yokomatsu & H. Ikeo (2010) "Building a Disaster Resilient Community through Ritual Based Social Capital: A Brief Analysis of Findings from the Case Study of Kishiwada" *Disaster Prevention Research Institute*

Annuals 53B, pp. 137-148.

Bihari, M. & R. Ryan (2012) "Influence of Social Capital on Community Preparedness for Wild Fires" *Landscape and Urban Planning* 106, pp. 253-261.

Brouwer, R. & J. Nhassengo (2006) "About bridges and bonds: Community responses to the 2000 floods in Mabalane District, Mozambique" *Disasters* 30(2), pp. 234-255.

Bruneau, M., S. Chang, R. Eguchi, G. Lee, T. O'Rourke, A. Reinhorn, et al. (2003) "A Framework to Quantitatively Assess and Enhance the Seismic Resilience of Communities" *Earthquake Spectra* 19, pp. 733-752.

Buckland, J. & M. Rahman (1999) "Community-based Disaster Management during the 1997 Red River Flood in Canada" *Disasters* 23(2), pp. 174-191.

Castleden, M., M. McKee, V. Murray & G. Leonardi (2011) "Resilience thinking in health protection" *Journal of Public Health Advance Access* 6, pp. 1-9.

Cox, R. S. & K. M. Perry (2011) "Like a Fish Out of Water: Reconsidering Disaster Recovery and the Role of Place and Social Capital in Community Disaster" *American Journal of Community Psychology* 48, pp. 395-411.

Dynes, R. R. (2005) "Community Social Capital as the Primary Basis for Resilience" *University of Delaware Disaster Research Center Preliminary Paper* #344.

Ganapati, N. E. (2012) "In Good Company: Why Social Capital Matters for Women during Disaster Recovery" *Public Administration Review* 72(3), pp. 419-427.

Hawkins, R. L. & K. Maurer (2010) "Bonding, Bridging and Linking: How Social Capital Operated in New Orleans following hurricane Katrina" *British Journal of Social Work* 40, pp. 1777-1793.

International Recovery Platform (2009) *Recovery Status Report 01 The Yogyakarta and Central Java Earthquake 2006.*

International Recovery Platform (2010) *Cases and Practices on Role of Community in Recovery.*

Levac, J., D. Toal-Sullivan & T. L. O'Sullivan (2012) "Household Emergency Preparedness: A Literature Review" *Journal of Community Health* 37, pp. 725-733.

Low, S. & L. Kim (2014) *Report: The Role of Social Capital in Strengthening Disaster Resilience in Thailand.*

Moore, S., M. Daniel, L. Linnan, M. Campbell, S. Benedict & A. Meier (2004) "After Hurricane Floyd Passed: Investigating the Social Determinants of Disaster Preparedness and Recovery" *Family and Community Health* 27(3), pp. 204-217.

Nakagawa, Y. & R. Shaw (2004) "Social capital: A missing link to disaster recovery" *International Journal of Mass Emergencies and Disasters* 22(1), pp. 5-34.

Narayan, D. (1999) "Bonds and Bridges: Social Capital and Poverty" *Policy Research Working Paper 2167*, World Bank.

Norris, F. H., S. P. Stevens, B. Pfefferbaum, K. F. Wyche & R. L. Pfefferbaum (2008) "Community Resilience as a Metaphor, Theory, Set of Capacities, and Strategy for Disaster Readiness" *American Journal of Community Psychology* 41, pp. 127-150.

Putnam, R. D. (1993) *Making Democracy Work*, Princeton University Press.

Shimada, G. (2014) "Resilience and Social Capital" in Japan International Cooperation Agency Research Institute (eds.) *Perspectives on the Post-2015 Development Agenda*, pp. 151-162.

United Nations International Strategy for Disaster Reduction (UNISDR) (2009) *UNSIDR Terminology on Disaster Risk Reduction*.

Weil, F. (2011) "Rise of Community Organizations, Citizen Engagement, and New Institutions" in Liu A., R. V. Anglin, R. Mizelle & A. Plyer (eds.) *Resilience and Opportunity: Lessons from the U. S. Gulf Coast after Katrina and Rita*, Brookings Institution Press, pp. 201-219.

(川脇康生)

第9章　「信頼」を捉えることは可能か

1　高信頼社会と低信頼社会の違い

　ソーシャル・キャピタルの成熟のために，市民共同体の基礎として「信頼」「互酬性の規範」「ネットワーク」の3つがしばしば挙げられるように，ソーシャル・キャピタルを測定する多くの場合，信頼に関する項目が設けられている。一方，信頼をソーシャル・キャピタルの定義から除外する Lin (1999：30) などの論者も存在する。しかし，山内 (2005：16) が述べるように，コミュニティにおける信頼関係は互酬的な慣行を普及させ，ネットワークを強化し，それがまた信頼を生み出すという相互補強的な役割を果たしており，信頼はソーシャル・キャピタルの本質的な構成要素の一つと呼べるだろう (Putnam 1993＝2001：221)。

　人が互いに信頼できる社会は，効果的な政府を持つとともに腐敗が少なく，市民活動への参加を促す (LaPorta et al. 1997：335)。Fukuyama (1995：4-7) は，慈善団体などの中間的コミュニティを通じて，強固に信頼関係を結んでいる人が多い社会を高信頼社会と呼び，こうした社会は経済的に豊かになっていると論じた。そして高信頼社会の国の例としてアメリカや日本を，低信頼社会の国の例としてフランスや中国を挙げている。また，緊密な結びつきは互いの信頼性を担保するため，商取引で相手に信頼がおけるかどうかを判断するために，余計な費用をかける必要が無くなる (Coleman 1988：99)。さらに，このような取引費用の削減は，「ほとんど目に見えないほどの背景ストレス」を下げることにもつながる (Putnam 1993＝2001：210)。この点について，公衆衛生学の観点から，信頼できるコミュニティにおいては平均余命が長くなる (Kawachi 2001) ことが見出されている他，様々な観点の実証研究がなされている。

　信頼という概念は，社会の多様な側面に重要な影響を及ぼしている一方で，

それ自体を客観的に計測することは困難である。本章では，ソーシャル・キャピタルと市民社会という視点から，これまでの信頼に関する研究を総合的に捉えるとともに，今後の社会における信頼の重要性を検討していく。

2　信頼とは何か

（1）多領域で展開される信頼に関する研究

　信頼に関する研究は経済学，社会学，政治学，社会心理学など社会科学の様々な領域で行われており，マクロレベルのものからミクロレベルのものまで多岐にわたる。しかし信頼という言葉は学際的に用いられており，使用する人によって定義が異なるために，同じ信頼という言葉を用いていても意味が異なっていることが多い。

　まず経済学の領域では，信頼は取引費用の削減に寄与するという観点から議論が展開されてきた。Arrow（1972：357）は，「事実上あらゆる経済取引は，信頼という要素を含む。長期間行われる取引は確実にそうである」と唱え，世界各国の経済発展の違いの大半が相互信頼の欠如で説明できると述べている。また，Akerlof（1970：500）は隠された故障のある中古車の販売を巡る売り手と買い手の関係性の議論から，取引と生産における信頼の重要性を示唆している。同様に，「囚人のジレンマ」において協力関係を結べない理由も，信頼の欠如が原因だと説明できる（稲葉・松山 2002：2）。宮垣（2003：49）は，「経済学における信頼は，あくまでも情報の不確実性・非対称性という問題状況に対する説明概念であって，それ自体が明確に定義されているものでは必ずしもない。また，情報の不確実性に関しても，それが量的な過不足の問題としてしか捉えられておらず，情報の不確実性の一側面を捉えたのみである。以上の点は，経済学の関心問題が『信頼』そのものに向いているわけでなく，市場メカニズムの失敗の説明として述べられている」からだと説明して，経済学における信頼の位置づけについて言及している。

　次に社会学の領域では，古くはSimmel（1900＝1999：170-171）が信頼について取り上げている。Simmelは，貨幣取引を行う際には，単に取引相手が貨幣の価値を認識するだけでなく，その背後にいる別の取引相手，取引相手全員が

構成するネットワーク全体のシステムに対して信頼がなければ成立しないと述べている。また，Barber（1983：9）は，「自然的秩序や道徳的社会秩序が継続し実現することへの期待」を信頼と捉えており，信頼の範囲を非常に広く捉えている。一方，Luhmann（1973＝1988：25，42）は信頼の機能を，「出来事との関係で一層大きな複雑性と共に行為することを可能にすること」だと考え，「複雑性の縮減」という理論を提唱して信頼の重要性を説く。現在の社会では，技術的進歩や人の関係性の変化のために，未来に起こりうる出来事の予測が困難であるが，そうした複雑性を受容するために信頼が必要になる。そして，このような信頼を持つ人は，「見通し難い状況を成功裏に克服することをあらかじめ信頼」することで，「事実上成功するための一層大きな機会を有する」とした。

　また山岸・小見山（1998：4-10）は，「能力」に対する期待としての信頼と，「意図」に対する期待としての信頼という2つの区別を行っている。たとえば，飛行機が目的地に確実に着くと思うことは，操縦士の「能力」を信頼しているからである。他方，商取引で相手が自分を騙すことがないと思うことは，相手の「意図」に対する期待としての信頼があるからだとした。山岸は，「意図」に対する期待としての信頼を研究対象とし，これをさらに「信頼」と「安心」の2つの概念に区別している（Yamagishi & Yamagishi 1994：133）。すなわち，信頼とは，「相手が裏切る社会的不確実性が存在する場合の，相手の協力に対する期待」を指す。それに対して，安心は「相手が裏切る社会的不確実性が存在しない場合の，相手の協力に対する期待」を指す。たとえば，顔見知りだけが住む人間関係の濃い小さな村では，家に鍵をかけないことがあるが，これは隣人を信頼しているからではなく，隣人が裏切り盗みをはたらく可能性がそもそも存在せず，安心しているからだといえる（山岸 1998：39）。

　このように，信頼という言葉が用いられる研究の文脈が異なるために，学問分野や論者によって信頼に関する定義は異なったものが採用されている。そのため，研究対象として信頼を扱う際には，信頼という言葉がどの文脈で用いられており，何を意味しているのか理解することが重要になる。

(2) 信頼の分類

　信頼と一口にいっても，様々なタイプの信頼がある。信頼に関する分類において代表的なものは「一般的信頼」と「特定的信頼」の分類である。Putnam (2000＝2006：159) が，信頼を「知らない人に対する薄い信頼」と，「知っている人に対する厚い信頼」と分けて捉えたように，一般的信頼は社会一般に対する信頼を指し，特定の他者に対する特定的信頼とは区別される。信頼という言葉は多くの論者によって使われているが，Putnam (1993) や Fukuyama (1995), Uslaner (2008) などは，基本的に一般的信頼を基礎に置いて議論を展開している。この信頼に関する区別について，ソーシャル・キャピタルの観点と対比すると，一般的信頼を持つ者は見知らぬ人がいてもリスクを許容して新しい関係を結ぶため，橋渡し型ソーシャル・キャピタルを形成しやすい。一方，特定的信頼を持つ者はリスクに対して敏感であり信頼性がある人に関わろうとするため，結束型ソーシャル・キャピタルを形成する傾向がある。これは人が共同体の内外どちらに関わる傾向があるかという視点に結びつくため，ゲマインシャフト，ゲゼルシャフトの区別と共通するものがある。

　一般的信頼と国の諸制度に対する信頼には一定の相関関係が存在し，一般的信頼がより効果的な社会制度や政治制度の構築に役立つ (Newton & Norris 2000：1) という点や，一般的信頼と市民参画の緊密な互酬の関係が，結果として制度に対する信頼の上昇につながる因果関係が存在する (Brehm & Rahn 1997：1018) という点からも，一般的信頼が社会全体の構造と関係があることが理解できる。また，特定的信頼と互酬性が高まれば高まるほど，見知らぬ人を疎外するというソーシャル・キャピタルの負の影響を生み出す可能性があるが，負の影響を受ける集団に対して社会的再分配を十分に行うことが，負の影響を緩和することにつながるとの指摘もある (Warren 2008：147)。

　別の観点からは，Uslaner (2002：21) が「道徳的信頼」と「戦略的信頼」という分類を唱えている。道徳的信頼は「人がどう行動すべきか」という規範に基づく。それは特定の個人との関係性で成立するものではなく，「人は信用できるとみなす」という世界を肯定的に捉える態度である。それに対して，戦略的信頼は「人がどう振る舞うか」についての予測に基づく。人との関係を不確実性が高くリスクが伴うとみなし，追加の情報を得ることで取引費用を削減し

ようとする。そして，相手をあてにしてよいかを判断するために信頼を用いるとした。他に，Luhmann（1973 = 1988：110-114）は顔見知りの人間に対する「個人的信頼」と，社会全体のシステムに関わる「システム信頼」を区別している。これは，前者が他者との関係の中で他者の人格に対して形成されるものであるのに対して，後者は他者もまた信頼を置いている社会の組織や制度に対する信頼を表している。

　このように，信頼に関する分類についても信頼の定義と同様に，論者が信頼のどの側面を重視するかで捉え方が異なってくる。そのため，複数存在する分類を一つに統合して整理することは困難であるが，一般的にソーシャル・キャピタルの文脈では，「一般的信頼」と「特定的信頼」を区別した上での分析が試みられている。

（3）信頼の解き放ち理論

　日本の地域社会の共同体の解体が叫ばれて久しい。労働環境の変化やライフスタイルの移ろいとともに，「お互いさま」の精神が生きてきた隣近所との家付き合いが少なくなり，コミュニティの力が弱体化している。このような社会状況に対して，変化をどのように乗り越えていくべきかという実際的な視点で「信頼の解き放ち理論」が提唱されている（山岸・小見山 1998：4-14）。

　社会的不確実性がある社会では問題が生まれる可能性があるが，それに対処するために人は協力関係を構築する。この協力の仕方には2種類ある。まず，コミットメント関係を形成することである。これは，日本の農村での人間関係に挙げられるように，自分がよく知っている，自分を搾取する意図がそもそも存在していない相手と協力関係を結ぶことを指す。このコミットメント関係は，相手が自分に対して好意を抱いている場合か，相手が自己利益を追求する結果生じる場合に生まれる。もう一つの協力の仕方は，一般的信頼を持つことである。これは，自分のよく知らない相手を信頼することで，リスクを自分自身が引き受けるとともに，新たな機会を獲得することを指す。山岸は，一般的信頼度の高い人を高信頼者，一般的信頼度が低くコミットメント関係を形成する人を低信頼者と呼んでいるが，両者がもつ性質は表9-1のように整理できる。

　高信頼者は，社会的不確実性が高い状況では，特定の人とコミットメント関

表9-1 高信頼者と低信頼者の性質の区別

項　　目	高信頼者	低信頼者
一般的信頼	高　い	低　い
コミットメント関係	社会的不確実性が高い状況では形成しない	社会的不確実性が高い状況でも形成する
取引費用	余計な調査をする必要がないため小さい	調査が必要なため大きい
機会費用	新しい機会を活かすことができるため機会費用は小さい	コミットメント関係を継続するため機会費用は大きい
見極め能力	高　い	低　い
社会構成	信頼社会	安心社会
国　例	アメリカ	日　本

出所：山岸（1999）を基に筆者作成。

係を継続しない。一般的信頼を高く持つことで，相手のことを調査するような取引費用を削減している。そして新しい人と出会い，新たな資源を獲得することで，大きな利益を得る可能性がある。しかし，高信頼者は単なるお人よしだから人を信頼しているわけではない。他者の信頼性に関わる情報に敏感であるため，高信頼者は誰が信頼できるかを見極めることができ，騙されにくいとされる（小杉・山岸 1998：354-356）。よって高信頼者は，社会が急激に変化する環境でも多様な他者と協同し，新たな機会を活かすことで変化に適応できるものと考えられる。

　一方，社会的不確実性が高い状況では，特定の人とコミットメント関係を維持し続けることが大きな機会費用を生む可能性がある。しかし，Yamagishi et al.（1998：188-191）は，社会的不確実性が高く機会費用が大きいような社会環境でも，低信頼者は特定の相手との間にコミットメント関係を形成し維持しようとする傾向が強いことを実証している。たとえば農村のような共同体では，お互いが顔を知っており「お互い様の関係」を結んでいることが多い。しかし村の環境が変わってしまい，社会的不確実性が高くなり機会費用が大きくなると，近隣住民と関係を継続することが大きな不利益につながる可能性が出てくる。だが，低信頼者は一般的信頼が低いために，これまでの村の人間関係から抜け出すことができなくなってしまう。

　山岸・小見山（1998：13-14）は，一般的信頼にはコミットメント関係のよう

第9章 「信頼」を捉えることは可能か

な「固定した関係の呪縛からの解放」をもたらす役割があると説き,「信頼の解き放ち理論」を唱えた。これまでの研究では,信頼は特定の相手との関係を強化するという点が注目されていたが,この理論は,社会的不確実性が高い状況でも,一般的信頼を高めることが外部にある有利な機会へのアクセスを可能にすると指摘し,信頼の役割に関する新しい視座を提供した。しかし,一般的な他者に対する信頼感は日米間に極端に差があるわけではなく(三宅 1998：133-140),村落部ではコミットメント関係と一般的信頼に正の関係が認められた(与謝野・林 2005：70)などの研究結果からも,研究手法や結果の分析手法に対して疑問が投げかけられており,さらなる検証が必要とされている。

3 信頼の測定を通じてわかること

(1) 信頼の測定方法

ソーシャル・キャピタルの文脈では,しばしば信頼が測定の中心的な対象とされてきた。しかし人がどれくらい信頼できるかを,どのように判断したらよいのだろう。その人の行為か,言動か,立ち振る舞いか。そのどれもが判断の基準になりえるが,そのどれも決定的ではない。このような行為をしたからこの人は信頼できると,一般化された答えもない。そして,信頼という言葉の意味の解釈が,質問を受け取る側に委ねられてしまう事態が生じる。「政府を信頼できますか」という質問は,果たして「政府が誠実かつ公平に政策を行う」という政府の「意図」に対する信頼であろうか。それとも,「政府が課題解決を実現する」という政府の「能力」に対する信頼であろうか。このように,信頼を測定しようとする場合には,信頼という概念がもつある程度の曖昧さを覚悟しなければならない。

信頼の認知的な側面に関するアンケート調査は,これまで幅広く行われてきた。世界各国を対象とするものとしては,世界価値観調査(World Values Survey)や国際社会調査プログラム(International Social Survey Program)が,東アジアを対象とするものとしては,東アジア価値観国際比較調査(East Asia Value Survey),環太平洋価値観調査が挙げられる。一方,日本では,JGSS(Japan General Social Survey)や統計数理研究所の「日本人の国民性調査」をは

じめ，内閣府や日本総研など様々な機関によって信頼度の測定に関する調査が行われている。経年的な調査もあれば単年の調査もあるが，基本的な問いはマクロレベルの一般的信頼と，人や機関に対する特定的信頼に関するものであり，「つきあいの程度」といった相互信頼や相互扶助に関する質問項目は，目的に応じて加えられる。

　信頼度の国際比較でしばしば利用される世界価値観調査の問いは，「あなたは他人を信頼できますか，それとも用心するにこしたことはないですか（Generally speaking, would you say that most people can be trusted or that you need to be very careful in dealing with people?）」というものである。この質問は一般的信頼を尋ねる質問であり，回答は「1．だいたい信頼できる（Most people can be trusted.）」「2．用心するにこしたことはないと思う（Need to be very careful.）」の2つである。同時に，「他人は，隙があれば，あなたを利用しようとしていると思いますか，それとも，そんなことはないと思いますか（Do you think most people would try to take advantage of you if they got a chance, or would they try to be fair?）」という質問も用意して10段階評価での回答を求めており，1に相当する回答が「他人は，隙があれば，利用しようとしている（People would try to take advantage of you）」，10に相当する回答が「他人は，公正であろうとしている（People would try to be fair）」となっている。このように，信頼度を測定する際には，単に「あなたは他人を信頼できますか」と尋ねるだけでなく，信頼性や注意意識など，複数の側面からの質問がなされている。

　また，世界価値観調査では「あなたは，次に挙げる人をどの程度信頼しますか（Could you tell me for each whether you trust people from this group completely, somewhat, not very much or not at all?）」という質問を通して，家族，隣人，個人的な知り合いという特定的信頼に関するものと，初対面の人，自分とは異なる宗教の人，自分とは異なる国籍の人という一般的信頼についても調査を実施している。さらに，組織や制度に対する信頼度に関する質問も存在し，「あなたは，次に挙げるものに対してどの程度信頼しますか（Could you tell me how much confidence you have in them: is it a great deal of confidence, quite a lot of confidence, not very much confidence or none at all?）」と尋ねている。この質問では「信頼」という単語に trust ではなく confidence が用いられていることに注意が必要である

が，政府，大企業，環境保護団体，慈善団体など19の組織や制度について取り上げている。これらの質問項目は，他調査機関が行っているアンケート調査でも参考にされている。

　信頼の測定に関しては，その調査手法や質問項目について様々な批判が出ている。しかし，世界各国の歴史や文化などをすべて勘案して，完全に統制された形で結果が出る調査を行うことなど，そもそも不可能であろう。いくつかの批判を考慮しても，世界価値観調査を代表とする調査が，信頼度の国際比較や経年的調査ができる大規模なデータを提供しているという点は評価されるべきである。以下，世界価値観調査と統計数理研究所の「日本人の国民性調査」のデータを用いて，信頼度の国際比較と，日本における経年的調査の結果を分析していく。

（2）世界各国の信頼度の比較と相関

　世界価値観調査2010-2014では，57カ国を対象に一般的信頼度に関する質問を行っている。図9-1に示されているように「人は大体信頼できる」と50%以上の人が答えた国は，上位からオランダ，中国，スウェーデン，ニュージーランド，オーストラリアの5カ国のみである。また，上位30カ国のうち下位5カ国は，下位からスロベニア，カタール，エジプト，ポーランド，パキスタンとなっている。本調査では日本は13位であり，比較的上位に位置している。この調査結果と，経済成長率など他の指標との調査結果を組み合わせることで，様々な相関分析が行われている。

　次に図9-2は，一般的信頼度と政治の腐敗の度合いの相関を分析したものである。この結果からは，信頼度の高い国では信頼度の低い国よりも腐敗が少ない，という結果が導かれる。「信頼は協力的精神の基礎であり，お互いの共通点を理解する道徳的感情であるが，腐敗は身勝手さを表している。信頼は時間やお金を与えること（ボランティアや寄付）につながるのに対し，腐敗は自分本位に他人の所有物を奪うことにつながる」ように，信頼と腐敗は人間性に関してまったく違う性質を持っているため，「信頼と腐敗の相関関係が強固だからといってそれほど驚くことはない」ともいえる（Uslaner 2003＝2004：137）。同様に図9-3は，一般的信頼度と1人当たりの教育支出の額の相関を分析し

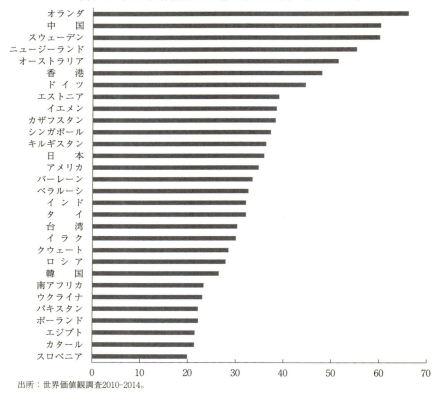

図9-1 「人は大体信頼できる」と答えた比率（上位30カ国）

出所：世界価値観調査2010-2014。

たものであり，この結果からも，信頼度の高い国では，信頼度の低い国よりも1人当たりの教育支出の額が大きい，という結果が導かれる。

Uslaner（2003=2004：123-154）は複数の側面から相関分析を行っており，信頼度の高い国では「経済成長率が高い」「富裕層から貧困者に対する1人当たりの移転支出が多い」「インターネットの利用者が多い」「グローバリゼーションが進んでいる傾向がある」などと一般的信頼度と強い相関を示す指標を示す一方で，「一国の民主主義の度合いとは，弱い相関関係しかない」「脱物質主義的価値観との間には弱い相関関係しかない」という点も明らかにしている。同様に，Knack & Keefer（1997：1251）は29カ国のデータを基に信頼度と市民規

第9章 「信頼」を捉えることは可能か

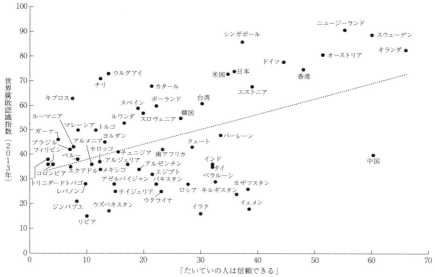

図9-2 腐敗の度合いと他人に対する評価の関係

注：$r^2=0.483$
資料：World Value Survey 2010-2014 Transparency International Corruption Perceptions Index
出所：Uslaner (2003) を基にデータを更新し筆者作成。

範の指標を作成し、経済パフォーマンスとの関連を調べている。その結果、信頼度の高い社会の方が、より高く平等な収入等に結び付いているとの結果が出ている。この点について Knack & Keefer は、信頼度の高い社会では、社会的不確実性が高い商取引などがより低いコストで実現できるからだと述べている。さらに、Rossteutscher (2008：234-235) は、70カ国に及ぶデータ分析を通じて、社会における信頼やボランティア活動の度合いが、政治的参加や関心、政府に対する信頼、民主的価値観の普及に強く関係していることを実証している。

このように、多くの研究者が世界価値観調査の結果を用いて、一般的信頼度との相関分析を行ってきた。しかし、大守 (2004：89-90) は「仮に2つの指標の間に正の高い相関が認められたとしても、どちらが原因か特定できないし、別の第3の要因の影響を共通に受けている結果かもしれないし、単なる偶然かもしれない」と指摘し、「実証分析の多くが伝統的な相関分析にとどまっており、因果関係について反論の余地のあるものとなっている」と述べている。た

243

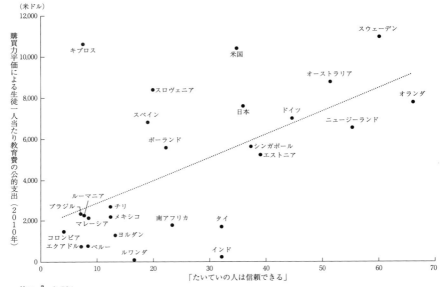

図9-3 教育支出と他人に対する信頼

注:$r^2=0.584$
資料:World Value Survey 2010-2014, UNESCEO Institute for Statistics
出所:Uslaner(2003)を基にデータを更新し筆者作成。

だ,現在まで因果関係を解明するための研究も試みられており,今後はこれまでの相関分析の結果を踏まえながら,因果関係について解明を進めていく必要があるだろう。

(3) 日本の信頼度の推移と相関

日本では,統計数理研究所が「日本人の国民性調査」で信頼度を調査しており,3つの質問を用意して信頼度の経年的な推移を測定している。

［質　問］
1.たいていの人は信頼できると思いますか,それとも,用心するにこしたことはないと思いますか？
2.他人は,スキがあれば,あなたを利用しようとしていると思いますか,それとも,そんなことはないと思いますか？

第9章 「信頼」を捉えることは可能か

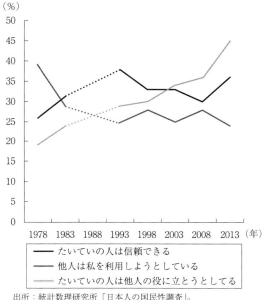

図9-4　日本における信頼度の推移

凡例：
― たいていの人は信頼できる
― 他人は私を利用しようとしている
― たいていの人は他人の役に立とうとしてる

出所：統計数理研究所「日本人の国民性調査」。

3．たいていの人は，他人の役に立とうとしていると思いますか，それとも，自分のことだけに気をくばっていると思いますか？

　図9-4は，3つの質問に対して，それぞれ回答した人の割合を表している。この割合は，第1の質問に対して「たいていの人は信頼できる」と答えた人の割合，第2の質問に対して「他人は私を利用しようとしている」と答えた人の割合，第3の質問に対して「たいていの人は他人の役に立とうとしている」と答えた人の割合を示している。

　この調査結果によると，「たいていの人は信頼できる」と答えた人は横ばいだが，「他人は私を利用しようとしている」と答えた人は減少傾向にあり，「たいていの人は他人の役に立とうとしている」と答えた人は増加していることが読み取れる。これらの傾向は一般的信頼度が社会全体で高まっているためではないかと考えられる。だが，調査当初は70〜80％であったアンケートの回答率

は1988年には61％に落ち込み，2000年代に入ってからは50％台にまで低下しているという事実を考慮すると，一般的信頼と互酬性の規範が低下し続けているともいえ，回答の結果だけで信頼度の傾向について一様に判断することは困難である（坂本 2010：34-35）。

　現在，様々な機関で信頼度の測定と相関分析が行われており，たとえば黒田・高（2011）は2007年に日本総合研究所が作成したアンケート調査項目を用いて実証研究を行っている。この結果によると，一般的信頼と近所，友人，職場つきあいに強い正の相関が見られる一方で，ボランティア・NPO・市民活動，スポーツ・趣味・娯楽活動への参加は一般的信頼に対して有意な結果が出なかった。この点について黒部・高は，日本では市民・社会活動に参加している人が少ないことが原因ではないかと述べている。また福島ら（2012：91）は，京都府北部に位置する3自治体の全32,695戸を対象にアンケート調査を実施し，地域内信頼（結束型ソーシャル・キャピタル），一般的信頼（橋渡し型ソーシャル・キャピタル）の2種類の信頼のうち，地域資源管理への参加の大きな関連因子となっているのは，前者の地域内信頼であると結論づけている。

　第1節で述べたように，信頼度は主観的な問題に結びつくため，誰を対象としてどのような質問をするかが測定の際に重要になる。また，複数の指標を組み合わせて信頼度と置くこともある。よって，新たな実証分析を行うにあたっては，先行研究においてどのような質問で信頼度を測定しているかを整理した上で実施することが不可欠であろう。

4　今後の信頼研究に求められるもの

（1）研究の到達点とその課題

　ここまで，①信頼の定義と分類，②測定方法，③諸事象との相関，の3つについて現在までの研究の概観を示してきた。かねてから信頼は社会で重要な役割を果たしていると認識されてきたが，ソーシャル・キャピタルの文脈で重要性が唱えられたのはここ20年の話である。多くの場合，信頼は人と人との関係において語られるが，この関係性は社会のあらゆる領域に及んでいるため，この概念は常に言及されることになる。近年，世界価値観調査による調査データ

と測定手法を用いて，経済，教育，公衆衛生など，社会の様々な領域でソーシャル・キャピタルの実証研究が積み重ねられているが，これも構成要素の一つで分析の対象となる信頼が，領域横断的な性質を内包しているからであろう。

信頼に関する研究において重要になることはいかに信頼度を測定するかだが，その点についてはまだ課題が多い。たとえば世界価値観調査のアンケート調査手法については，国や地域によるサンプル数のばらつきが存在していること，調査のスケジュールや抽出方法，集計仕様が統一されていないこと，すべての国や地域において，設問がすべて尋ねられているわけではないことが問題点として挙げられている（湊 2007：4）。また，星野（2006：50）は「質問項目に対する回答には社会的望ましさなどの様々な要因（たとえば各社会での本音と建前の関係など）が影響を与えているため，単純に国・地域の間で比較することは難しく，たとえば他の項目との相関構造から議論を進めていくことに意義がある」と指摘している。そして，「今後，ソーシャル・キャピタルに関するより再現性のある確実な知見を得るためには，これらの構成概念の正確な定義づけや信頼性のある測定項目の開発と大規模な調査による実証的な国際比較調査研究が必要」と言及する。

一方，吉野・角田（2010：12）は，信頼度に関する国際比較の難しさを説く。アメリカの公衆衛生や保健医療の研究では「一般的信頼感」と「健康の良好さや長寿」の相関が発表されてきたが，「健康の良好さや長寿」に関して高い数値を示すフランスやイタリアでは一般的信頼感が低い。この事実から吉野は，世界価値観調査の項目は一般的信頼を測り切れていないか，一般的信頼と健康は直接には関係がない可能性があると述べている。そして，アメリカという多民族国家で相関が取れたモデルだからといって，直ちに国際比較に広げるべきではないと主張している。

多くの分野で実証研究が積み重ねられてきたという事実，現在も継続的な調査が行われているという事実は，この研究分野がいかに大きな期待を背負っているかを示している。この後は，市民社会における信頼の役割を考察し，具体的事例を取り上げて今後の研究の可能性と限界を考えたい。

（2）市民社会における信頼

　互いに信頼関係がない社会を，市民社会といえるだろうか。市民とは，特定の地域において社会の仕組みづくりに参加できる者を指す。よって，人が「市民」として行動できるためには，「市民」概念を法的地位や権利関係の問題として捉える発想が必要となる（小熊 2011）。そのためには，社会制度や事業などの社会システムを，市民が協力して構築する必要がある。しかし，未来に起こりうる不確実性を自分が引き受けるという意味での信頼なしに，人が協力関係を結ぶことはありえない。さらに，構築された社会システムを他者が信頼していることへの信頼がなければ，社会システムは安定しない。つまり，市民社会の創出と維持は，信頼という認知的な態度に支えられている。

　一般的信頼度とジニ指数の相関から，経済的不平等が増加すると一国における信頼度が減少するとの実証研究（Uslaner 2003＝2004：130）が存在するが，現実では経済的な格差が拡大しており，市民社会の動きは弱体化しているようにもみえる。そもそも市民社会は，人が生存し，よりよい環境を作っていくための知恵として，協力関係を結んだ結果生まれたものであった。しかし現在は，地縁コミュニティの弱体化に伴って，経済社会的に弱い立場の人ほど孤立する傾向が強くなっている。この状況は「社会的孤立」という言葉でうまく言い表されている。現代社会では，貧しさゆえに助け合わなくてはいけないはずの人ほど，周囲との関係性を喪失している状況が存在する。世界価値観調査を基にOECDが算出したデータによると，日本において「友人，同僚，その他宗教・スポーツ・文化グループの人と全く，あるいはめったに付き合わない」と答えた比率が15.31％であり（石田 2013），社会的孤立度が非常に高いと報告している。一方で，図9-1で示したように日本では一般的信頼度が比較的高いという結果も出ている。これらの事実は一見すると矛盾しているようにみえる。それでは，このような社会的孤立状態にある人について，信頼の観点からどのような説明が可能だろうか。ここで2つの仮説を提示して考えたい。

　1つ目は，友人や同僚との関係が断たれた社会的孤立状態にある人も，通常の日本人と同じように比較的高い一般的信頼度を持っているという仮説である。だが，身近な友人や同僚に対する信頼が低いような人が，一般的な他者を信頼するということが現実にありえるだろうか。この仮説は，一般的信頼を一般的

な他者に対する信頼というより、社会システム全体に対する信頼と読み替えると理解できる。社会的孤立状態にある人がなぜ高い一般的信頼度を持つかといえば、それは社会的不確実性に対処するためである。社会的孤立状態にあり、特定の他者に頼ることができないからこそ、社会システムに頼るという選択肢しか存在しておらず、相対的に一般的信頼度が高く出ている可能性がある。

　2つ目は、信頼度にある種の絶対値のようなものが存在するという仮説である。この場合、社会的孤立状態にあるような人を、特定的信頼の絶対値も一般的信頼の絶対値も低い状態にある人だと捉えることができる。この絶対値は周囲の環境の変化や、その人の感情の振れ幅といった社会的不確実性に応じて変化する。この仮説では、特定的信頼も一般的信頼も同時に高められる可能性がある。そして、2つの信頼度が共に低いような社会的孤立状態にある人に対しては、どうすれば絶対値が高くなるかという視点で施策を打つ必要が出てくる。たとえば大災害で、家族関係も友人関係も断絶されて、仮設住宅で心もとなく暮らしている高齢者の場合は、この仮説で説明ができるだろう。また、支えてくれる家族の存在もなく、部屋に引きこもっているような人の場合も、この仮説で説明できると考えられる。

　信頼は市民社会を作り上げるに当たって重要な役割を果たすが、社会的孤立の事例のように、現在までの理論と実証研究の結果では説明がしにくい領域も存在する。そのため、これまでの研究において現実のどの部分について説明できないのか、その限界を理解することが必要になろう。最後に、これからの社会でどのような視点で信頼を育んでいくべきか、今後の展望について述べていきたい。

（3）信頼を育み豊かな市民社会をつくるために

　信頼が「社会的不確実性が存在する状況において、相手の協力に対する期待」だとするならば、信頼を育むためにはその期待が実現したという経験が重要になる。つまり、相手の協力に対する期待が実現する成功体験の積み重ねが、人の信頼に対する認知的態度を決定する。では、人は一体何を期待しているのか。この期待が何なのか分からなければ、信頼を育むための打ち手を描けない。

この期待に相当する一つの可能性は，相関分析の結果で示されている。たとえば Uslaner (2003 = 2004：123-154) は，一般的信頼度と経済成長率，政治の腐敗の度合い，1人当たりの教育支出の金額，富裕層から貧困者に対する1人当たりの移転支出の多さなどが相関関係にあると述べている。この相関を参考にすれば，一般的な人は「経済社会の状況が年々良くなっていき，十分な教育を受けることができ，社会に公正さや公平さがあること」を期待していると考えられる。また Newton (1997：579) が，家族，仕事，教育，近隣の方が，週にわずかな時間しか費やさないボランティア活動よりも信頼を含むソーシャル・キャピタルを育むことに寄与すると述べているように，信頼は人の成長過程の中で育まれ，「相手の協力に対する期待」の実現を繰り返して醸成される。したがって，一般的信頼度を高めるには，「相手が期待に応えてくれる」という認識を持つに至る経験を作ることが必要になる。この経験は，親子関係を含む日常の体験のあらゆる側面に及ぶ。そのため，個別の政策や事業だけでは，一般的信頼度を高めることは難しい。ここで必要な視点は，サービスを提供する特定の政策や事業の創出ではなく，人の期待を実現する環境の創出であろう。それでは，どのようにすれば，そのような環境が作り出せるだろうか。この点について理解するために，最後に，ソーシャル・キャピタルの議論に立ち戻りたい。
　信頼が未来の不確実性を引き受ける，世界認識の肯定的な「態度」だとすれば，互酬性の規範はおかげさまの精神であるとともに，それに付随する「行為」である。そしてこの「態度」と「行為」がネットワークを形成し網目状に広がっていく。この全体がソーシャル・キャピタルだとすれば，ソーシャル・キャピタルとは市民社会の好循環を生み出す生態系そのものである。
　現在まで，ソーシャル・キャピタルを高めるには NPO が重要な役割を果たすといわれてきた。それは，ボランティアや他団体との連携を通じて多くの人の参画を促し，事業の受益者の主体性を育むことを通じて事業効果のレバレッジを効かせようとする NPO の活動プロセスに，信頼と互酬性の規範を育む仕組みが内包されているからであろう。しかし，具体的にどのような NPO が信頼と互酬性の規範を育むような機能を有しているかは解明されておらず，実際に存在する団体の事例を一つずつ検証していく必要は依然として存在する。

信頼を育み，市民社会を作るために何ができるか，という問いをより大きな意味から捉え直すならば，「信頼」「互酬性の規範」「ネットワーク」を育む生態系をいかに作っていくかという視点に至る。そのためには，生態系の中に位置づけられる行政，企業，NPOのそれぞれが，共通のビジョンに対して何をしていくべきかを考え，役割を定義し，行動に移していくことが求められる。地域における様々な主体が議論を交わす場をつくり，協働し，結果に対して集合的にコミットすることも必要になろう。そしてこの繰り返しこそが，結果としてソーシャル・キャピタルを高め，市民社会を育むことにつながっていくことであろう。

参考文献

石田光規（2013）「孤立する人々の特性」稲葉陽二・藤原佳典編著『ソーシャル・キャピタルで解く社会的孤立——重層的予防策とソーシャルビジネスへの展望』ミネルヴァ書房，37-55頁。

稲葉陽二・松山健士（2002）『日本経済と信頼の経済学』東洋経済新報社。

大守隆（2004）「ソーシャル・キャピタルの経済的影響」宮川公男・大守隆編『ソーシャル・キャピタル——現代経済社会のガバナンスの基礎』東洋経済新報社，77-122頁。

小熊英二（2011）『私たちはいまどこにいるのか——小熊英二時評集』毎日新聞社。

清成透子・山岸俊男（1996）「コミットメント形成による部外者に対する信頼の低下」『実験社会心理学研究』36(1)，56-67頁。

黒田かをり・高豊盛（2011）「ソーシャル・キャピタルと信頼・市民参加」山内直人・田中敬文・奥山尚子編『ソーシャル・キャピタルの実証分析』大阪大学大学院国際公共政策研究科NPO研究情報センター，117-129頁。

小杉素子・山岸俊男（1998）「一般的信頼と信頼性判断」『心理学研究』69(5)，349-357頁。

坂本治也（2010）『ソーシャル・キャピタルと活動する市民——新時代の日本の市民政治』有斐閣。

数理統計研究所「日本人の国民性調査」（http://www.ism.ac.jp/kokuminsei/，2014年11月18日アクセス）。

福島慎太郎・吉川郷主・西前出・小林愼太郎（2012）「京都府北部の農村地域を対象とした地域資源管理への参加に対する関連因子の分析」『農村計画学会誌』31(1)，84-93頁。

星野崇宏（2006）「認知的ソーシャルキャピタルとしての法意識・規範意識・契約観と対人信頼感の関連――東アジア価値観国際比較調査データから」『行動計量学』33(1), 41-53頁。

湊邦生（2007）「東アジアにおける国際比較社会調査とその課題」『JGSS Research Series』3(6), 1-23頁。

宮垣元（2003）『ヒューマンサービスと信頼』慶応義塾大学出版会。

三宅一郎（1998）「信頼感」統計数理研究所国民性国際調査委員会編『国民性七か国比較』出光書店, 133-140頁。

山内直人（2005）「ソーシャル・キャピタルとNPO・市民活動」『NIRA 政策研究』6(18), 15-21頁。

山岸俊男（1998）『信頼の構造――こころと社会の進化ゲーム』東京大学出版会。

山岸俊男（1999）『安心社会から信頼社会へ――日本型システムの行方』中公新書

山岸俊男・小見山尚（1998）「信頼の意味と構造――信頼とコミットメント関係に関する理論的・実証的研究」『INSS Journal』2, 1-59頁。

与謝野有紀・林直保子（2005）「不確実性，機会は信頼を育むか？――信頼生成条件のプール代数分析」『関西大学社会学部紀要』36(1), 53-73頁。

吉野諒三・角田弘子（2010）「人々の関係の広がりについて――国際比較方法論研究の幾つかの知見から」『行動計量学』37(1), 3-17頁。

Akerlof. G. A. (1970) "The Market for Lemons: Quality Uncertainty and the Market Mechanism" *The Quarterly Journal of Economics* 84(3), pp. 488-500.

Arrow, K. J. (1972) "Gifts and Exchanges" *Philosophy & Public Affairs* 1(4), pp. 343-362.

Barber, B. (1983) *The Logic and Limits of Trust*, Rutgers University Press.

Brehm, J. & W. Rahn (1997) "Individual-Level Evidence for the Causes and Consequences of Social Capital" *American Journal of Political Science* 41(3), pp. 999-1023.

Coleman, J. S. (1988) "Social Capital in the Creation of Human Capital" *The American Journal of Sociology* 94, pp. S95-S120.

Fukuyama, F. (1995) *Trust: The Social Virtues and the Creation of Prosperity*, Hamish Hamilton Ltd.. (=1996, 加藤寛訳『「信」なくば立たず』三笠書房)。

Kawachi, I. (2001) "Long Live Community" (http://prospect.org/article/long-live-community, 2014年11月25日アクセス).

Knack, S. & P. Keefer (1997) "Does Social Capital Have an Economic Payoff? A Cross-Country Investigation" *The Quarterly Journal of Economics* 112(4), pp. 1251-1288.

LaPorta, R., F. Lopez-Silanes, A. Schleifer & R. W. Vishney (1997) "Trust in Large Organizations" *American Economic Review, Papers and Proceedings* 87(2), pp. 333-338.

Lin, N. (1999) "Building a Network Theory of Social Capital" *Connections* 22(1), pp 28-51.

Luhmann, N. (1973) *Vertrauen: Ein Mechanismus der Reduktion sozialer Komplexität*, FERDINAND ENKE VERLAG. (=1988, 野崎和義・土方透訳,『信頼——社会の複雑性とその縮減』未來社。)

Newton, K. (1997) "Social Capital and Democracy" *American Behavioral Scientist* 40 (5), pp. 575-586.

Newton, K. & P. Norris (2000) "Confidence in Public Institutions: Faith, Culture or Performance?" *Paper for presentation at the Annual Meeting of the American Political Science Association, Atlanta, 1-5th*, September 1999.

Putnam, R. D. (1993) *Making Democracy Work: Civic Traditions in Modern Italy*, Princeton University Press. (=2001, 河田潤一訳『哲学する民主主義——伝統と改革の市民的構造』NTT出版。)

Putnam, R. D. (2000) *Bowling Alone: The Collapse and Revival of American Community*, Simon & Schuster. (=2006, 芝内康文訳『孤独なボウリング——米国コミュニティの崩壊と再生』柏書房。)

Rossteutscher, S. (2008) "Social Capital and Civic Engagement: A Comparative Perspective" in Castiglione, D., J. W. Van Deth & G. Wolleb (eds.) *The Handbook of Social Capital*, Oxford University Press, pp. 208-240.

Simmel, G. (1900) *Philosophie des Geldes*, Duncker & Humblot. (=1999, 居安正訳『貨幣の哲学 新訳版』白水社。)

Transparency International Corruption Perceptions Index, 2013 (http://www.transparency.org/cpi2013/results, 2014年11月18日アクセス).

UNESCO Institute for Statistics Government expenditure per student in PPP $, 2010 (http://data.uis.unesco.org/Index.aspx?queryid=190, 2014年11月18日アクセス).

Uslaner, E. M. (2002) *The Moral Foundations of Trust*, Cambridge University Press.

Uslaner, E. M. (2003) "Trust in the Knowledge Society" *Prepared for the Conference on Social Capital, Cabinet of the Government of Japan, March 24-25, 2003, Tokyo.* (=2004, 西出優子訳「知識社会における信頼」宮川公男・大守隆編『ソーシャル・キャピタル——現代経済社会のガバナンスの基礎』東洋経済新報社, 123-154頁。)

Uslaner, E. M. (2008) *Corruption, Inequality, and the Rule of Law*, Cambridge

University Press.

Warren, M. E. (2008) "The Nature and Logic of Bad Social Capital" in Castiglione, D., J. W. Van Deth & G. Wolleb (eds.) *The Handbook of Social Capital*, Oxford University Press, pp. 122-149.

World Value Survey 2013-2014 (http://www.worldvaluessurvey.org/WVSDocumentationWVL.jsp, 2014年11月18日アクセス).

Yamagishi, T., K. S. Cook & M. Watabe (1998) "Uncertainty, Trust and Commitment Formation in the United States and Japan" *The American Journal of Sociology* 104 (1), pp. 165-194.

Yamagishi, T. & M. Yamagishi (1994) "Trust and Commitment in the United States and Japan" *Motivation and Emotion* 18(2), pp. 129-166.

（西出優子・玉川　努）

第10章　幸　福　度[1]
──経済要因だけでは規定されないもの

1　幸福度研究への関心の高まり

　日本は戦後，めざましい経済発展を遂げ，所得水準が飛躍的に上昇した。1990年代以降，バブル崩壊とそれに続く長い停滞期を経験したものの，国際的に見て経済的に最も豊かな国の一つになった。このように，日本人は，世界的に見れば恵まれた環境に暮らしているが，自殺をしたり，抑うつ傾向に苦しむ人など，精神的な健康状態に問題を抱える人が増えている。特に，10〜20代の自殺は他の年代に比べてその傾向が著しく増加（『自殺対策白書 平成30年』），その対策が急がれる。また，将来への不安を抱え，希望を見出せずに毎日を過ごしている人も少なくはない。

　Frank（2005）によると，経済的に発展した国では，人々は財や富の拡大のためにより多くの時間を配分し，人との交流などに費やす時間を減らす傾向にあり，金銭的な領域から得る満足度は，非金銭的な領域から得られる満足度よりも持続性が弱いため，このような時間配分は人々の幸福度を低下させると主張している。日本では近年，人と人とのつながりの希薄化が危惧されており，この主張は，人々のつながりの希薄化が自殺や精神病などの問題につながっている可能性を示唆しているといえる。すなわち，人と人との関係の中で育まれるソーシャル・キャピタル[2]が人々の幸福度とどのように関係しているかを解明することは，現在の日本が抱える課題を考える上で重要である。そこで，本章では，ソーシャル・キャピタルがどのように人々の幸福度と関係しているかを明らかにし，人々が健やかに生きていくことができる社会を構築するためソーシャル・キャピタルが果たす役割について考えたい。

　以下では，まず，幸福のパラドックスについて簡単に紹介し，第3節では幸福度の先行研究を特に定量分析に焦点を絞って紹介する。第4節では，日本の

データを用いてソーシャル・キャピタルが幸福度にどのように影響するかを実証的に分析する。そして，第5節を本章のまとめとする。

2　幸福のパラドックス

　幸福の概念づけは古くから哲学的な思想のテーマであった。幸福度について古代ギリシャの哲学者アリストテレスは，人間の人生の目的は Eudaimonia（幸福）であり，それこそが人間である証であって，至上の価値であると説いている。そして，哲学や心理学の研究者をはじめとして，多くの学者が幸福のメカニズムの解明に取り組んできた。また「どうすれば幸せになれるか」というのは人々の一大関心テーマとして現在も様々な場面で議論されている。しかし，幸福度研究が政策の議論の中で取り上げられるようになったのは，比較的最近のことである。政策的関心が高まる一つのきっかけは，1974年にイースタリンが「幸福のパラドックス（Easterlin Paradox）」と呼ばれる事実，すなわち，経済の発展は必ずしも国民全体に幸福をもたらしていないことを指摘したことであった。イースタリンが着目したのは，アメリカやイギリスにおいて，第2次世界大戦以降，物質的な豊かさは上昇したものの，国民の幸福度は上昇していないという事実であり，財や富の拡大こそが幸福であるという考えが主流であった時代に重大な意義をもつものであった。このパラドックスは日本にも当てはまる。『国民生活白書 2008年版』（内閣府 2009）によれば，日本は経済不況を経験しているものの1人当たり実質 GDP は長期的に見れば上昇傾向にあり，1984年の288万5,000円から2005年の424万4,000円まで上昇している。一方で，国民生活選好度調査の回答を用いて生活満足度を5段階（5：満足している～1：不満である）で測定した結果，1984年の生活満足度が3.60だったのに対し，2005年には3.07に低下している。

　この幸福のパラドックスは，その後多くの先進国で確認され，各国で幸福度研究が着目されることとなり，過去10年ほどの間に，多くの国で幸福度の測定や，幸福度という視点を政策議論の場に活かす取り組みが始まった。中でも，ブータン王国が2005年より国民総幸福量（GNH：Gross National Happiness）を測定し，経済的な豊かさだけではなく，精神的な豊かさが人々を幸せにすること

を明らかにしようとしたことは有名である。また，フランスでも，ジョセフ・スティグリッツ，アマルティア・センらが経済成果および社会進歩の計測に関する提言（Stiglitz et al. 2010）を取りまとめ，注目を集めた。日本においても，経年の国民の幸福度を観察し，また人々の幸福度がどのような社会経済要因によって規定されるかを測定するため，内閣府経済社会総合研究所（ESRI）が2011年以降「生活の質に関する調査」を実施している。

3　幸福度の先行研究概観

Frank（2005）が示すように，ソーシャル・キャピタルは幸福度の重要な規定要因であることが予想されるが，両者の関係を定量的に示そうという試みは幸福度研究の中でも比較的新しい。ソーシャル・キャピタルと幸福度の関係に着目した実証研究は，一連の幸福度研究の流れの中で発展してきたこと，またソーシャル・キャピタル以外の社会経済要因も合わせて考える必要があるため，以下では，まず幸福度研究を概観し，ソーシャル・キャピタル以外で幸福度と深く関係している社会経済要因について簡潔に説明する。その上で，ソーシャル・キャピタルと幸福度の関係についての先行研究を紹介したい。なお，本章はソーシャル・キャピタルがどのように幸福度に関係しているかを考えることを目的としているため，幸福度の概念やその測定方法については議論をしない。また，本章では，幸福度（happiness），厚生（well-being），主観的厚生（subjective well-being），生活満足度（life-satisfaction）といった用語を，明確に区別することなく用いている。[3]

（1）幸福度の社会経済要因

実証分析においては，幸福度の既定要因を探るため，一般的には以下のモデルが使用されている。

$$Happiness_{report} = f(Happiness^*)$$

$Happiness_{report}$：自己申告の幸福度　　$Happiness^*$：真の幸福度

$Happiness_{report}$ は自己申告の幸福度であり，人生や生活の満足度や幸福感として測定される。この自己申告の幸福度は，真の幸福度（$Happiness^*$）の関数で表され，真の幸福度（$Happiness^*$）は，様々な社会経済要因（Xs）によって規定される。よって，分析モデルは以下の通りとなる。

$$Happiness^* = \alpha + \beta' X + \varepsilon.$$

$Happiness^*$：真の幸福度　X 社会経済要因のマトリックス　ε：誤差項

幸福度の測定には，「全体として，あなたは普段どの程度幸福だと感じていますか」または「生活全般について，あなたはどの程度満足していますか」という質問を用い，回答者の答えを何段階かの順序変数（「非常に幸福〔満足〕」から「非常に不幸〔不満足〕」までの間で5段階や11段階〔0点から10点〕で答えるものが多い）として扱うのが一般的である。そして，幸福度研究の実証分析では様々な社会経済要因（Xs）を探っており，主に，所得，就業状態，健康状態，教育，婚姻状態・子どもの有無が，幸福度と強く相関している要因として挙げられている。なお，性別や年齢といったような属性についても幸福度との間には一定の傾向があることがわかってきた。

幸福度の社会経済要因として，経済学者が最初に着目したのは所得と就労である。所得については，まず Easterlin（1974）が，多国間比較においては国の所得水準と国民の幸福度は必ずしも相関関係を持たないことを証明した（幸福のパラドックス）。その後，Frey & Stutzer（2002），Diener & Biswas-Diener（2002），Blanchflower & Oswald（2005），Boarini et al.（2006）などによって，所得は一定レベルまでは幸福度を上昇させるものの，ある所得レベルを超えると幸福度の上昇には寄与しないことが明らかにされた。日本においても，所得と幸福度との関係についての研究結果は海外と同様である（筒井ら 2005；佐野・大竹 2007）。就労状態と幸福度の関係については，金銭的な要因をコントロールした上でも，就労者は失業者に比べて幸福度が高く，一度失業した人は長期的に幸福度が低い状態に陥る傾向にあるという結果が，日本も含め様々な国で報告されている（Clark & Oswald 1994；Winkelmann & Winkelmann 1998；Di Tella et al. 2001；Louis & Zhao 2002；佐野・大竹 2007）。従来の経済学では，就労

は金銭を得るために行わなければならないものであり，それは苦痛を伴うものであると考えられてきたことから，この一連の研究結果は人々の幸福度を考える上で重要な視点を提供したといえる[(4)]。

所得や就労と並んで，健康が幸福度に与える影響が大きいことも先行研究から明らかになってきている。たとえば，Verbrugge et al. (1994) は重篤患者の幸福度が低いことを示し，Deaton (2008) はマクロデータを用いて，平均寿命の上昇率と生活満足度の関係を分析し，上昇率が高い国の方が生活満足度が高い傾向にあると結論づけている。日本における研究でも，佐野・大竹 (2007) が主観的健康感と幸福度に正の相関関係があることを示している[(5)]。

前述のように，所得，就労，健康が幸福度を規定する重要な要因であるということは，生活基盤である家族や家族との関係も重要であることが予想される。まず，婚姻状態と幸福度の関係については，男女を問わず既婚者は，未婚者や離婚者，未亡人と比べて幸福であることが報告されている (Frey & Stutzer 2002)。一方で，子どもと幸福度の関係について Hansen (2012) は，子どもを育てることは人生で最も大切なことの一つであり幸せなことであるといった社会通念に反して，多くの研究結果は子育ては幸福度を下げることを示している。しかし，Caplan (2011) は，子育ての満足度は今幸せかどうかを尋ねるだけでは不十分であり，もう一度人生をやり直すとしてやはり子どもがほしいかどうかを質問する必要があると主張しており，1976年の調査によれば，1,400人の親を対象にこの質問をしたところ，90％以上が「はい」と回答しているという。また日本における，白石・白石 (2007) による研究では，子どもを持つ母親は，幸福度は高く生活満足度は低いという結果が示されており，特に配偶者の家事や育児への参加度合が低い場合に生活満足度が下がると報告されている。つまり，子育てについては子どもを持つことの満足度をどのように測定するかで大きく結果が変わる可能性があることがわかる。また，子育ては，子どもの年齢によっても親の時間的，経済的負担が異なり，かつ投資とリターンの間には長期間のラグがあることも考慮に入れる必要がある。

なお，教育と幸福度の関係については，現在のところ一定の見解は得られていない。日本においては高学歴である方が幸福であると報告されている（大竹 2004；筒井ら 2005）が，海外の先行研究では教育レベルは上がれば上がるほど，

幸福度が上昇するという研究結果（Blanchflower & Oswald 2004）と，幸福度へのその影響力は限定的であるとする研究結果（Hartog & Oosterbeek 1998；Stutzer 2004）が発表されている。人々は教育から金銭的なリターン（所得の向上）と非金銭的なリターン（知識を得たり教養を深めることや，それによるエンパワメント）があり，幸福度への影響を定量的に図ることは非常に難しい。

　上記で確認をした社会経済要因とは別に，個人の属性と幸福度の関係も発表されている。性別については，女性は男性より幸福であると報告している研究（Alesina et al. 2004）や性別は幸福度に影響を与えないと報告している研究（Louis & Zhao 2002）があるが，性別の違いが生物学的特性に依存しているのか，もしくは性別によって社会における役割が異なるためであるのかは明らかではない。日本における筒井ら（2005）による研究でも，家庭内での責任や，喫煙習慣をコントロールすると性差は見られないとしており，単純な生物学的な違いが幸福度に影響を与えているわけではない可能性が示唆されている。また，年齢と幸福度の関係については，多くの研究（Blanchflower & Oswald〔2004〕のアメリカとイギリスを対象とした研究，Frijters et al.〔2004〕のドイツを対象とした研究，Senik〔2002〕のロシアを対象とした研究など）では，幸福度は年齢とともに低下し，ある年齢を過ぎると上昇する，すなわち年齢と幸福度はU字型の関係にあると報告されている。しかし，日本においては，U字型の関係は報告されておらず，年齢は幸福度に負の影響を与えるという海外とは異なる結果を報告している（佐野・大竹 2007）。ただし，日本における研究では，その効果が年齢そのものによるものなのか，世代によるものなのかは明らかにはなっていない。なお，性別や年齢による幸福度の違いをその背景を考えながら分析をすることは，政策を考える上でも非常に大切ではあるが，本章においては性別や年齢に関係なくソーシャル・キャピタルと幸福度の間にどのような関係があるかを確認するため，性別や年齢をコントロールし，それらの影響を取り除いてみることとしたい。

（2）ソーシャル・キャピタルと幸福度

　前述のように，幸福度に影響する様々な経済要因が実証分析によって明らかになってきた中で，従来ソーシャル・キャピタルは測定が困難な変数として，

分析上は誤差項（ε.）として処理されてきた。しかし，その測定方法の発展に伴い，ソーシャル・キャピタルと幸福度との関係を測定する試みも活発になってきた。ソーシャル・キャピタルは概念が曖昧であり測定の仕方についても統一の決められた方法がある訳ではないことから，幸福度に対する影響を定量化する難しさはあるものの，様々な測定方法を用いてソーシャル・キャピタルを捉え，幸福度との関係を分析したものを総合的に考えることで，ソーシャル・キャピタルと幸福度の関係を議論することが可能であると考えられる。以下では，先行研究でどのような測定方法が用いられ，それぞれでどのような結果が得られているかを概観する。

先行研究では，ソーシャル・キャピタルを捉えるために代理変数として信頼や団体への所属，ボランティア参加を用いているものが多いが，それらすべてから因子スコアを算出しソーシャル・キャピタルとして分析をしているもの，一つひとつを説明変数として回帰モデルに含めているもの，そしてソーシャル・キャピタルを1つまたは2つの代理変数で捉えているものが存在する。たとえば，Bjørnskov（2003）は信頼，市民参加，汚職（Perceived corruption）の因子スコアを計算しソーシャル・キャピタル変数とし，アメリカではソーシャル・キャピタルは所得よりも大きく幸福度に影響することを明らかにしている。Sarracino（2010）は説明変数として一般的信頼，組織や団体に対する信頼，団体への所属，無償のボランティアという4つの代理変数を別々に使用して西欧諸国のデータを分析し，ソーシャル・キャピタルは幸福度を規定する要因の一つであると結論づけている。

また，信頼のみをソーシャル・キャピタルの代理変数として幸福度との関係を分析したものに，Helliwell & Barrington-Leigh（2010）がある。この研究ではカナダのデータを用い，一般的信頼を含めた様々な信頼やコミュニティへの帰属感と幸福度の間に強い相関があることを示している。なお，Ram（2010）は，World Values Survey（WVS：世界価値観調査）のデータを用いて国ごとで比較をし，低所得国においては，一般的信頼は幸福度に影響しないと結論づけている。日本を対象としたKuroki（2011）の研究でも信頼に特に着目し，個人の一般的信頼のみではなく，居住地域全体の一般的信頼が個人の幸福度に影響を与えることが示されている。

他には，ボランティア団体や，政治団体，趣味グループなどの団体への所属をネットワークとし，ソーシャル・キャピタル変数と捉えて幸福度との関係を分析した研究がある。まず，2004年に発表された論文 Helliwell & Putnam (2004) では，世界価値観調査（WVS）の対象国である49カ国のデータを用いてその関係を分析している。分析結果によれば，市民社会団体への加入は幸福度を高める傾向があるものの，統計的に頑健な結果を得られておらず，団体への所属と幸福度の関係については結論づけられないとされている。一方で，Pichler (2006) がヨーロッパを対象にした分析では，より多くの団体に加入している人の方が，幸福度が高いことが示されており，Huang & Humphreys (2012) のアメリカを対象とした分析でも，スポーツクラブへの参加が幸福度を高めることが明らかにされている。

　なお，ネットワークに着目した研究の中には，家族や友人・隣人との付き合いといった同質的なつながり（結束型のネットワーク）に着目したものも多い。たとえば，Helliwell & Putnam (2004) は，家族や友人・隣人との接触頻度が幸福度を高めることを主張している。また，Diener & Ryan (2009) はより多くの友達や家族を持つことが幸福度を高めること，幸福度が高い人はより親密で支援的な社会的関係をもつことを述べ，社会的関係と幸福度には双方向の影響があることを示した。他にも，Becchetti et al. (2008)，Becchetti et al. (2009) は，1984年から実施されている The German Socio-Economic Panel (GSOEP) のデータを利用して，社会経済要因をコントロールし，観測できない個人の特性を考慮した上でも人との付き合いのために費やす時間が幸福度に正の影響を与えると報告している。また，Stanca (2009) は，WVSの91カ国のクロスセクションデータを用いて，人間関係が幸福度に影響を与えることを明らかにした。加えて，Powdthavee (2008) は The British Household Panel Survey (BHP) のデータから，友人や家族，近隣住民と過ごす時間が幸福度に与える影響は£8万5,000に値すると計算をしており，これは収入の増加が幸福度に与える影響よりもはるかに大きいと述べている。このように，人と人とのつながりの大切さについても多くの論文で実証されている。

　ボランティア参加は，互酬性の規範やネットワークの代理変数として考えられ，その参加動機によって幸福度との関係が異なることが示唆されている。た

とえば，Kroll（2011）は，イギリスのデータを用いて実証分析を行っているが，特に，性別や社会的立場によってボランティア参加が幸福度に与える影響は異なると述べている。子どものいない女性や男性はボランティア参加によって幸福度が大きく上昇するが，子どもを持つ女性の場合は，ボランティア参加に影響を受けない。これは子どもをもつ母親にとっては，義務に近いボランティア参加が多いことに依拠していると考えられる。また，Meier & Stutzer（2008）は，人生の目的が財や富の獲得であるのか，人間としての成長や人とのより良い関係の構築であるのかによって，ボランティアを行うことによる幸福度の上昇度合が異なるという分析結果を発表している。彼らの研究結果によれば，前者のタイプよりも後者のタイプの個人はボランティアを行うことによって幸福度がより大きく上昇するということである。

　以上のように，様々な測定方法を用いて分析したものを総合的に考えた時，ソーシャル・キャピタルの影響はその条件によって大きさや有意性が異なるものの，幸福度とはある一定の正の相関関係があると言ってよいだろう。前述を踏まえて，次節では日本においてソーシャル・キャピタルと幸福度がどのように関係しているかの全体像を把握することを実証分析を通じて試みたい。

4　定量的把握による日本人の幸福度とソーシャル・キャピタル

　日本においては特に，2011年の東日本大震災以降，「絆」という言葉が様々な場面で聞かれるようになり，人と人とのつながり，信頼関係，相互扶助といったものが人々の厚生に非常に大切であることが再認識され，政策議論においても強調されるようになった。しかし，ソーシャル・キャピタルと幸福度の関係を定量的に示した論文はまだ少ない。以下では2つの分析を行い，日本におけるソーシャル・キャピタルと幸福度の関係を実証的に明らかにしたい。まず第1項で，日本におけるソーシャル・キャピタルと幸福度の関係の全体像を捉えることを目的に，信頼以外にもソーシャル・キャピタルの代理変数として用いられる「団体への所属」や「ボランティア参加」と幸福度の関係も定量的に示すこととする。なお詳細は後述するが，第1項の分析ではソーシャル・キャピタルの重要な要素の一つであるネットワークを団体への所属の有無のみで捉

えており，それが橋渡し型（異なるグループ間のつながり）なのか結束型（同質的なグループ内でのつながり）なのかを区別することができない。ソーシャル・キャピタル研究では，それら2つの異なる形のネットワークが異なる特性を持つといわれていることから，ネットワークを団体への所属の有無のみで捉えるだけでは分析として不十分である。特に，幸福度研究では結束型のネットワークの重要性が明らかになってきていることから，第2項では，第1項の分析を補うための分析として結束型のネットワークに焦点を絞った分析を行う。

（1）日本のソーシャル・キャピタルと幸福度の定量的把握――分析1

現代日本においてソーシャル・キャピタルと幸福度がどのように関係しているかを把握するためにここでは日本版 General Social Survey 2010（JGSS-2010）[6]のデータを用いて，ソーシャル・キャピタルを「信頼」「団体への所属」「ボランティア活動」の3つの代理変数で捉え，幸福度とどのように関係しているかを確認する。

1）記述統計

日本版 General Social Survey 2010において幸福度は，「全体として，あなたは，現在幸せですか。」と尋ねられ，「1．幸せ」～「5．不幸せ」の5段階から数字を選ぶようになっている。本分析では，解釈を容易にするため，これを反転させ「5．幸せ」～「1．不幸せ」とする。データを概観してみると，幸福度を「4」と回答する人が最も多く，次に「5」と回答している人が多いことがわかる（図10-1）。一方で，少数ではあるものの幸福度を「1」または「2」と回答している人も一定数存在している。

次にソーシャル・キャピタルの代理変数であるが，信頼については，「一般的に，人は信用できると思いますか」という質問に対して「1．はい」「2．いいえ」「3．場合による」のいずれかを選ぶようになっており，分析ではこれらを1つずつダミー変数として扱う。ソーシャル・キャピタルの要素の一つであるネットワークを捉える変数としては，団体への所属を用いる。団体への所属については，「あなたは，次にあげる会や組織に入っていますか。」という設問に対し，政治関係の団体や会，業界団体・同業者団体，ボランティアのグループ，市民運動・消費者運動のグループ，宗教の団体や会，スポーツ関係の

第10章 幸福度

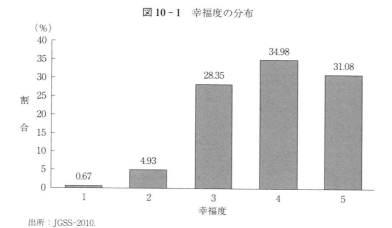

図10-1 幸福度の分布

出所：JGSS-2010.

グループやクラブ，趣味の会（コーラス・写真・山歩きなど），および消費生活協同組合のいずれか1つにでも属していれば1をとるダミー変数を作成する。また，互酬性の規範を捉える変数として，ボランティア活動の有無を使用する。この変数については，質問票では「あなたは過去1年間に，以下のようなボランティア活動を行ったことがありますか。あてはまるものすべてに○をつけてください。」と尋ねており，まちづくりのための活動，自然や環境を守るための活動，安全な生活のための活動など（他5項目）についていずれか1つにでも○をつけた回答者については1をとるダミー変数を作成している。

これらのソーシャル・キャピタルの代理変数について，幸福度との関係をクロス統計表で確認してみると表10-1に示す通りである。このクロス統計表では，一般的に人を信頼する個人は，人を信頼しない個人に比べて幸福度が高く，市民社会団体に所属している個人は，していない個人よりも幸福度が高い。また，過去1年間に何らかのボランティア活動を行った人は，行っていない人よりも幸福度が高いことがわかる。

2) 分析モデル

先に示したソーシャル・キャピタルの代理変数と幸福度の関係をより厳密に確認するために，以下では重回帰分析を行う。重回帰分析を行うことで，先行研究で明らかになってきた幸福度の決定要因を一定にした上でソーシャル・キ

表 10-1 ソーシャル・キャピタルと幸福度
（クロス統計表）

	回答者数	幸福度の平均値
信頼（できる）	350	4.174
信頼（場合による）	1,157	3.865
信頼（できない）	167	3.665
団体への所属有り	723	4.011
団体への所属無し	951	3.833
ボランティア活動有り	762	3.993
ボランティア活動無し	912	3.840

ャピタルが幸福度とどのように関係しているかを明らかにすることが可能となる。分析では，順序プロビットモデルを用いて以下の推計式を考える。

$$Happiness^*_i = X\alpha + \beta trust\_yes_i + \gamma trust\_depends_i + \delta membership_i$$
$$+ \theta volunteering_i + \varepsilon_i.$$
$$\varepsilon_i \sim N(0, 1), \quad i=1,...,n.$$

X：コントロール項のマトリックス［就労形態，教育，収入，健康，トラウマ経験，年齢，性別，居住地］

$trust\_yes_i$：個人 i の一般的信頼ダミー（1：信頼できる　0：その他）

$trust\_depends_i$：個人 i の一般的信頼ダミー（1：場合による　0：その他）

$membership_i$：個人 i の団体への所属ダミー（1：所属している　0：所属していない）

$volunteering_i$：個人 i のボランティア活動ダミー（1：活動した　0：活動しなかった）

$\varepsilon_i.$：誤差項

ここで，被説明変数である $Happiness^*_i$ は潜在変数であり，データから実際に観察できるのは 5 段階の順序尺度である。

第10章 幸福度

表10-2 記述統計量

	変　数	定　義	平　均	標準偏差	最小値	最大値
被説明変数	幸福度	あなたは，現在幸せですか（1：不幸せ〜　5：幸せ）	3.910	0.919	1	5
説明変数						
SC変数	信頼（できる）	一般的に人は信用できると思うか（1：できる　0：1以外）	0.209	0.407	0	1
	信頼（場合による）	一般的に人は信用できると思うか（1：場合による　0：1以外）	0.691	0.462	0	1
	信頼（できない）	一般的に人は信用できると思うか（1：できない　0：1以外）	0.100	0.300	0	1
	団体への所属	1：政治関係の団体や会，業界団体・同業者団体，ボランティアのグループ，市民運動・消費者運動のグループ，宗教の団体やスポーツ関係のグループやクラブ，趣味の会（コーラス・写真・山歩きなど），及び消費生活協同組合（生協）のいずれかひとつでも属している。0：属していない	0.432	0.495	0	1
	ボランティア活動有	1：過去1年間に，ボランティア活動を行なったことがある　0：ない	0.455	0.498	0	1
属性・社会経済要因変数	男性ダミー	1：男性　0：女性	0.485	0.500	0	1
	年齢 20代	1：20代　0：20代以外	0.068	0.252	0	1
	年齢 30代	1：30代　0：30代以外	0.160	0.367	0	1
	年齢 40代	1：40代　0：40代以外	0.207	0.405	0	1
	年齢 50代	1：50代　0：50代以外	0.191	0.393	0	1
	年齢 60代以上	1：60代以上　0：60代以上以外	0.374	0.484	0	1
	子どもの有ダミー	1：子ども有　0：子ども無	0.814	0.389	0	1
	離婚，死別ダミー	1：離婚　0：1以外	0.111	0.314	0	1
	未婚ダミー	1：未婚　0：1以外	0.111	0.314	0	1
	婚姻ダミー	1：既婚　0：1以外	0.778	0.415	0	1
	定年・辞職ダミー	1：定年/辞職　0：1以外	0.019	0.137	0	1
	学生ダミー	1：学生　0：1以外	0.105	0.306	0	1
	専業主婦ダミー	1：専業主婦　0：1以外	0.005	0.069	0	1
	無職ダミー（その他の理由）	1：無職　0：1以外	0.192	0.394	0	1
	失業ダミー	1：失業　0：1以外	0.033	0.180	0	1
	就業ダミー	1：就業　0：1以外	0.646	0.478	0	1
	教育年数	教育年数は次のとおり。旧制尋常小学校（6），旧制高等小学校（8），旧制中学校・高等女学校（10），旧制実業学校（11），旧制師範学校（12），旧制高校・旧制専門学校・高等師範学校（13），旧制大学・大学院（16），新制中学校（9），新制高校（12），新制短大・高専（14），新制大学（16），新制大学院（18）	12.706	2.404	6	18
	収入カテゴリ	1：なし　2：70万円未満　3：70〜100万円未満　4：100〜130万円未満　5：130〜150万円未満　6：150〜250万円未満　7：250〜350万円未満　8：350〜450万円未満　9：450〜550万円未満　10：550〜650万円未満　11：650〜750万円未満　12：750〜850万円未満　13：850〜1,000万円未満　14：1,000〜1,200万円未満　15：1,200〜1,400万円未満　16：1,400〜1,600万円未満　17：1,600〜1,850万円未満　18：1,850〜2,300万円未満　19：2,300万円以上	9.408	3.116	1	19
	健康状態満足度1ダミー	1：あなたの現在の健康状態は，いかがですか。「1：悪い〜5：良い」という回答選択肢から1を選択した人　0：それ以外	0.027	0.162	0	1
	健康状態満足度2ダミー	1：あなたの現在の健康状態は，いかがですか。「1：悪い〜5：良い」という回答選択肢から2を選択した人　0：それ以外	0.118	0.322	0	1
	健康状態満足度3ダミー	1：あなたの現在の健康状態は，いかがですか。「1：悪い〜5：良い」という回答選択肢から3を選択した人　0：それ以外	0.302	0.459	0	1
	健康状態満足度4ダミー	1：あなたの現在の健康状態は，いかがですか。「1：悪い〜5：良い」という回答選択肢から4を選択した人　0：それ以外	0.241	0.428	0	1
	健康状態満足度5ダミー	1：あなたの現在の健康状態は，いかがですか。「1：悪い〜5：良い」という回答選択肢から5を選択した人　0：それ以外	0.312	0.464	0	1
	5年以内のトラウマ経験	過去5年間に深く傷を受けるような衝撃的なできごとを経験したか（1：経験あり　0：経験なし）	1.180	1.192	0	4

注：(1) 観測数は，1674である。
　　(2) 居住地域のダミー変数については省略。

$$Happiness_i = \begin{cases} 1 & if\ Happiness_i^* \leq \mu_1 \\ 2 & if\ \mu_1 < Happiness_i^* \leq \mu_2 \\ \vdots & \\ 5 & if\ \mu_4 < Happiness_i^* \end{cases}$$

　順序プロビットモデルを用いて推計する理由は，2つのレベルの幸福度の間の差はどのレベルに着目しているかによって異なる可能性があるためである。たとえば幸福度を1と回答した場合（最も低いレベルの幸福度）と2と回答した場合（最も低いレベルの幸福度と中間レベルの幸福度の間の幸福度）の差と，幸福度を3と回答した場合（中間レベルの幸福度）と4と回答した場合（最も高いレベルの幸福度と中間レベルの幸福度の間の幸福度）との差は，数値上は同じ1であっても回答者にとっては同じではないかもしれない。順序プロビットモデルは，このような被説明変数の非線形性を考慮に入れた上で，それぞれの説明変数がどのように被説明変数と関係しているかを推計することが可能である。なお，ここでは誤差項に平均0分散1の正規分布を仮定している。分析で用いられる変数の定義と記述統計量は表10-2に示す通りである。

3）分析結果と解釈

　以下に分析の結果を紹介する。[8] 結果をまとめた表10-3では，まず「係数」と書かれた列（最左列）には，幸福度の上昇にそれぞれの社会経済要因がどう関係しているか，その傾向と有意性が報告されている。そして「限界効果」と書かれた列（右5列）についてはそれぞれの幸福度のレベル（幸福度を「1」と回答した人を幸福度レベル1とし，幸福度「2」と回答した人を幸福度レベル2とする。以降同様。）を回答する確率にソーシャル・キャピタルを含む説明変数が，平均的にどの程度寄与しているかを確認している。

　はじめに「係数」列に示された結果を確認する。ここでソーシャル・キャピタルの代理変数である信頼，団体への所属，ボランティア経験の係数について確認してみると，その係数はすべて正である。特に，人を信頼していると回答した個人の幸福度は，信頼していない個人の幸福度よりも統計的に有意に高く，ボランティア活動についても同様の結果となっている。一方で，人への信頼について「場合による」と回答をした個人の幸福度は，一般的に人を信頼してい

第10章 幸福度

表 10-3 推計結果

説明変数	係数	限界効果				
		幸福度=1	幸福度=2	幸福度=3	幸福度=4	幸福度=5
信頼（できる）[1]	0.370***	−0.006**	−0.030***	−0.078***	0.004	0.109***
	(0.119)	(0.002)	(0.010)	(0.025)	(0.003)	(0.035)
信頼（場合による）[1]	0.131	−0.002	−0.011	−0.027	0.002	0.038
	(0.103)	(0.002)	(0.008)	(0.022)	(0.002)	(0.030)
団体への所属有	0.067	−0.001	−0.005	−0.014	0.001	0.020
	(0.059)	(0.001)	(0.005)	(0.012)	(0.001)	(0.017)
ボランティア活動有	0.109*	−0.002*	−0.009*	−0.023*	0.001	0.032*
	(0.058)	(0.001)	(0.005)	(0.012)	(0.001)	(0.017)
男性ダミー	0.009	0.000	−0.001	−0.002	0.000	0.003
	(0.065)	(0.001)	(0.005)	(0.014)	(0.001)	(0.019)
年齢 20代[2]	−0.001	0.000	0.000	0.000	0.000	0.000
	(0.137)	(0.002)	(0.011)	(0.029)	(0.002)	(0.040)
年齢 30代[2]	0.022	0.000	−0.002	−0.005	0.000	0.006
	(0.098)	(0.001)	(0.008)	(0.021)	(0.001)	(0.029)
年齢 40代[2]	−0.299***	0.005**	0.024***	0.063***	−0.004	−0.088***
	(0.093)	(0.002)	(0.008)	(0.019)	(0.002)	(0.027)
年齢 50代[2]	−0.316***	0.005**	0.026**	0.066***	−0.004*	−0.093***
	(0.086)	(0.002)	(0.007)	(0.018)	(0.002)	(0.025)
子どもの有ダミー	−0.277***	0.004**	0.022**	0.058***	−0.003	−0.082***
	(0.106)	(0.002)	(0.009)	(0.022)	(0.002)	(0.031)
離婚_死別ダミー[3]	−0.207**	0.003**	0.017**	0.044**	−0.002	−0.061**
	(0.095)	(0.002)	(0.008)	(0.020)	(0.002)	(0.028)
未婚ダミー[3]	−0.632***	0.010***	0.051***	0.133***	−0.008**	−0.186***
	(0.136)	(0.003)	(0.012)	(0.029)	(0.004)	(0.040)
失業ダミー[3]	−0.205	0.003	0.017	0.043	−0.002	−0.060
	(0.243)	(0.004)	(0.020)	(0.051)	(0.003)	(0.071)
定年・辞職ダミー[3]	0.038	−0.001	−0.003	−0.008	0.000	0.011
	(0.106)	(0.002)	(0.009)	(0.022)	(0.001)	(0.031)
学生ダミー[3]	0.247	−0.004	−0.020	−0.052	0.003	0.073
	(0.482)	(0.007)	(0.039)	(0.101)	(0.006)	(0.142)
専業主婦ダミー[3]	0.241***	−0.004**	−0.020***	−0.051***	0.003	0.071***
	(0.088)	(0.002)	(0.007)	(0.019)	(0.002)	(0.026)
無職ダミー（その他の理由）[3]	−0.046	0.001	0.004	0.010	−0.001	−0.014
	(0.202)	(0.003)	(0.016)	(0.043)	(0.002)	(0.060)
教育年数	−0.017	0.000	0.001	0.004	0.000	−0.005
	(0.014)	(0.000)	(0.001)	(0.003)	(0.000)	(0.004)
収入カテゴリ	0.056***	−0.001**	−0.005***	−0.012***	0.001*	0.017***
	(0.011)	(0.000)	(0.001)	(0.003)	(0.000)	(0.003)
健康状態満足度1ダミー[4]	−1.532***	0.023***	0.124***	0.322***	−0.018*	−0.451***
	(0.232)	(0.007)	(0.022)	(0.047)	(0.010)	(0.067)
健康状態満足度2ダミー[4]	−1.161***	0.018***	0.094***	0.244***	−0.014*	−0.342***
	(0.104)	(0.005)	(0.012)	(0.021)	(0.008)	(0.028)
健康状態満足度3ダミー[4]	−1.067***	0.016***	0.086***	0.224***	−0.013*	−0.314***
	(0.074)	(0.004)	(0.009)	(0.016)	(0.007)	(0.019)
健康状態満足度4ダミー[4]	−0.551***	0.008***	0.045***	0.116***	−0.007*	−0.162***
	(0.075)	(0.002)	(0.007)	(0.016)	(0.004)	(0.021)
5年以内のトラウマ経験	−0.089***	0.001***	0.007***	0.019***	−0.001*	−0.026***
	(0.024)	(0.001)	(0.002)	(0.005)	(0.001)	(0.007)
cut1	−3.435					
	(0.302)					
cut2	−2.382					
	(0.267)					
cut3	−0.986					
	(0.263)					
cut4	0.097					
	(0.262)					
観測数	1,674					
Log pseudolikelihood	−1876.52					
Pseudo R2	0.1173					
Wald chi2	443.22***					

注：(1) ***1％有意水準で有意　**5％有意水準で有意，*10％有意水準で有意。
(2) 1　参照グループ：信頼（できない）　2　参照グループ：年齢60代以上　3　参照グループ：就業ダミー　4　参照グループ：健康満足度 5（良い）ダミー。
(3) 分析では，居住地域ダミーおよび居住地ダミーも含んで推計している。

ない人の幸福度に比べて統計的には有意に高いわけではない。団体への所属についても，統計的な有意性は確認されなかった。ただし，前述のようにソーシャル・キャピタルの重要な要素の一つであるネットワークは，橋渡し型と結束型で異なる役割があるものの，本分析で用いた変数では，それらを区別していない。このことが分析結果に影響を与えている可能性があり，人と人とのネットワークが幸福度と関係していないと言い切ることは早計である。

なお，ソーシャル・キャピタルの代理変数以外の社会経済変数については，先行研究と同様の結果が得られているものが多い。失業については就業者と比べて統計的に有意に不幸ではない点で先行研究とは異なるが，係数の符号が負である点では，同様である。統計的な有意性が確認できなかったのは，本分析で使用しているデータの中に失業者が3％しか存在していなかったことの影響が考えられる。また，本分析では就業者との比較で失業者が幸福か不幸かを測定しているが，就業者のうち自らの仕事に満足していると答えている回答者は50％以下であり，就業の満足度をコントロールしていないためこの分析では両者の幸福度の違いが統計的には有意となっていない可能性もある。

次に，限界効果について確認する。先に示した記述統計量（表10-2）から明らかなように，本分析で利用しているデータの幸福度の平均は3.91であるため，幸福度のレベルが4以上と答える確率にソーシャル・キャピタルの代理変数が正の影響力を持つならば，ソーシャル・キャピタルが平均以上の幸福度レベルを得ることに寄与しているといえる。すべてのソーシャル・キャピタルの代理変数において，幸福度レベル3以下と回答する確率には負の限界効果を示しているのに対して，幸福度レベル4以上と回答する確率には正の限界効果を示しており，信頼とボランティア活動の変数については，統計的な有意性も確認された。信頼について見てみると，一般的に人を信頼する人は，信頼しない人に比べて幸福度レベル5をとる確率が10.9％高く，その限界効果はどの幸福度レベルをとる確率よりも大きくなっている。また，ボランティア活動についても，活動をした人はしていない人と比べて，幸福度レベル5と回答する確率が3.2％高くなっている。

なお，ソーシャル・キャピタル変数以外の社会経済要因のうち，平均以上の幸福度をとる確率に有意に影響を与える要因には，たとえば，過去5年間に，

深く心に傷を受けるような衝撃的な出来事を経験したかどうかがある。そのような経験がある人は，ない人に比べて幸福度レベル5をとる確率が2.6％低下する。また，健康状態も有意に幸福度に影響を与え，健康状態が最も良い人に比べて健康状態がすぐれない人が幸福度レベル5をとる確率は，健康状態の低下に合わせて低くなっていくことがわかる。他には，専業主婦が就業者よりも幸福度レベル5をとる確率が7.1％高く，未婚や離婚，死別している人は，調査時点で結婚しており配偶者がいる人よりも幸福度が低い傾向にあることが結果に示されている。

　最後に，所得と幸福度との関係はどうだろうか。所得が幸福度レベル5をとる確率に与える限界効果は1.7％である。この所得はカテゴリー変数であり，年間の世帯所得によって以下のようなカテゴリーに分けられている〔1：なし　2：70万円未満　3：70万円以上100万円未満　4：100万円以上130万円未満　5：130万円以上150万円未満　6：150万円以上250万円未満　7：250万円以上350万円未満　8：350万円以上450万円未満　9：450万円以上550万円未満　10：550万円以上650万円未満　11：650万円以上750万円未満　12：750万円以上850万円未満　13：850万円以上1,000万円未満　14：1,000万円以上1,200万円未満　15：1,200万円以上1,400万円未満　16：1,400万円以上1,600万円未満　17：1,600万円以上1,850万円未満　18：1,850万円以上2,300万円未満　19：2,300万円以上〕。よって，この限界効果1.7％というのは，カテゴリが1つ上昇することで幸福度レベル5をとる確率が平均的に1.7％上昇することを示している。

　もちろん，所得やソーシャル・キャピタルが幸福度に与える影響を単純に比較することはできないものの，他の社会経済要因と幸福度との関係を考えてみても，前述の結果は人々の幸福度を考えた時，ソーシャル・キャピタルは無視できない要素であることが示されているといえよう。なお，前述のようにネットワークと幸福度の分析については，ネットワークを捉えている代理変数が不十分である可能性が高いため，ネットワークについての分析は次項も合わせて考えたい。

表 10-4 若者の自殺死亡数
（平成28年度）

	死亡数	死亡率	割合（%）
15〜19歳	430	7.2	36.9
男	301	9.8	36.9
女	129	4.5	36.9
20〜24歳	1,001	17.0	48.1
男	745	24.6	50.6
女	256	8.9	41.8
25〜29歳	1,165	19.0	47.0
男	877	28.0	51.2
女	288	9.6	37.6

出所：『自殺対策白書 平成30年版』。

（2）人とのつながりと幸福度に関する定量的把握——分析2

前項の分析でネットワークの指標として用いた団体への所属は，その団体を通して新しく出会う人との橋渡し型のネットワークが広がる可能性と，同様の理念や目的を持って活動している同質的な人々との結束型のネットワークが深まる可能性の両方を含むため，これらを区別して考えることは難しい。しかし，家族，友人，隣人など同質的な集団内の結びつき，つまり結束型のネットワーク，特に幸福度の重要な要因であることは多くの先行研究によって示されてきたことから，本節では結束型のネットワークに着目して分析を行う。

なお，近年の日本では，若者の自殺，抑うつ傾向，いじめなどの増加が社会問題となっている。中でも，自殺は15-29歳において最も多い死因であり，特に20代においては死亡数全体の約半分が自殺である（表10-4）。さらには，過去20年間の自殺死亡率（人口10万人当たりの自殺者数）を見ると，10-20代は他の年代の減少傾向とは異なり，約1.5倍に増加している（図10-2）。そして男性の方が自殺が多いことも特徴的である。

このような問題から若者の厚生への関心が高まっている現代社会において，若者の幸福度と人とのつながりについて理解することは重要であると考えられるため，本節では内閣府によって実施された「平成24年度生活の質に関する調査」のデータから若者層（15-24歳）に対象を絞って，家族・友人とのつながりと幸福度の関係を検討することとする。

日本では若者の幸福度を定量的に分析した研究は少ないが，海外の先行研究では若者の幸福度に家族や友人とのつながりがどのような影響を及ぼすかについて明らかにされつつある。若者の生活満足度に関するレビュー論文では，重要な規定要因の一つとして家族や友人からのソーシャルサポートを挙げ，12の先行研究においてソーシャルサポートが若者の生活満足度と正の関係をもつこ

図 10-2　年齢階級別の自殺死亡率の推移

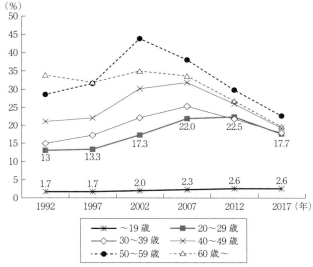

出所：表10-4と同じ。

とが報告されていることを指摘している（Proctor et al. 2009）。たとえば，アメリカの小中高生828人を対象に行った研究では，より多くの友達と過ごしている若者の方が一人で過ごしている若者より幸せであることがわかっている（Csikszentmihalyi & Hunter 2003）。また，タイの15-18歳（未婚）の男女905人を対象にした研究では，家族に関係のない要因をコントロールしても，家族構成，家族と過ごす時間，精神的つながりが若者の幸福度に影響を与えることが明らかになっている（Gray et al. 2013）。思春期・青年期においては家族よりも友人からのサポートの方が重要であると述べている研究（Burke & Weir 1978, 1979；Steinberg 1987）も少なくないが，その逆に，友人よりも家族からのサポートの方がより幸福度に強く影響するという報告（Greenberg et al. 1983；Helsen et al. 2000；Uusitalo-Malmivaara & Lehto 2013）もあり，一定の見解が得られていないが，家族や友人とのつながりが若者の幸福度に重要な意味を持つことは，海外では定量分析によって示されている。

1）記述統計

「平成24年度生活の質に関する調査」では，幸福度について「現在，あなた

表10-5 困難時に助けてくれる家族・友人の数と幸福度

	家族			友人	
	回答分布（％）	幸福度（平均）		回答分布（％）	幸福度（平均）
いない	4.51	6.24	いない	12.80	6.15
1人	2.56	5.43	1人	5.12	6.48
2人	7.80	6.77	2人	10.61	5.95
3人	9.15	6.53	3人	12.44	6.72
4人	14.88	6.64	4人	7.07	7.16
5人	10.00	6.49	5人	6.10	6.56
6人	15.00	7.11	6人以上	45.85	7.26
7人	6.71	7.31			
8人以上	29.39	7.09			

出所：「平成24年度生活の質に関する調査」。

自身はどの程度幸せですか。『とても幸せ』を10点，『とても不幸せ』を0点とすると，何点くらいになると思いますか。」と11段階で現在の幸福度を尋ねている。若者の幸福度の平均は6.8であった。

人とのつながりを測る変数としては，困難時に助けてくれる家族・親族と友人の数を本分析で用いた。設問では，困難時に助けてくれる友人の数については，回答の選択肢が7つ与えられており，全くいない（0人）から6人以上までの7段階で測定している。困難時に助けてくれる家族・親族に関しても選択肢が与えられており（困難時に助けてくれる両親の数〔0人から2人以上の3段階〕と家族〔両親を除く〕・親族の数〔0人から6人以上の7段階〕），分析ではこの2つの回答を合計しているので，全くいない（0人）から8人以上までの9段階になっている。これらの人とのつながりを測る変数と幸福度の関係を示すと，表10-5のようになる。

表10-5からは，困難時に助けてくれる家族・友人の数ともに，1人と回答した人が最も少なく，最大人数（家族の場合8人以上，友人の場合6人以上）を選んだ人が最も多いことがわかる。分布としては，助けてくれる家族の数はばらつきが大きく，助けてくれる友人の数については回答者の半分近くが6人以上と答えている。幸福度の平均点は，助けてくれる人の数が増えるとともに，増加しているといえる。

なお，説明変数およびコントロール変数の記述統計量については，表10-6

第10章 幸福度

表10-6 記述統計量

変数（N＝820）	定義	平均	標準偏差	最小値	最大値
被説明変数					
幸福度	0：とても不幸～10：とても幸せ	6.823	2.053	0	10
説明変数					
困難時に助けてくれる家族の数	0：全くいない，1：1人～8：8人以上	5.272	2.398	0	8
困難時に助けてくれる友人の数	0：全くいない，1：1人～6：6人以上	3.976	2.227	0	6
コントロール変数					
年齢	若者の年齢	19.359	2.824	15	24
性別	1：女性，0：男性	0.480	0.500	0	1
世帯収入	1：100万円未満，2：100万円以上～200万円未満，3：200万円以上～300万円未満～10：900万円以上～1,000万円未満，11：1,000万円以上～1,500万円未満，12：1,500万円以上	7.049	2.777	1	12
就業状況					
就業	1：先週少しでも仕事をしていた，0：先週少しも仕事をしなかった	0.280	0.450	0	1
学生	1：学生，0：それ以外	0.652	0.476	0	1
主観的健康感	1：健康ではない，2：どちらかと言えば健康ではない，3：どちらとも言えない，4：どちらかと言えば健康である，5：健康である	4.190	0.979	1	5
家族構成					
親の婚姻状況	1：既婚，0：その他	0.901	0.299	0	1
世帯人数	2：2人～9：9人	4.476	1.150	2	9

に示す通りである。

2）分析モデル

　人とのつながりと幸福度の関係を検証するため，重回帰分析を行う。分析では，先の分析と同様に順序プロビットモデルを用いて以下の式を推計する。

$$Happiness_i^* = \alpha + \beta Bonding_i + \delta X_i + \varepsilon_{i.}.$$
$$\varepsilon_{i.} \sim N(0, 1), \quad i = 1, ..., n.$$

なお，$Happiness_i^*$ は現在の幸福度，$Bonding_i$ は人とのつながりの代理変数，X_i はその他の説明変数のマトリックス，ε_i は誤差項であり，平均0分散1の正規分布を仮定している。なお，$Bonding_i$ は困難時に助けてくれる家族（$Family_i$）または友人の数（$Friend_i$）で測定する。ここで，被説明変数である$Happiness_i^*$ は潜在変数であり，データから実際に観察できるのは11段階の順序尺度である。

$$Happiness_i = \begin{cases} 0 & if\ Happiness_i^* \leq \mu_0 \\ 1 & if\ \mu_0 < Happiness_i^* \leq \mu_1 \\ \vdots & \\ 10 & if\ \mu_9 < Happiness_i^* \end{cases}$$

3）分析結果と解釈

分析では，困難時に助けてくれる家族の数と友人の数を別々に加えて，それぞれ推計する[9]。分析結果は表10-7の通りであり，ヘッダーに「家族」と書かれた列は，困難時に助けてくれる家族の数と幸福度に着目したモデルの結果であり，「友人」と書かれた列は困難時に助けてくれる友人の数と幸福度に着目したモデルの結果である。なお，表10-7の限界効果については，幸福度を「2」「5」「8」「10」と回答する確率にそれぞれの要因が平均的にどの程度寄与しているかを確認している。

まず，人とのつながりの代理変数については，属性・家族構成・主観的健康感をコントロールしても，困難時に助けてくれる家族・友人ともに，その人数が多い方が幸福度が高くなることが示された。家族構成に関しては，今回利用したデータの回答者については約90％の若者の親が夫婦関係にあり，多様な家族形態が観察されなかったためか，海外の先行研究で報告されているような親の離婚が幸福度に与える影響は見られなかった。また，どちらのモデルにおいても，世帯収入，主観的健康感が幸福度と正の相関を持つことが明らかとなっ

第10章 幸福度

表10-7 推計結果

被説明変数:幸福度	係数		限界効果							
			幸福度=2		幸福度=5		幸福度=8		幸福度=10	
	家族	友人	家族	友人	家族	友人	家族	友人	家族	友人
助けてくれる家族の数	0.044** (0.015)		-0.001** (0.001)		-0.008*** (0.003)		0.006*** (0.002)		0.009*** (0.003)	
助けてくれる友人の数		0.078*** (0.017)		-0.002** (0.001)		-0.014*** (0.003)		0.010*** (0.002)		0.015*** (0.003)
年齢	-0.022 (0.017)	-0.023 (0.017)	0.001 (0.001)	0.001 (0.001)	0.004 (0.003)	0.004 (0.003)	-0.003 (0.002)	-0.003 (0.002)	-0.004 (0.003)	-0.004 (0.003)
性別	-0.112 (0.073)	-0.107 (0.073)	0.004 (0.003)	0.003 (0.002)	0.019 (0.013)	0.019 (0.013)	-0.014 (0.009)	-0.014 (0.009)	-0.021 (0.014)	-0.020 (0.014)
世帯収入	0.037** (0.014)	0.036** (0.014)	-0.001** (0.001)	-0.001** (0.001)	-0.006** (0.003)	-0.006** (0.003)	0.005** (0.002)	0.005** (0.002)	0.007** (0.003)	0.007** (0.003)
学生	0.305** (0.154)	0.288* (0.154)	-0.011** (0.007)	-0.010 (0.006)	-0.052** (0.026)	-0.050* (0.026)	0.040* (0.021)	0.038* (0.021)	0.055** (0.027)	0.052* (0.026)
就業	0.218 (0.157)	0.215 (0.157)	-0.007 (0.005)	-0.006 (0.005)	-0.038 (0.027)	-0.038 (0.028)	0.026 (0.017)	0.026 (0.018)	0.044 (0.034)	0.043 (0.033)
主観的健康感	0.260*** (0.038)	0.246*** (0.038)	-0.009*** (0.002)	-0.008*** (0.002)	-0.045*** (0.007)	-0.043*** (0.007)	0.033*** (0.006)	0.031*** (0.006)	0.050*** (0.008)	0.046*** (0.008)
親の婚姻状況	-0.099 (0.130)	-0.038 (0.130)	0.003 (0.004)	0.001 (0.004)	0.017 (0.023)	0.007 (0.023)	-0.012 (0.015)	-0.005 (0.016)	-0.020 (0.027)	-0.007 (0.025)
世帯人数	-0.007 (0.033)	-0.010 (0.033)	0.000 (0.001)	0.000 (0.001)	0.001 (0.006)	0.002 (0.006)	-0.001 (0.004)	-0.001 (0.004)	-0.001 (0.006)	-0.002 (0.006)
観測数	820	820								
疑似R2乗	0.027	0.031								
ログ尤度	-1611.405	-1604.530								
尤度比カイ2乗	90.38***	104.12***								

注:括弧内は標準誤差:***$p<0.01$, **$p<0.05$, *$p<0.1$

た。就学または就業をしている人についてはそれ以外（就学も就業もしていない人）と比べて幸せである傾向が確認され，特に学生については統計的に有意な結果となっている。

　次に，限界効果を見ると，困難時に助けてくれる家族の数と友人の数の限界効果は，平均以上（平均：6.82）の幸福度のレベルにおいても統計的に正に有意であり，平均以下の幸福度レベルにおいては負に有意である。たとえば，困難時に助けてくれる家族の数が1人増えると幸福度を10と回答する確率が0.9％高くなり，助けてくれる友人の数が1人増えると幸福度を10と回答する確率は1.5％高くなる。ソーシャル・キャピタル変数以外の変数の限界効果については，家族のモデル・友人のモデルでほとんど差がなく，学生であることと主観的健康感の限界効果が他の変数に比べて大きいことが明らかとなった。学生は，就学も就業もしていない若者より，幸福度を10と回答する確率が5.2～5.6％高い。また，主観的健康感が1段階よくなると，幸福度を10と回答する確率が4.6～5％高くなる。

　前述の分析結果より，家族・友人とのつながりは日本の若者の幸福度と有意に正の相関関係を持つことが明らかとなった。なお，困難時に助けてくれる家族の数が1人増える時と，助けてくれる友人の数が1人増える時とで，多少その限界効果が異なっている。これは，家族と友人を比べて，どちらが重要か，ということではなく，「家族は当たり前に助けてくれる」と感じることで，そのありがたみが薄れ，重要性に気が付いていないということを反映しているだけかもしれない。または，本分析で用いたデータの回答者の年齢が15-24歳であり，平均年齢が19歳であることが関係しているのかもしれない。たとえば，葛西・小泉（2007）は，高校生は第2次反抗期にあたり，あらゆることを自分で意志し決定したいという欲求を持つため，家族が疎ましく感じることがあると述べている。一方で，大学生になると付き合いの範囲が広がり，多くの人と出会うことで改めて家族のありがたさを感じる可能性があるという。また，「離れてみて初めて親や家族の有難みがわかる」というのは多くの人が経験することであろう。これらの理由について，本分析ではこれ以上詳細に検討をすることはしないが，本分析結果は，家族だけではなく，他人である友人とのつながりが幸福度を向上させるということを示している点で意義深い。多くの同

居家庭においては，家族とは，日常生活の中で顔を合わせたり，一緒の空間に居合わせたりするため，努力の有無にかかわらず，一定時間を一緒に過ごしている可能性が高い。一方で，他人である友人との関係の構築には時間を要する。現代の日本人は，数十年前と比べて労働時間は減り，週休2日制の導入などにより余暇時間は増えている。しかしながら，その内訳を見ると，1976年から2006年にかけて交際・付き合いに要する時間は，平日・休日ともに減少しており，他人と活動する可能性のある趣味・娯楽についていえば休日は多少増加しているが，平日についてはほぼ変わっていない。また，スポーツやボランティア活動など他人との交流が考えられる活動についても減少傾向が確認される（黒田 2010）。人は友人とのつながりによって幸福度が上昇するにもかかわらず，なぜ交際・付き合いに要する時間を減少させているのかについては現時点では明らかではないが，今後この点を解明することは幸福度と人とのつながりの関係をさらに深く理解するための鍵となるかもしれない。

5　幸福度研究からの示唆——ソーシャル・キャピタルの果たす役割

　本章では，ソーシャル・キャピタルと幸福度の関係に焦点を絞って議論をした。幸福度とは主観的なものであり，その測定方法や信頼性に対する批判があるのは事実である。しかしながら，客観的な厚生指標——所得，健康，治安，福祉制度，雇用保障など——は国際的に見れば決して悪くはない，恵まれた国の一つである日本において，自殺者が増加しているという事実や抑うつ傾向に苦しむ人がいるということに鑑みると，人が幸せと感じるかどうか，人がなぜ不幸と感じるかについて検証することは重要である。

　本章では，幸福度研究についての先行研究を概観した上で，現代の日本のデータを用いてソーシャル・キャピタルが幸福度に影響しているかどうかを定量的に分析した。厳密にいうと，本章では因果関係の方向については考慮できていないため，逆の因果関係，つまり幸福な人ほどソーシャル・キャピタルが高い可能性も否定はできないものの，様々な社会経済要因を一定にした上でもソーシャル・キャピタルが幸福度に正の影響を与えることが明らかになった。本章の結果は，幸福度に影響を与える他の社会経済要因を犠牲にしてもソーシャ

ル・キャピタルを上昇させるべきであるということを主張しているのではなく，ソーシャル・キャピタルが政策の対象として経済発展と同様に大切なものであるということを再認識することの重要性を示している。

注
(1) 本章ではJGSS2010のデータを使用させていただいた。日本版 General Social Surveys（JGSS）は，大阪商業大学JGSS研究センター（文部科学大臣認定日本版総合的社会調査共同研究拠点）が，東京大学社会科学研究所の協力を受けて実施している研究プロジェクトである。
(2) ソーシャル・キャピタルの定義は様々であるが，内閣府国民生活局編（2003）はPutnum（1993）の定義を基に「人々の協調行動を活発にすることによって社会の効率性を高めることのできる，『信頼』『規範』『ネットワーク』といった社会組織の特徴」と定義している。
(3) 幸福度，厚生，主観的厚生，生活満足度，それぞれの定義や，幸福の概念については，グラハム（2013）に詳しい。
(4) 就労が幸福度を高める理由として，Helliwell（2003）やFrey & Stutzer（2002）は，就労は金銭的な対価を得る手段というだけではなく，自尊心を高める役割を果たし，生きがいにつながる活動であると述べている。そのため，仕事を失うことで自信を喪失したり，生きがいをなくしたりすることによって幸福度が低下する。特に就労が社会規範となっている社会においては，仕事をしていないということは社会通念に反することであり，社会から取り残されたような虚無感を味わう可能性が高い。
(5) なお，健康と幸福度に関しては，逆の因果を示す研究結果も多く報告されている。たとえば，Vázquez et al.（2004）は所得や乳幼児死亡率をコントロールした場合でも，幸福度の高い国の方が低い国より平均寿命が長いと結論づけており，Blanchflower & Oswald（2007）は国民の幸福度の高い国の方が，高血圧患者が少ないと報告している。
(6) これは，JGSS Research Centerによって2010年の2月から4月の間に行われた調査によるものであり，調査対象の母集団は，2009年12月31日時点で満20-89歳の男女であり，層化2段抽出法により対象者を抽出している。回答率は62.2％で，2,507のデータが収集され，本分析では必要な変数についてすべて回答をしている個人1,674名のデータを用いている。
(7) ソーシャル・キャピタルを測定する際，その異なる役割を分析するため，ネットワークはしばしば橋渡し型と結束型に区別して考えられる。しかし，本節で利用す

るネットワークの指標で橋渡し型と結束型を区別することは難しい。なぜなら，団体への所属は，その団体を通して新しく出会う人との橋渡し型ネットワークが広がる可能性と，同様の理念や目的を持って活動している同質的な人々とのと結束型ネットワークが深まる可能性の両方を含むからである。このことは，後に示す分析結果に影響を与えている可能性があり，結果の解釈には注意が必要である。なお，これらの懸念事項を踏まえ，本節第2項では特にネットワークに着目した分析を行っている。

(8) 分析ではソーシャル・キャピタルの代理変数を順に加えることで多重共線性の可能性を考慮し，信頼，団体への所属，ボランティア経験のそれぞれの変数を加えた際にも説明変数の係数と統計的な優位性は大きく影響を受けていないことを確認済みである。

(9) 困難時に助けてくれる家族の数と友人の数にはやや高い相関が見られること（$r=0.43$）から，多重共線性の可能性に配慮しここでは別々のモデルで推計している。

参考文献

大竹文雄（2004）「失業と幸福度」『日本労働研究雑誌』528, 59-68頁。

葛西真記子・小泉智世（2007）「小学生から大学生までの比較からみた『心理的支え』に関する基礎的研究」『鳴門教育大学研究紀要　教育科学編』22, 鳴門教育大学, 71-79頁。

グラハム，C./多田洋介訳（2013）『幸福の経済学――人々を豊かにするものは何か』日本経済新聞出版社。

黒田祥子（2010）「生活時間の長期的な推移」『日本労働研究雑誌』599, 53-64頁。

佐野晋平・大竹文雄（2007）「労働と幸福度」『日本労働研究雑誌』588, 4-18頁。

白石小百合・白石賢（2007）「少子化社会におけるワーク・ライフ・バランスと幸福度――非線形パネルによる推定」ESRI ディスカッションペーパー No. 181。

筒井義郎・大竹文雄・池田新介（2005）「なぜあなたは不幸なのか」ISER ディスカッションペーパー No. 630。

内閣府編（2009）『国民生活白書 平成20年版』。

内閣府国民生活局編（2003）「ソーシャル・キャピタル――豊かな人間関係と市民活動の好循環を求めて」。

Alesina, A., R. Di Tella & R. MacCulloch (2004) "Inequality and Happiness: Are Europeans and Americans Different?" *Journal of Public Economics* 88, pp. 2009-2042.

Becchetti, L., A. Pelloni & F. Rossetti (2008) "Relational Goods, Sociability, and Happiness" *Kyklos* 61, pp. 343-363.

Becchetti, L., E. G. Ricca & A. Pelloni (2009) "The 60s Turnaround as Attest on Causal Relationship between Sociability and Happiness" *SOEP Papers on Multidisciplinary Panel Data Research* 209.

Bjørnskov, C. (2003) "The Happy Few: Cross-Country Evidence on Social Capital and Life Satisfaction" *Kyklos* 56(1), pp. 3-16.

Blanchflower, D. G. & A. J. Oswald (2004) "Well-Being over Time in Britain and the USA" *Journal of Public Economics* 88, pp. 1359-1386.

Blanchflower, D. G. & A. J. Oswald (2005) "Happiness and the Human Development Index: The Paradox of Australia" *The Australian Economic Review* 38(3), pp. 307-318.

Blanchflower, D. G. & A. J. Oswald (2007) "Hypertension and Happiness across Nations" *NBER Working Paper* No. 12934.

Boarini, R., A. Johansson & M. Mira d'Ercole (2006) "Alternative Measures of Well-being" *OECD Economics Department Working Paper* No. 476.

Burke, R. J. & T. Weir (1978) "Benefits to Adolescents of Informal Helping Relationships with Their Parents and Peers" *Psychological Reports* 42, pp. 1175-1184.

Burke, R. J. & T. Weir (1979) "Helping Responses of Parents and Peers and Adolescent Well-being" *The Journal of Psychology* 102(1), pp. 49-62.

Caplan, B. (2011) *Selfish Reasons to Have More Kids*, Basic Books.

Clark, A. E. & A. J. Oswald (1994) "Unhappiness and Unemployment" *Economic Journal* 104, pp. 648-659.

Csikszentmihalyi, M. & J. Hunter (2003) "Happiness in Everyday Life: The Uses of Experience Sampling" *Journal of Happiness Studies* 4(2), pp. 185-199.

Deaton, A. (2008) "Income, Health, and Well-Being around the World: Evidence from the Gallup World Poll" *Journal of Economic Perspectives* 22(2), pp. 53-72.

Diener, Ed. & R. Biswas-Diener (2002) "Will money increase subjective well-being?" *Social Indicators Research* 57, pp. 119-169.

Diener, E. & K. Ryan (2009) "Subjective well-being: a general overview" *South African Journal of Psychology* 39(4), pp. 391-406.

Di Tella, R., R. MacCulloch & A. Oswald (2001) "Preferences over Inflation and Unemployment: Evidence from Surveys of Happiness" *The American Economic Review* 91(1), pp. 335-341.

Easterlin, R. (1974) "Does Economic Growth Improve the Human Lot? Some Empirical Evidence" in David, P. A. & M. W. Reder (eds.) *Nations and Households* in *Economic Growth: Essays in Honor of Moses Abramovitz*, Academic Press, Inc., pp. 89-125.

Frank, R. H. (2005) "Does Absolute Income Matter?" in Bruni, L. & P. L. Porta (eds.) *Economics and Happiness: Framing the Analysis*, Oxford University Press, pp. 65-90.

Frey, B. S. & A. Stutzer (2002) *Happiness and Economics: How the Economy and Institutions Affect Human Well-Being*, Princeton University Press.

Frijters, P., S. A. Michael & J. P. Haisken-DeNew (2004) "Money Does Matter! Evidence from Increasing Real Incomes in East Germany Following Reunification" *American Economic Review* 94(2), pp. 730-741.

Gray, R. S., A. Chamratrithirong, U. Pattaravanich & P. Prasartkul (2013) "Happiness Among Adolescent Students in Thailand: Family and Non-Family Factors" *Social Indicators Research* 110(2), pp. 703-719.

Greenberg, M. T., J. M. Siegel & C. J. Leitch (1983) "The Nature and Importance of Attachment Relationships to Parents and Peers During Adolescence" *Journal of Youth and Adolescence* 12(5), pp. 373-386.

Hansen, T. (2012) "Parenthood and Happiness: a Review of Folk Theories Versus Empirical Evidence" *Social Indicators Research* 108(1), pp. 29-64.

Hartog, J. & H. Oosterbeek (1998) "Health, Wealth and Happiness: Why Pursue a Higher Education?" *Economics of Education Review* 17(3), pp. 245-256.

Helliwell, J. F. (2003) "How's Life? Combining Individual and National Variables to Explain Subjective Well-being" *Economic Modelling* 20, pp. 331-360.

Helliwell, J. F. & R. Putnam (2004) "The Social Context of Well-being" *Philosophical Transactions of the Royal Society London* 359, pp. 1435-1446.

Helliwell, J. F. & C. F. Barrington-Leigh (2010) "How Much is Social Capital Worth?" NBER Working Papers No. 16025, National Bureau of Economic Research, Inc.

Helsen, M., W. Vollebergh & W. Meeus (2000) "Social Support from Parents and Friends and Emotional Problems in Adolescence" *Journal of Youth and Adolescence* 29(3), pp. 319-335.

Huang, H. & B. R. Humphreys (2012) "Sports Participation and Happiness: Evidence from US Microdata" *Journal of Economic Psychology* 33(4), pp. 776-793.

Kroll, C. (2011) "Different Things Make Different People Happy: Examining Social Capital and Subjective Well-Being by Gender and Parental Status" *Social Indicators Research* 104(1), pp. 157-177.

Kuroki, M. (2011) "Does Social Capital Increase Individual Happiness in Japan?"

Japanese Economic Review 62(4), pp. 444-459.

Louis, V. V. & S. Zhao (2002) "Effects of Family Structure, Family SES, and Adulthood Experiences on Life Satisfaction" *Journal of Family Issues* 23, pp. 986-1005.

Meier, S. & A. Stutzer (2008) "Is Volunteering Rewarding in Itself?" *Economica* 75, pp. 39-59.

Pichler, F. (2006) "Subjective Quality of Life of Young Europeans. Feeling Happy But Who Knows Why?" *Social Indicators Research* 75, pp. 419-444.

Powdthavee, N. (2008) "Putting A Price Tag on Friends, Relatives, and Neighbours: Using Surveys of Life Satisfaction to Value Social Relationships" *Journal of Socio-Economics* 37(4), pp. 1459-1480.

Proctor, C. L., P. A. Linley & J. Maltby (2009) "Youth Life Satisfaction: A Review of the Literature" *Journal of Happiness Studies* 10(5), pp. 583-630.

Putnam, R. D. (1993) *Making Democracy Work: Civic Traditions in Modern Italy*, Princeton University Press.

Ram, R. (2010) "Social Capital and Happiness: Additional Cross-Country Evidence" *Journal of Happiness Studies* 11(4), pp. 409-418.

Sarracino, F. (2010). "Social Capital and Subjective Well-Being Trends: Comparing 11 Western European Countries" *The Journal of Socio-Economics* 39(4), pp. 482-517.

Senik, C. (2002) "When Information Dominates Comparison: A Panel Data Analysis Using Russian Subjective Data" DELTA Discussion Paper No. 2002-02.

Stanca, L. (2009) "With or Without You? Measuring The Quality of Relational Life throughout the World" *Journal of Socio-Economics* 38(5), pp. 834-842.

Steinberg, L. (1987) "Impact of Puberty on Family Relations: Effects of Pubertal Status and Pubertal Timing" *Developmental Psychology* 23(3), pp. 451-460.

Stiglitz, E., A. Sen & J. P. Fitoussi (2010) *Report by the Commission on the Measurement of Economic Performance and Social Progress*. [online] Commission on the Measurement of Economic Performance and Social Progress. (http://www.stiglitz-sen-fitoussi.fr/documents/rapport_anglais.pdf, 2012.11.6).

Stutzer, A. (2004) "The Role of Income Aspirations in Individual Happiness" *Journal of Economic Behaviour and Organisation* 54, pp. 89-109.

Uusitalo-Malmivaara, L. & J. E. Lehto (2013) "Social Factors Explaining Children's Subjective Happiness and Depressive Symptoms" *Social Indicators Research* 111(2), pp. 603-615.

Vázquez, C., L. Hernangómez & G. Hervás (2004) "Longevidad y emociones positivas

[Longevity and Positive Emotions]" In Salvador, L., A. Cano & J. R. Cabo (eds.) *Longevidad: Tratado integral sobre salud en la segunda mitad de la vida*, Panamericana, pp. 752-761.

Verbrugge, L. M., J. M. Reoma & A. L. Gruber-Baldini (1994) "Short-Term Dynamics of Disability and Well-Being" *Journal of Health and Social Behavior* 35, pp. 97-117.

Winkelmann, L. & R. Winkelmann (1998) "Why are the Unemployed So Unhappy? Evidence from Panel Data" *Economica* 65, pp. 1-15.

(松島みどり・伊角　彩)

| 終　章 | 実証に基づく政策研究の視座 |

　本書では，政治および市民社会と「叢書ソーシャル・キャピタル」の共通概念であるソーシャル・キャピタルとの関係を，様々な角度から論じてきた。本章では，各章の中核的な議論を要約した上で，この分野の研究の課題と展望，さらには政策の方向性を示したいと思う。

1　市民社会・政治をめぐる研究課題
―― 本書の内容から

　序章では，ソーシャル・キャピタルと市民社会およびガバナンス（コミュニティから国家まで様々なレベルでの統治のしくみ）の関係について詳述している。市民社会の性質がガバナンスの機能を決め，さらにそれが公共政策の帰結に影響を及ぼし，最終的にシステム全体のパフォーマンスを決定するという因果関係の流れを整理している。

　ソーシャル・キャピタルの定義や測定問題に触れ，ソーシャル・キャピタル，市民社会，ガバナンスという三者の関係が，日本のパフォーマンスをめぐる謎を解く鍵を提供することを示唆する。また，これらの概念が登場し展開した1990年代以降の時期が世界と日本の市民社会にとっての転機であることを示している。

　第1章では，まず，ガバナンスの質を測定する指標の一つとして，人々の地方自治体の公共政策に対する満足度を取り上げている。日本全国の61都市のサーベイ調査データを用いて，人々の公共政策への満足度がどのようなメカニズムで決定されるか統計的な手法により明らかにしている。

　具体的には，社会団体（NPOを含む）と住民自治組織（自治会など）のリーダーたちの地方自治体の政策に対する満足度は，ネットワーク（組織間の協力や人づきあい），参加（団体が開催するイベントや地域活動への参加状況），信頼（社会団

体や住民自治組織の地方自治体に対する信頼度）の3つの要素の直接効果と間接効果によって決定されると考え，因果関係の有無や効果の大きさを推定している。

第2章では，首都東京の地域間でのソーシャル・キャピタルの較差の現状と，そうした較差が生じる要因を行政データおよびソーシャル・キャピタルに関する独自のサーベイデータを用いて計量的に検証している。

東京都23区においては，都心，下町，山の手のソーシャル・キャピタルの較差は，都市化度，地域の安定性，都市の多様性の違いで説明可能であるという興味深い分析結果を報告している。具体的には，都市治安が良い地域に住む住民は橋渡し型ソーシャル・キャピタルが豊かであり，家族が多く住む地域は結束型ソーシャル・キャピタルが豊かである。また，商業地域と工業地域など用途が混在している地域は，ソーシャル・キャピタルの豊かな地域であるとする。

第3章では，これまでのソーシャル・キャピタルに関する議論が，暗黙のうちに強い市民を前提にしており，脆弱な市民の存在を看過していると批判する。

ロバート・パットナムのソーシャル・キャピタル論，およびそれに強い影響を及ぼしたと考えられるアレクシス・ド・トクヴィルのデモクラシー論を吟味した上で，共通点として，強く有能な市民の存在を前提とした，市民の主体性の重視，人々の協働や参加の重視などを挙げている。その一方で，強く有能な市民の対極に置かれた脆弱性を抱えた市民，あるいは依存者に目を向けること，また彼らに対する様々な形でのケアが重要であることを指摘している。

第4章はソーシャル・キャピタルの負の側面，すなわちダークサイドについて，理論と実証の両面から検討している。

ソーシャル・キャピタルのダークサイドとして，従来認識されてこなかったクラブ財としてのソーシャル・キャピタルが，潜在的にはメンバー以外の人々や組織に負の外部性を生じさせる可能性があること，クラブ財はメンバーに負の外部性を与えること，正の外部性を内部化する際に負の外部性を生じさせること，公共財としてのソーシャル・キャピタルを負の外部性が毀損することなどを挙げている。

経済的不平等は，特定の対象に対する信頼を強化する一方，一般的信頼を喪失させ，それが腐敗を生みだし，不平等を拡大させるという不平等の罠が生まれる可能性があり，ソーシャル・キャピタルのダークサイドは経済的不平等と

密接な関係があると考えられる。現在までのところ，日本のデータを用いた分析では，不平等の罠がソーシャル・キャピタルを毀損するという仮説は実証されていないが，今後，貧困層の拡大や中流層の縮小に伴い，経済格差が拡大し，ソーシャル・キャピタルのダークサイドが顕在化し，民主主義を不安定化する可能性は十分あると結論づけている。

　第5章では，発展途上国の社会開発の分野でのソーシャル・キャピタルの役割について，ネパールのマイクロファイナンスの事例によって実証している。

　ネパールの女性グループによるマイクロファイナンスの活動事例では，貯蓄活動を基盤とした金銭の貸出・返済のルールによりグループ内の規範が醸成される。その経験の蓄積により体得される互恵的関係を通じて，メンバー間に安定的な信頼関係が構築され，ネットワークによる情報や機会のつながりから様々な絆が展開されている。ネパールの事例は，マイクロファイナンスの積極的な活動とソーシャル・キャピタルの培養は，互いに他を高めるような相乗関係，シナジー関係にあることを示している。

　持続可能な開発には，グループ内のネットワークを起動させるキーパーソンの存在が重要であり，そうしたリーダーの資質が組織強化の鍵を握るため，交渉能力を有し，リーダーシップを発揮できる人材の育成が急務であると指摘する。

　第6章では，市民活動・NPOとソーシャル・キャピタルの相互関係を統計的に検討している。

　具体的には，ボランティア・NPO・市民活動に参加しているかどうかという活動有無に対して，様々な個人属性とともに，ソーシャル・キャピタルが影響しているかどうかを，全国の個票データを用いて分析している。その結果，旅先での信頼が正の影響を与えているものの，全体としては統計的な説明力を持つものではなかった。また，近所づきあい，友人・知人との付き合い，地縁活動，スポーツ・趣味・娯楽活動などへの参加も正の影響を与えることが確認された。このことから，市民活動に熱心な人として，地縁活動などの社会参加活動に積極的で，近隣住民との付き合いが深く，旅先での信頼など外に開かれた関係を構築しているといったポジティブなソーシャル・キャピタルを持った人物像が浮かび上がる。

第7章では，地域コミュニティとソーシャル・キャピタルの関係について様々な角度から検討している。歴史的にみると，地域コミュニティは3つの危機を経験してきたとされる。明治期から戦前・戦中にかけて形成された地縁団体が戦後GHQによって解体されたのが第1の危機であり，その後町内会などが徐々に復活した。第2の危機では，高度成長期の都市部への人口集中の結果，従来の地域共同体の役割が徐々に弱体化し，新しいコミュニティを形成するための政策が始まった。さらに，1995年の阪神・淡路大震災後にNPOや市民活動団体の活動が注目された一方，地縁団体の存在意義が問われたのが第3の危機と考えられる。今世紀に入ると，大災害からの復興や防災を担う地縁団体の役割が再び評価されるようになった。

　こうした地域コミュニティをめぐる考え方の変遷を踏まえた上で，新しい地域コミュニティの役割を検討するため，アートフェスティバルのような地域活性化活動とソーシャル・キャピタルの関係について実証的に検証している。具体的には，広島県尾道市のアートフェスティバルにおける意識調査のデータを用いた計量分析により，近隣の付き合いや地縁団体への参加が地域活性化に関わる行動を促すという関係があることが示唆されている。

　第8章では，防災・災害復興において必要なコミュニティのレジリエンス（回復力，復元力）を高める上で，ソーシャル・キャピタルが重要な役割を果たしうることを指摘している。

　まず，防災・災害復興に求められるコミュニティのレジリエンスについて概念整理を行い，地域のソーシャル・キャピタルがレジリエンスを生み出す重要な地域資源の一つになっていることを示した。その上で，東日本大震災からの復興過程についてのアンケート調査に基づき，被災地住民の近所づきあい，支援や受援（支援を受けること）の状況を分析し，ソーシャル・キャピタルがネットワークを活性化し，コミュニティの回復力を生み出す基盤となることを実証的に明らかにした。分析結果を受けて，防災・災害復興における平時からのソーシャル・キャピタルの醸成が不可欠であり，コミュニティに配慮した復興政策が必要であることを強調している。

　第9章では，ソーシャル・キャピタル概念の中核的な要素の一つである信頼について包括的な検討を行っている。

信頼は，社会一般に対する「一般的信頼」と特定の他者に対する「特定的信頼」に大別される。一般的信頼を持つ者は見知らぬ人に対してもリスクを恐れずに新しい関係を結ぼうとするため，橋渡し型のソーシャル・キャピタルを形成しやすい。これに対し，特定的信頼を持つ者は，リスクに対して敏感であり，結束型のソーシャル・キャピタルを形成する傾向があると考えられる。

　世界価値観調査のような国際比較データからは，一般的信頼度の高い国は，腐敗が少なく，一人当たり教育支出の高いという関係が観察されるが，一般的信頼度の高さと民主的価値観の普及や民主主義の度合いとの関係については，議論が分かれる。また，日本のデータからは，NPOや市民活動よりも地域や職場のつきあいの方が一般的信頼と関係が深く，地域内信頼は，地域の資源管理への参加の大きな関連因子になっていることを示している。

　ソーシャル・キャピタル，あるいはその重要な要素としての信頼や互酬性規範を高めるためには，NPO，企業，行政といった市民社会を構成する主体の役割を再検討することが必要であると指摘する。

　第10章では，日本版総合社会調査（Japanese General Social Surveys ; JGSS）や内閣府経済社会総合研究所の「生活の質に関する調査」の個票データを用いて，ソーシャル・キャピタルが幸福度に影響を与えているかどうか，定量的な分析を行っている。

　幸福度は，経済的成果を表すGDPなどと異なり，本質的に主観的なものであり，その測定方法や信頼性について批判もあるが，人が幸福や不幸を感じる背景を探り，ソーシャル・キャピタルとの関係を分析することの意義は大きい。本章での分析により，所得，就業状況などソーシャル・キャピタル以外の様々な社会経済要因をコントロールした上でも，ソーシャル・キャピタルが幸福度に正の影響を与えていることが明らかになった。これは，幸福度を高めるためには，他の社会経済要因とならんで，ソーシャル・キャピタルが政策対象として重要であることを示唆しているといえる。

2　ソーシャル・キャピタル研究のフロンティア
―― 新しいデータと高度な手法

　信頼，互酬，慈善，共感，社会的交流など，現在ではソーシャル・キャピタ

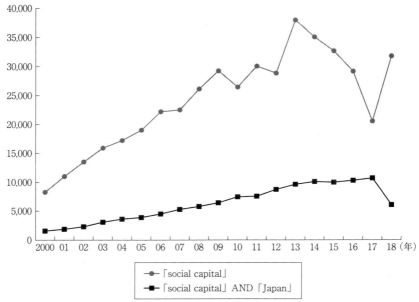

図終-1 学術研究における「Social Capital」の出現頻度

注:Google Scholarの検索機能を用いて,各キーワードが暦年ごとに「social capital」および「social capital」と「Japan」の両方がヒットした件数をカウントした。2019年2月1日時点の検索による。

ルとして理解されている概念は,19世紀以降,様々な学術分野で研究が行われており,その意味での研究の歴史は長い。しかし,ソーシャル・キャピタルという学術用語が使われるようになったのは,主に第2次世界大戦後であり,定着したのはこの半世紀のことである。

図終-1は,Google Scholar(Googleが学術用に提供している検索エンジン)を使って,「social capital」という用語を検索し,暦年ごとのヒット数の推移をプロットしたものである。この方法では重複カウントの可能性もあり,文献数を正確に示すものではないが,当該年に発表された著書や論文などの英語文献の大まかな数を把握することはできるだろう。これによれば,2000年には1万件に満たなかったものが,10年後の2010年になると3倍の3万件前後に増加している。同じ方法で,「social capital」に加え,「Japan」というキーワードで絞り込んだ時の各年のヒット件数を,同じく図終-1にプロットしている。これ

図終-2 学術研究における「社会関係資本」「ソーシャル・キャピタル」の出現頻度

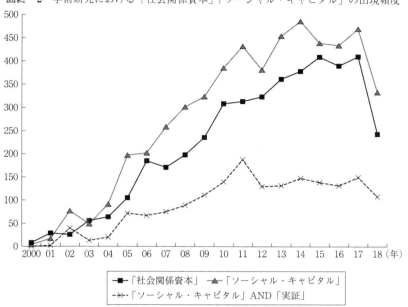

注：Google Scholar の検索機能を用いて，各キーワードが暦年ごとにヒットした件数をカウントした。2019年2月1日時点の検索による。

によれば，少なくとも2017年までは日本に関連する（日本を対象とする，または日本に言及した）ソーシャル・キャピタル研究が，徐々にではあるが増加傾向にあることを示している。

日本の国内では，ソーシャル・キャピタルの研究が本格的に始まったのは今世紀に入ってからである。図終-2は，同様の方法でGoogle Scholar の文献検索を使って，「ソーシャル・キャピタル」という用語のヒット数の暦年ごとの推移をプロットしたものである。これによれば，2000年にはわずか4件であったヒット件数が，10年後の2010年には，年間400件近くまで急増し，その後も年間400件前後で推移している。また，ソーシャル・キャピタルの日本語訳として最も一般的な「社会関係資本」についても2000年には，わずか8件であったが，同様にヒット件数は急増し，15年後の2015年に年間400件に達している。2000年といえばロバート・パットナムの *Bowling Alone*（孤独なボウリング）が

出版された年であり，この頃から日本におけるソーシャル・キャピタル研究が本格的に始まったというのはこうしたデータでも裏づけられる。

　2003年には，内閣府国民生活局から調査報告書「ソーシャル・キャピタル」が刊行され，全国の都道府県別のソーシャル・キャピタル指数の試算値が公表された。この頃から，ソーシャル・キャピタルに関するデータを用いた実証的な研究が行われるようになり，その数も急速に増加していった。同じくGoogle Scholar で，「ソーシャル・キャピタル」に加えて「実証」というキーワードで絞り込み検索を行った結果も図終-2にプロットしてみたところ，年間ヒット件数は東日本大震災のあった2011年までに，200件近くまで増加した。ただし，その後は伸び悩み傾向もみられる。

　本書でも，各章を通じて，様々なデータを用いた実証研究が行われている。実証研究のなかには，世界価値観調査（World Values Survey）や日本版総合社会調査（JGSS）などの大規模な社会調査の中のソーシャル・キャピタルに関する質問の回答を用いたものもあれば，研究者グループが独自のサーベイを行って，その回答データを用いた研究もある。多くは，個票データを用いた精緻な実証研究であり，カテゴリカル回帰分析，マルチレベル分析など様々な統計手法が用いられ，研究の水準も上がってきているように思われる。

　しかし，現時点では，一時点のクロスセクションデータを用いた研究が多く，各サンプルの時系列の変化を捉えたパネルデータを用いたものはまだ少ない。第4章では，10年程度のスパンでのソーシャル・キャピタルの変化について興味深い分析を行っているが，さらに長期のソーシャル・キャピタルの変化について研究したものはまだない。ソーシャル・キャピタルが歴史的な時間軸の中で徐々に蓄積，変化していくものであることを考えれば，少なくとも半世紀程度の期間をカバーした長期データの蓄積とそれを用いた分析が待たれるところである。新規の調査で長い過去を遡るのは不可能であるから，国勢調査や世論調査のような長い歴史を持ち，長期の動向が把握できる統計を用いて，ソーシャル・キャピタルに関する長期時系列データを整備するような地道な努力が必要になるだろう。

　一方，GPSや各種カードの使用履歴，SNSの交信ログなどから得られるビッグデータが研究目的でも利用可能になってきた。こうした新しいデータを解

析することにより，たとえば大災害時の人々の動きとソーシャル・キャピタルの関係など，従来の行政統計やアンケート調査では捉えられないような実証分析を行う可能性が生まれており，今後の研究の進展が期待される。

3　ソーシャル・キャピタル形成に有効な政策を考える

　本書をはじめ「叢書ソーシャル・キャピタル」の各モノグラフにおいても随所で指摘されているように，ソーシャル・キャピタルの蓄積は，長期的にみて，行政コストを削減し，効率的な公共サービスの供給につながることが多いと考えらえる。それでは，ソーシャル・キャピタルの形成を政策的に促進するためには，どうすればよいだろうか。

　実は，ソーシャル・キャピタルの蓄積に政策的に介入するのはそれほど簡単ではない。物的資本や人的資本であれば，投資減税を行う，奨学金を増やすといった政策的介入を行うことが考えられるが，ソーシャル・キャピタルの場合には，人々のライフスタイルに直接介入するような政策は採用しにくい。たとえば，若者がオンラインゲームに熱中しすぎだとしても，政府がそれを強権的に抑制することは難しい。また，政府が「テレビばかり見てないで，もっと近所づきあいを」などと言うと，おせっかいだという反発が出るだろう。こうした点も考慮し，いくつかの現実的な政策オプションを以下に提示したい。

　第6章でみたように，ソーシャル・キャピタルとNPO・ボランティア活動が相互補強的な関係を持つとすると，NPO・ボランティア活動を促進させるような政策は，間接的にソーシャル・キャピタルの育成にもつながる可能性がある。また，それがNPO・ボランティア活動をさらに活性化するという好循環を生んでいくと期待される。たとえば，地域コミュニティを中心に活動するNPOに自治体が補助金を出すことや，事業委託を行うことなどである。NPOに対する寄付控除制度を拡充して，資金面からNPO活動をサポートすることも有益だと考えられる。ボランティア休暇制度の普及がボランティアの底辺を広げ，ソーシャル・キャピタルを強化するというルートもあるだろう。

　日本の家計部門には，膨大な個人資産が蓄積されている。最近，急速な少子・高齢化の進展により，遺産を自分の子供でなく社会のために役立てたいと

考える高齢者が増えている。自治体にそうした使途に役立てるための寄付が寄せられるケースも増加している。団塊世代が退職し，高齢化がさらに進むことを考えると，彼らが持つ膨大な個人資産をコミュニティのために還流させるような仕組みを考えておかなければならない。そうした資産の社会的受け皿として，自治体や非営利の中間支援組織が中心となってコミュニティ基金を設立し，それをソーシャル・キャピタルの育成に活用することも有意義であると考える。

　教育，文化，医療，福祉，社会資本整備，環境，国際交流など，現在実施されている様々な政策を，ソーシャル・キャピタルを豊かにするか，あるいはソーシャル・キャピタルの形成を阻害していないかどうかという観点から総点検し，仕分けすることも重要だと思われる。

　以上，ソーシャル・キャピタルに関する様々な政策について例示してきた。当然ながら，政策の実施にあたっては費用が掛かるため，費用対効果の評価が必要であることはいうまでもない。そのためにも，信頼できる質の高いデータを蓄積し，実証に基づく政策立案（Evidence-based Policy Making；EBPM）を行う必要がある。

　たとえば，寄付控除により寄付を税制上優遇すれば，寄付が増える可能性があるが，一方で税収が減少すると考えられるので，税収減は寄付を増加させるためのコストということになる。従って，寄付促進税制の総合的な評価のためには，寄付控除による寄付増加の規模推計，税収減の規模推計に加えて，寄付を財源とする民間の公共サービスと税による政府の公共サービスの質の比較を行うことも必要となるだろう。

　ソーシャル・キャピタルは，非常に長い時間をかけて形成されてきたものであり，その地域の歴史的，文化的，宗教的要因に依存する面が大きく，地理的条件や気候的要因に縛られる面もある。それだけに，ソーシャル・キャピタルが公共政策の対象となりうるとしても，国や自治体，それに地域社会が，地域特性を考慮しながら，長期的視野を持って地道に取り組むべき課題であるといえる。

（山内直人）

索　引

あ　行

アウトカースト　150
アウトカム　177
アウトプット　177
「朝日新聞」での市民社会関連用語使用頻度の
　　推移　18
アソシアシオン　85, 86
アソシエーション　85, 183
アソシエーションの革命的な噴出　15
アートフェスティバル　194, 202
アーモンド, G. A.　11
安心　235
アンハイヤー, H.　15
異カースト間結婚　148
依存　90
意図　235
稲葉陽二　1
医療法人　171
インターカースト結婚　148
インナーカースト結婚　148
エンパワメント　141, 158
オストロム, E.　1, 2
お互いさま　237
恩顧主義　104
温情主義　104

か　行

階層制　148
概念整理の枠組み　146
（マクロな）外部性　2
外部性の市場への内部化　109
外部不経済　100
カウンターパート　159
格差　107
カースト制度　148
カースト・民族構成　156
家族構成　273
学校法人　171
カテゴリカル回帰分析　66, 294
ガバナンス　3, 13, 27, 44, 287
　――・ネットワーク　32, 38
　――管理者　28
　――空間における政府　35
カマイヤ　153
神田祭　74
関与　92
キーパーソン　159
規範　97
寄付金　202
教育支出　241
凝集性　157
共助　216
共助活動　208, 221, 222
共同体　185
共同体意識　154
近所付き合い　208, 216, 217-222
近隣との付き合い　219
近隣のつきあい　200
グムトウ　149
クラスター　58
クラブ財　97
グループ資金　152
グループリーダー　155
クロスセクションデータ　294
郡開発委員会　154

297

ケア　79, 91
　　――の倫理　92
経済開発区　150
経済格差　125
経済協力開発機構　2, 142
芸術活動　196
ゲゼルシャフト　236
結束型のネットワーク　262
ゲマインシャフト　236
ゲーム論　42
公益法人　170
公益法人改革　15
交換　81
公共財　97
厚生　257
幸福度　255
幸福度の社会経済要因　257
幸福のパラドックス　256
公務員数の少なさ（日本）　5, 21
高齢者の健康　190
コールマン, J. S.　1
国際協力　188
小口金融支援制度　142
国民生活審議会　186
国民総幸福量　256
互恵的な関係　106
心の外部性　97
互酬性　79
　　――の規範　233, 262
　　一般的――　102
　　特定化――　102
国家（政府）の空洞化　25, 27
コネの利用　110
コミットメント関係　237
コミュニタリアン　106
コミュニティ　145, 183
　　――の役割　189

さ　行

災害ボランティア　187
差別構造　160
差別的処遇　157
サラモン, L. M.　15
参加　36
山王祭　74
ジェイコブズ, J.　73
支援　207, 209, 210, 212, 216, 217, 220-224
ジェンダー　159
　　――イデオロギー　143
　　――主流化　149
しがらみ　109, 156
市区町村の財政力指数　31
自警団　186
自殺　255
　　――死亡率　272
持続可能な開発　159
下町3区（東京）　58
自治会　186, 189
市町村大合併　190
実証的な事例分析　141
実証に基づく政策立案　296
私的財　97
シナジー関係　159
ジニ指数　118, 248
自発性　91
市民型住民層　187
市民活動　165
市民社会　3, 13, 14, 79, 82-84, 89, 90, 187
　　――組織　26, 33
　　――団体　262
　　――の失敗　25
　　――の変容　15, 17
市民性　84
市民的徳性　82
市民的美徳　81-84, 86

索　引

社会開発　141
社会ガバナンス　25, 26, 44
社会関係資本　→ソーシャル・キャピタル
社会団体　26, 287
　　──と住民自治組織の差異と類似　41
　　──の自治体に対する信頼度と協調度　42
　　──の政策満足度　30
　　──の都市レベル満足度を説明する回帰モデル　38
　　──のネットワーク変数　45
　　──のロビー活動と自治体からの相談　43
社会地区　55
　　──分析　55
社会的インパクト評価　177
社会的孤立　248
社会的排除　160
社会的不確実性　237
社会福祉法人　172
宗教活動の役割　191
宗教法人　171
集金・貸出　152
集合行動問題　211
囚人のジレンマ　234
住民自治組織　26, 33, 287
　　──による自治体の誠実さ評価と協調度　42
　　──の政策満足度　30
　　──の都市レベル満足度を説明する回帰モデル　39
受援　209, 210, 216, 220-224
主観的健康感　276
主観的厚生　257
主体性　79, 84, 89
少女売春　154
情報交換の場　158
女性の地位向上　141, 160
女性蔑視の思想　148
所得格差　99

所得創出　142, 152
所得と幸福度　271
自律　84
自立的市民　87, 88
人権　160
　　──意識の向上　153
人身売買　154
信頼　36, 81, 97, 192, 233, 261, 287
　　──性　80
　　──の解き放ち理論　237
　　一般的──　97, 101, 236, 261, 291
　　特定化──　104
　　特定的──　238, 291
スクンバシ　153
生活復興　193, 208, 216, 217, 219
　　──感　217-223
生活満足度　257
政策満足に対する間接効果　37
政策満足に対する直接効果　37
政治システム　12
政治的公共空間　→市民社会
政治文化　11, 13
　　──アプローチ　10
脆弱性　79
精神的つながり　273
制度整備　39
正の外部性（外部経済）　98
政府の有能さ　115
世界価値観調査　239, 261, 294
世界銀行　2, 141
全雇用者に占める公務員の割合（OECD）　4
潜在能力　158
戦略的信頼　236
相互性　91
相互扶助システム　144, 156
ソーシャル・キャピタル　97, 189
　　──研究のもつ曖昧さ　6
　　──の悪用　113

299

|　　──の毀損　130
|　　──のダークサイド　100, 288
|　　(──の) 経済協力開発機構の定義　8
|　　(──の) 世界銀行の定義　7
|　　(──の) 定義　1
|　　──の偏在　113
|　　階統的結合型──　146
|　　結束型──　193, 236
|　　構造的──　146
|　　内部結束型──　146
|　　認知的──　143, 146
|　　橋渡し型──　146, 193, 236, 264
|　　負の──　102
|　　マクロな──　146
|　　マクロレベルの──　143
|　　ミクロな──　146
|　　ミクロレベルの制度的──　143
|ソーシャルサポート　272
|測定　239
|　　──のためのロンドン会議　9
|村落開発委員会　154

た 行

ダウリー　149
ダークサイド　148, 156
　　──論　106
頼母子講　144
ダリット　150
タルー　153
団体加入率の推移　19
団体への所属　261
単峰的選好　133
地域活性化　194
　　──に向けた行動　198
地域コミュニティ　191
地域単位　192
地域づくりの担い手　188
地域的格差　148

地域防災　193
小さくタフな政府　3, 5
チェトリ　153
地縁活動　289
地縁団体　184, 290
地方自治法　186
チャウパディシステム　148
中位投票者定理　133
中間支援組織活動　145
中流　132
　　「──」の消滅　127
超（メタ）ガバナンス　27
町内会　186
貯蓄活動　159
つながり　202
ディーセントワーク　158
出稼ぎ　150
伝統的な慣習　156
東京都9区調査　56
道徳的信頼　236
トクヴィル, A.　80
特定非営利活動促進法　168, 188
　　（──の）規模　54
　　（──の）社会的異質性　54
　　（──の）密度　54
都市ガバナンス　36
都市コミュニティ　75
都市度　39, 53
　　──と社会団体の政策満足度　32
　　──と住民自治組織の政策満足度　32
都心3区（東京）　58

な 行

内婚制　148
内部化　111
日本人の国民性調査　239
日本の市民社会（JIGS調査）　17
日本のパフォーマンス　3

索 引

日本版総合社会調査　291
任意団体　167
認知的　97
ネットワーク　34, 36, 97, 196, 200, 233, 262, 287
　──の悪用　110
　──を通じた自治体との信頼関係　41
農村社会　185
能力　235

は　行

媒介（信頼）を考慮したネットワークと満足度の関係　40
媒介（ネットワーク・信頼）を考慮した参加と満足度の関係　40
売春　157
排除性　112
ハザード　208, 209
パットナム, R.　1, 9, 80, 141
バディ　157
バート, R. S.　1
パネルデータ　294
パフォーマンス　83
バフン　153
ハリケーン・カトリーナ　211
反社会的活動　112
阪神・淡路大震災　167, 207
東日本大震災　189, 207-209, 216, 217
ビッグデータ　294
非民主主義国　44
平等意識　103, 160
貧困削減　159
貧困ライン　152
ヒンドゥー教徒　148
ファシリテーター　155
複雑性の縮減　235
フクヤマ, F.　1
不正許容度　116

負の外部性　98
腐敗　104, 241
不平等　103, 107
　──の罠　105
部落会　186
フリーライダー　106
ブルデュー, P.　1
分断　111
文脈的規定要因　53
平均所得　118
閉鎖性　104
返済利子　152
防災　188
ボランティア　250
　──元年　167
　──参加　261
　──組織　168
　行政委嘱型──　184

ま　行

マイクロファイナンス　141, 289
まちづくり　188, 194
マルチレベル分析　294
民主主義　109, 132
無尽　144
村松岐夫　21

や・ら行

山の手3区（東京）　58
結　144
ユテラス・プロラプス　149
幼児婚　149
抑うつ傾向　255
利益誘導集団　105
ルピー（ネパール通貨）　152
レジリエンス　208-211, 216, 223, 224, 290
ローリー, G.　99

欧文

ART BASE 百島　194
Civic Culture　12
DVの防止の啓蒙活動　155
EBPM　→実証に基づく政策立案
Eudaimonia（幸福）　256
FEDO（NGO）　153
GNH　→国民総幸福量
Google Scholar　292
Jan W. van Death　10
JIGS　28
JIGS調査による各国の団体設立年　16
JGSS　→日本版総合社会調査

K-means 法　58
NGO　145
NPO　145, 165, 194, 250
　——・市民活動政策　187
　——・地域づくり団体　189
　——法　→特定非営利活動促進法
　——法人　34
OECD　→経済協力開発機構
SCAT　→SOCAT
SCI　142
Silence　109
SOCAT　146
Voice　109
WVS　→世界価値観調査

執筆者紹介 (所属，執筆分担，執筆順，＊は編者)

＊辻中　豊（つじなか　ゆたか）（編著者紹介参照：序章・第1章）

阿部　弘臣（あべ　ひろおみ）（元・筑波大学人文社会国際比較研究機構研究員：第1章）

戸川　和成（とがわ　かずなり）（筑波大学博士特別研究員：第2章）

杉本　竜也（すぎもと　たつや）（日本大学法学部准教授：第3章）

稲葉　陽二（いなば　ようじ）（日本大学法学部教授：第4章）

青木　千賀子（あおき　ちかこ）（元・日本大学国際関係学部教授：第5章）

立福　家徳（たてふく　いえのり）（日本大学法学部助教：第6章）

石田　祐（いしだ　ゆう）（宮城大学事業構想学群准教授：第7章）

金谷　信子（かなや　のぶこ）（広島市立大学国際学部教授：第7章）

川脇　康生（かわわき　やすお）（関西国際大学経営学部教授：第8章）

西出　優子（にしで　ゆうこ）（東北大学大学院経済学研究科教授：第9章）

玉川　努（たまかわ　つとむ）（仙台市役所政策企画課主事：第9章）

松島　みどり（まつしま　みどり）（筑波大学人文社会系准教授：第10章）

伊角　彩（いすみ　あや）（東京医科歯科大学国際健康推進医学分野／日本学術振興会特別研究員PD：第10章）

＊山内　直人（やまうち　なおと）（編著者紹介参照：終章）

編著者紹介

辻中　豊（つじなか・ゆたか）

1954年　大阪府生まれ。
1981年　大阪大学大学院法学研究科単位取得退学。博士（法学，京都大学）。
現　在　東海大学政治経済学部教授。筑波大学名誉教授。
主　著　『利益集団』東京大学出版会，1988年。
　　　　『政治過程と政策』（編著）東洋経済新報社，2016年。
　　　　『政治変動期の圧力団体』（編著）有斐閣，2016年。

山内直人（やまうち・なおと）

1955年　愛媛県生まれ。
1978年　大阪大学経済学部卒業。修士（経済学，ロンドン大学）。博士（国際公共政策，大阪大学）。
現　在　大阪大学大学院国際公共政策研究科教授。
主　著　『ノンプロフィット・エコノミー――NPO とフィランソロピーの経済学』日本評論社，1997年。
　　　　『NPO 入門』日本経済新聞社，1999年。
　　　　『コミュニティ・ビジネスの時代――NPO が変える産業，社会，そして個人』（共著）岩波書店，2003年。

叢書ソーシャル・キャピタル⑤
ソーシャル・キャピタルと市民社会・政治
――幸福・信頼を高めるガバナンスの構築は可能か――

2019年6月20日　初版第1刷発行　　　〈検印省略〉

定価はカバーに
表示しています

編著者	辻　中　　　豊
	山　内　直　人
発行者	杉　田　啓　三
印刷者	田　中　雅　博

発行所　株式会社　ミネルヴァ書房
607-8494　京都市山科区日ノ岡堤谷町1
電話代表　(075)581-5191
振替口座　01020-0-8076

©辻中　豊・山内直人ほか，2019　　創栄図書印刷・新生製本

ISBN978-4-623-07773-1
Printed in Japan

叢書ソーシャル・キャピタル
（全7巻）

A5判・上製カバー・各巻平均270頁

第1巻	ソーシャル・キャピタルの世界	稲葉陽二 吉野諒三	著
第2巻	ソーシャル・キャピタルと教育	露口健司	編著
第3巻	ソーシャル・キャピタルと経済	大守　隆	編著
第4巻	ソーシャル・キャピタルと経営	金光　淳	編著
第5巻	ソーシャル・キャピタルと市民社会・政治	辻中　豊 山内直人	編著
第6巻	ソーシャル・キャピタルと健康・福祉	近藤克則	編著
第7巻	ソーシャル・キャピタルと社会	佐藤嘉倫	編著

―――― ミネルヴァ書房 ――――

http://www.minervashobo.co.jp/